外商直接投资的环境外部效应研究

李敦瑞　著

同济大学出版社
TONGJI UNIVERSITY PRESS
·上海·

内 容 简 介

本书构建了对 FDI 环境外部性进行研究的理论分析框架，对我国 FDI 产生的环境外部性进行了总体上的描述。在此基础上，分别从区域外部性和代际外部性两个角度入手，深入分析 FDI 环境外部性在空间和时间上的具体表现及其动态的变化轨迹和特征。此外，本书还探讨了 FDI 环境外部效应产生的原因，并基于 FDI 环境外部效应，提出相应的政策优化思路。

图书在版编目(CIP)数据

外商直接投资的环境外部效应研究 / 李敦瑞著. 上海 : 同济大学出版社, 2024. 9. -- ISBN 978-7-5765-1246-5

Ⅰ. F832.6

中国国家版本馆 CIP 数据核字第 2024WH7546 号

外商直接投资的环境外部效应研究

李敦瑞 **著**

出 品 人 金英伟　**责任编辑** 尚来彬　**责任校对** 徐春莲　**封面设计** 张　微

出版发行 同济大学出版社　www.tongjipress.com.cn

（地址：上海市四平路 1239 号　邮编：200092　电话：021－65985622）

经　　销 全国各地新华书店、网络书店

排版制作 南京展望文化发展有限公司

印　　刷 江苏凤凰数码印务有限公司

开　　本 710 mm×1000 mm　1/16

印　　张 13.75

字　　数 239 000

版　　次 2024 年 9 月第 1 版

印　　次 2024 年 9 月第 1 次印刷

书　　号 ISBN 978-7-5765-1246-5

定　　价 78.00 元

目录 | CONTENTS

第一章

导　论

2021年11月11日中国共产党第十九届中央委员会第六次全体会议通过的《中共中央关于党的百年奋斗重大成就和历史经验的决议》明确指出："改革开放以后，党日益重视生态环境保护。同时，生态文明建设仍然是一个明显短板，资源环境约束趋紧、生态系统退化等问题越来越突出，特别是各类环境污染、生态破坏呈高发态势，成为国土之伤、民生之痛。如果不抓紧扭转生态环境恶化趋势，必将付出极其沉重的代价。" 近些年来，伴随全球生态环境形势的日益严峻，外商直接投资（Foreign Direct Investment，FDI）对东道国特别是发展中东道国的环境影响，一直是国内外学术界探讨的热点领域。根据商务部公布的相关数据，2021年，中国实际利用外资以人民币计首次突破万亿元，达到11 493.6亿元，同比增长14.9%；以美元计，达到1 734.8亿美元，同比增长20.2%。作为世界上吸引FDI最多的国家之一，中国受到了FDI助力经济发展的积极影响，但同时也带来突出的生态环境问题。伴随中国经济的动力转换和方式转变，FDI进入的行业领域和地理空间也在发生变化，这也会对中国经济发展产生深远的生态环境影响。立足于"仍然处于社会主义初级阶段，仍然是世界上最大的发展中国家"这一基本国情，发展仍然是解决中国一切问题的关键，中国仍然需要完成在保护好生态环境的前提下谋求经济高质量发展的任务。现阶段还需要贯彻开放发展理念，在国内国际双循环相互促进的新发展格局中继续发挥FDI对中国经济发展的促进作用。如何在利用FDI的过程中处理好"青山绿水"和"金山银山"的关系，如何形成更加合理的外资政策，需要我们找准合理的视角，运用恰当的理论和方法，从经济理论和政策实践两个方面对FDI的生态环境问题进行深入的研究。

第一节　问题的提出和研究的意义

一、问题的提出

本书选择 FDI 的环境外部效应问题进行研究，主要原因有如下几个方面。

第一，我国生态文明建设的任务还很艰巨，FDI 所带来的环境压力在一定程度上和范围内继续存在。生态环境是一个国家和民族赖以栖息的家园的重要组成部分。改革开放以来，在经济高速增长的同时，快速的工业化也曾带来生态环境的恶化。资源被掠夺性地开采和破坏，环境严重污染、水土严重流失，各种生态灾难频频发生。这不但极大地影响了我国居民健康与社会安定，也给经济造成了严重损失。根据国家环境保护总局（现为中华人民共和国生态环境部）和国家统计局联合发布的《中国绿色国民经济核算研究报告 2004》绿皮书，2004 年全国因环境污染造成的经济损失为 5 118 亿元，占 GDP 的比例为 3.05%。近年来，生态环境经过治理之后明显好转。2021 年全国地级及以上城市细颗粒物（$PM_{2.5}$）平均浓度比 2015 年下降 34.8%，全国地表水Ⅰ～Ⅲ类断面比例上升至 84.9%，全国受污染耕地安全利用率和污染地块安全利用率双双超过 90%；全面禁止洋垃圾入境，顺利实现固体废物“零进口”目标；放射源辐射事故发生率保持历史最低水平；实施山水林田湖草沙一体化保护与修复工程，森林覆盖率达到 23.04%；长江干流历史性实现全Ⅱ类水体，大熊猫受威胁程度等级由“濒危”降为“易危”，云南亚洲象的北上及返回之旅……[①]但是我国生态文明建设仍面临巨大挑战。根据《2020 年中国生态环境统计年报》公布的资料，2020 年全国废水中化学需氧量排放量为 2 564.8 万吨，氨氮排放量为 98.4 万吨；全国废气中二氧化硫排放量为 318.2 万吨，氮氧化物排放量为 1 019.7 万吨，颗粒物排放量为 611.4 万吨，挥发性有机物排放量为 610.2 万吨；全国一般工业固体废物产生量为 36.8 亿吨，其中工业危险废物产生量为 7 281.8 万吨。相对于 2019 年，部分指标（如化学需氧量指标）甚至出现大幅反弹的情况。其中，FDI 的影响在一定范围内和程度上仍然存在，特别是在我国出现的大规模区际产业转移中，FDI 的环境问题仍然不容忽视。早期，FDI 大量进入东部沿海地区，形成了来自国际产

① 生态环境部.奋力谱写新时代生态文明建设新华章[J].求是，2022(11)：23－28.

业转移的“一次污染”。这表现为，发达国家通过贸易和投资，向外转移高污染、高消耗的产业，加剧了我国生态环境的恶化。20 世纪末至 21 世纪初，我国逐渐成为吸引外资最多的发展中国家，在我国的外商直接投资企业中，有一部分是属于高物耗、高能耗、高污染企业。这些外资企业尽管一方面对我国的经济增长客观上起到一定的积极作用，但另一方面，它们或是通过易耗能和易产生污染的生产环节、有害的技术设备和产品直接破坏引资地区的生态环境，或是增加了废水、废气和固体废物的排放量，导致环境治理成本上升，从而给我国造成了巨大的环境压力。① 近十多年来，随着国内区域间产业转移规模不断扩大，许多外资企业逐渐向我国更广阔的中西部区域迁移，从国外引入的 FDI 也越来越多地进入这些地区。毫无疑问，这将会在更广阔的范围内对我国生态环境造成负外部性(Externalities)②，并且 FDI 的环境影响也会随着我国区域产业的梯度转移而发生转移，从而造成跨国污染的“二次转移”。③

第二，FDI 对于发展中东道国的环境问题归根结底也是外部性问题，从理论层面上运用外部性理论进行系统研究是必要且适当的。人们的经济行为往往会对环境造成负面的外部效应，生态环境作为公有资源具有非排他性。由于“市场失灵”和“政府失灵”，经济行为的环境外部成本难以内在化，导致人们缺乏在生产和消费过程中减少环境污染的动力和压力，这使得在人们追求私人利益最大化的同时，难以有效遏制自然资源的过度开发和对生态环境的巨大破坏，从而使环境问题愈演愈烈。所以，经济行为的外部性是环境问题产生的经济根源，环境问题从理论上讲也属于外部性问题的范畴。FDI 对于发展中东道国环境的影响实际上也是这种外部性在跨国投资问题上的体现。党的十九大报告指出，从我国的情况来看，仍处于并将长期处于社会主义初级阶段的基本国情没有变，是世界上最大的发展中国家的国际地位没有变。在我们迈向“富强、民主、文明、和谐、美丽”的社会主义现代化强国征程中，发展仍是第一要务。在开放发展的条件下，特别是在国内国际双循环的新发展格局下，FDI 对于经济建设的积极作用值得肯定，但也需要注意，国家在接纳大量 FDI 以获取发展经济所需的市场、资金和技术的同时，也正在承受着 FDI 对生态环境造成的巨大的负外部性。④ 因此，从

---

① 夏有富.外商投资中国污染密集产业现状、后果及其对策研究[J]. 管理世界，1999(3)：109－123.

② 所谓负外部性，一般是指经济活动给外界造成的负面影响。本书将在第二章理论部分详细分析。

③ 李敦瑞.我国区际产业梯度转移的生态效应及对策研究[M]. 上海：同济大学出版社，2018：171－196.

④ FDI 对我国的生态环境也存在一定的正外部性，但负外部性更大，总体上其环境影响以负面为主，这在以后的章节里将得到证明。

理论层面上运用外部性理论去分析 FDI 的环境问题不但适当而且必要。

第三，FDI 对我国经济、社会发展的影响有着两面性，同样，其环境外部性问题也有两面性，如何从政策实践层面上找出 FDI 扬长避短的途径，是有必要去探索的。根据 Grossman 和 Krueger 的研究成果，FDI 对东道国的环境影响有两面性：既有正的技术溢出上的效应，也有负的污染规模和经济结构上的效应。① 在我国，FDI 对环境尽管存在负外部性，特别是通过 FDI 途径向我国转移污染较重的产业时造成的危害，但同样也有正外部性②（如引入环保技术与设备，生产过程中采用更高的环境标准等），而且随着时间的推移，情况也有所变化。所以从政策层面上如何充分发挥 FDI 的正外部效应，尽可能降低其负外部影响，以达到扬长避短的效果，成为我们面临的重要课题。

第四，生态环境保护如逆水行舟，不进则退。立足我国的国情，我们不能简单地套用发达国家"先污染、后治理"的路径，需要在理论和实践层面对 FDI 的环境外部性问题③进一步深入探讨。实际上，"先污染、后治理"并不是一种规律，甚至可以说在很多国家是惨痛的教训，有些生态的破坏是不可逆的（如物种的灭绝）。依据环境库兹涅茨曲线原理，随着经济的增长，生态环境先是逐渐恶化，等达到一定的拐点之后再逐渐改善。美国、日本、欧盟等发达国家和地区的现实似乎也证实了这一点。实际上，从整个世界的范围来看，发达国家和地区在经历了工业化之后，高度发达的经济与良好的生态环境的并存是建立在国际产业转移的基础之上的。而许多研究表明，这种产业的国际转移往往又伴随着污染的转移。环境库兹涅茨曲线原理在部分国家或地区所发生的作用，并不能代表经济增长与生态环境存在着某种真正意义上的倒"U"形关系。④ 因而，对于 FDI 在我国的环境外部性问题，还需通过运用一个完整的理论框架系统地研究，并结合实际国情和阶段经济发展的特征对 FDI 环境影响的表现、原因、消解的方法深入分析。

基于以上几点原因，本书将在前人研究的基础上，充分运用国内外学者已有研究成果，以外部性理论⑤为主综合运用多学科理论，对 FDI 的环境外部效应及

---

① GROSSMAN G M, KRUEGER A B. Environmental impacts of a North American Free Trade Agreement[M]//GARBER P M. The Mexico - U.S. Free Trade Agreement, Cambridge: MIT Press, 1991.

② 所谓正外部性，一般是指经济活动给外界造成的正面的积极影响。本书将在第二章理论部分详细分析。

③ 这里是指 FDI 对东道国所造成的生态环境问题，在经济理论上属于外部性理论研究范畴，因此称之为 FDI 的环境外部性问题。

④ 李敦瑞.我国区际产业梯度转移的生态效应及对策研究[M]. 上海：同济大学出版社，2018：3.

⑤ 所谓外部性理论，是研究经济主体的经济行为对他人、社会、生态环境等外界造成影响的理论。本书将在第二章理论部分详细分析。

政策进行深入研究。

二、研究的意义

关注环境问题,往往需要对过去经济发展方式进行反思,尤其是对工业化道路所造成的环境污染、生态破坏、资源耗竭等一些恶果进行反思,并试图从理论层面揭示后果的严重性,查找造成恶果的深层次原因并用科学的方法加以解决。本书拟在前人研究的基础上,立足我国经济发展的阶段特征和生态文明建设的艰巨任务,综合运用环境经济理论、国际贸易和投资理论、产业转移理论等已有理论成果,依托外部性理论构建分析框架,对 FDI 的环境效应进行研究,并探索政策层面的措施。研究 FDI 的环境外部性问题有着重要的理论和现实意义,具体表现在以下几个方面。

1. *探索构建研究 FDI 环境外部效应的系统的理论框架*

关于 FDI 对东道国环境问题的研究一直以来缺乏一个系统的理论框架,立足我国经济发展的阶段特征研究 FDI 的环境外部性问题,可以建立一个基于 FDI 的、体现外部性时空转移特性的分析框架,便于更全面更系统地分析 FDI 对发展中东道国环境影响的理论问题,为进一步开展该领域的研究找寻独特的、适当的理论视角。

2. *将 FDI 的环境效应与经济效应综合进行考虑*

这样,就可以从总体上把握 FDI 环境外部性对我国的福利影响。由于 FDI 对东道国的环境问题存在一定的复杂性和特殊性,对我国来说,一方面,发达国家产业结构的升级会造成 FDI 进入工业领域,包括一些污染较重的产业;另一方面,东部沿海地区经济的发展也会使其原有的和原先引进的产业向中西部欠发达地区转移。这种动态的过程,使 FDI 的环境外部性出现了区域外溢的效应。而且生态问题如果不解决好,不仅影响当代人的利益,也会祸及子孙后代。正因为如此,系统研究 FDI 的环境外部效应,可以充分体现 FDI 环境外部性在时间和空间上的规律,为较全面而又深入地了解 FDI 的功用,特别是对环境的作用提供可靠的理论依据和经验证据。

3. *有助于探索针对 FDI 环境外部效应的内化措施和控制手段*

处于新时代,人民群众对美好生活的需求日益增加,我国的生态文明建设仍然面临严峻挑战。研究 FDI 的环境外部效应,可以在了解 FDI 环境外部性问题产生的一般性原因的基础上,深入分析 FDI 环境外部性区域影响和代际影响的具体原因。在过去,由于我国劳动力成本和土地成本不高、环境标准相对较低、市场广阔,吸引了大量外资。据统计,截至 2004 年,橡胶制造业、塑料制品业、皮革毛皮羽绒及其制品业、造纸及纸制品业等高污染行业三资企业所占总资产比重均已超过

30%，个别行业甚至达到50%以上。① 这些外资固然带来一定的经济效益，但也将污染从国外转移到了国内，对我国的生态环境造成了不利影响。现如今，随着我国经济发展进入新阶段，FDI的产业流向和空间走向也发生了相应的变化，其环境外部性影响也相应改变，因此，需要进一步探索适合的内化措施和控制手段，进一步推动生态文明建设和经济的可持续发展，这有着重要的理论和实践指导意义。

4. 为制定更加合理的FDI政策提供科学依据

关于FDI对东道国环境压力的存在与否学术界还存在一定争论，以我国这样一个吸引FDI最多的发展中大国为研究对象，研究FDI的环境外部性问题，既可以从微观层面上分析外资企业的环境行为，也可以从宏观层面上分析FDI环境效应的表现、动因、发生机制，并进行实证检验，便于为优化FDI政策以及制定更加科学的环境保护政策提供更多的参考依据。

5. 以习近平生态文明思想为指导探索在参与国际大循环中合理利用FDI的有效途径

中国特色社会主义进入新时代，生态文明建设纳入"五位一体"总体布局。以习近平同志为核心的党中央统筹中华民族伟大复兴战略全局和应对世界百年未有之大变局，围绕生态文明建设的重大理论与现实问题，提出了一系列新理念、新思想、新战略，创立了习近平生态文明思想；习近平生态文明思想有其生成的基本理论遵循、坚实理论支撑、深厚文化底蕴、有益理论镜鉴、丰富实践依据；习近平生态文明思想体系完整、内涵丰富，核心要义包括生态价值观、生态发展观、生态民生观、生态系统观等，是马克思主义生态文明观的新飞跃、社会主义生态文明建设的新指南、美丽世界建设的新方案。② 如何在经济发展中充分贯彻落实习近平生态文明思想的精神内涵，特别是针对FDI的环境外部效应，如何辩证地看待FDI，发挥其积极作用的同时，限制乃至消除其环境负外部性，实现在参与国际大循环中践行绿色发展理念，是当前面对的重要课题。

第二节　国内外相关文献综述

本书旨在研究FDI对我国的环境外部效应，这就需要我们就分析FDI在我

① 沙文兵，石涛.外商直接投资的环境效应——基于中国省级面板数据的实证分析[J].世界经济研究，2006(6)：76-81.

② 魏海生，李祥兴.建设美丽中国的行动指南——深入学习习近平生态文明思想[J].经济社会体制比较，2022(1)：1-10.

国环境外部性的福利效应以及由 FDI 引起的跨国污染问题，了解已有相关理论成果。所以本书的文献综述将首先对关于 FDI 的跨国污染问题的研究进行简要总结；然后再对这一领域内最受关注的两个问题，即有关环境规制与污染密集产业转移关系的研究和 FDI 对发展中东道国的外部环境效应的研究进行述评。

一、FDI 与跨国环境问题

以 FDI 为途径的产业转移对发展中东道国的环境外部性问题，本质上属于跨国环境污染问题的范畴。早在 20 世纪七八十年代，基于 FDI 的跨国污染问题就已经进入人们的跟踪研究视野中。Walter 和 Ugelow 在 1979 年就开始关注这一领域的问题，他们认为 FDI 会加剧发展中东道国的环境污染。① Gray 和 Walter 发现西欧环境标准影响着化学工业的投资转移。② 1984 年，美国 UnionCarbide 公司位于印度博帕尔地区的一家化工厂的毒气泄漏事件，就是 FDI 对引资当地环境造成严重破坏、威胁人们生命安全的典型事例，这在当时就引起了学术界的关注。Everest 通过对该事件研究认为，博帕尔事件产生的原因在于美国的 UnionCarbide 公司将化工厂的全部职能（包括环境管理职能）都交给当地管理者，从而使灾难产生。③

随着经济全球化的进一步深化，FDI 在世界经济发展中的作用越来越大，但同时其对东道国的负面作用也日益显著，由此，FDI 所引起的跨国污染问题越来越受到各国学者的关注。例如，Judy 认为在开放经济中，资本的国际流动受国家间环境标准差异的影响，污染产业倾向于从标准高的国家转移到标准低的国家，就产生了环境污染的跨国转移。④ Markusen、Morey 和 Olewiler 提出了“不要在我家后院”（Not-in-my-backyard，NIMBY）的现象，意思是当厂商可以选择在不同国家投资建厂时，如果带来的环境损害非常严重，两个国家都会将厂商驱逐出境。这实际上就是防止环境外部性跨越边界对本国或本区域产生不利影响。⑤

---

① WALTER I，UGELOW J L .Environmental policies in developing countries[J]. AMBIO，1979，8(2/3)：102 - 109.

② GRAY H，WALTER I. Investment— related trade distortions in petrochemicals[J]. Journal of World Trade Law，1983(17)：283 - 307.

③ EVEREST L.Behind the poison cloud：Union Carbide's Bhopal massacre [M]. Chicago：Banner Press，1986.

④ DEAN J M .Trade and the environment：a survey of the literature [M]. Washington DC：World Bank Discussion Papers，1992.

⑤ MARKUSEN R J，MOREY E R，OLEWILER N.Competition in regional environmental policies when plant locations are endogenous[J]. Journal of Public Economics，1995，56(1)：55 - 77.

Ansuategi 和 Perrings 在总结前人关于跨界外部性理论研究成果的基础上，分析跨界环境外部性与环境库兹涅茨曲线的关系。他们认为经济增长所带来的环境外部性除了对发达国家自身存在影响以外，还跨越边界对“真正进行生产”的发展中国家产生影响；在极端的纯外部性的情况下，即发达国家将全部污染转移到国外，则经过“开环纳什均衡”（Open Loop Nash Equilibrium，OLNE ）过渡期时，经济增长和污染排放之间会呈现单调上升的关系；除此之外，环境污染与经济增长之间呈现倒“U”型关系①。

此外，Xing 和 Kolslad②，Jaffer③、Bandara 和 Coxhead④，Strutt 和 Anderson⑤，Beghin、David 和 Dominique⑥，Judith、Mary 和 Wang⑦，Lan、Kakinaka 和 Huang⑧，Huynh 和 Hoang⑨，Bhujabal、Sethi 和 Padhan⑩ 等许多学者也都参与了这一领域的研究和讨论。

FDI 的跨国环境影响也引起了我国学者的关注。例如，王葆青认为，跨国公司作为世界上最主要的经济活动主体，对全球生态与环境的不断恶化负有不可推卸的责任。⑪ 薛伟贤和刘静认为，FDI 极大地促进了我国经济增长已是一个不争的事实，但在当前建立环境友好型社会的巨浪下，如何避免 FDI 带来的污染问题成为关注的焦点。⑫ 韩永辉等基于中国具备国际直接投资东道国和母国

---

① PERRINGS C，ANSUATEGI A. Transboundary externalities in the environmental transition hypothesis[J]. Environmental & Resource Economics，2000，17(4)：353 - 373.

② XING Y Q，KOLSTAD C D. Environment and trade：a review of theory and issues [R]. Los Angeles：University of Califonia，Santa Barbara，1995.

③ JAFFER A E. Environmental regulations and international competitiveness：what does the evidence tell us[J]. Journal of Economic Literature，1995，33(1)：132 - 163.

④ BANDARA J S，COXHEAD I. Can Trade liberalization have environmental benefits in developing countries— A Sri Lankan case study[J]. Journal of Policy Modeling，1999，21(3)：349 - 374.

⑤ STRUTT A，ANDERSON K. Will trade liberalization harm the environment— the case of indonesia to 2020[J]. Environmental and Resource Economics，2000，17(3)：203 - 232.

⑥ BEGHIN J C，DAVID R-H，DOMINIQUE M. Trade and the environment in general equilibrium：evidence from developing economies[J]. Staff General Research Papers，2002：251 - 258.

⑦ JUDITH M，MARY E，WANG H. Are foreign investors attracted to weak environmental regulations? [R]. World Bank Policy Research Working Paper，2005.

⑧ LAN J，KAKINAKA M，HUANG X G. Foreign direct investment，human capital and environmental pollution in China[J]. Environmental & Resource Economics，2012，51(2)：255 - 275.

⑨ HUYNH C M，HOANG H H. Foreign direct investment and air pollution in Asian countries：does institutional quality matter? [J]. Applied Economics Letters，2019，26(17)：1388 - 1392.

⑩ BHUJABAL P，SETHI N，PADHAN P C. ICT，foreign direct investment and environmental pollution in major Asia Pacific countries[J]. Environmental Science and Pollution Research，2021，28，(31)：42649 - 42669.

⑪ 王葆青.跨国公司对全球生态环境与可持续发展的影响[J]. 理论前沿，2002(17)：13 - 15.

⑫ 薛伟贤，刘静.在华 FDI 环境污染问题研究[J]. 国际贸易问题，2010(5)：70 - 78.

双重身份的现状，以 1995—2015 年双向 FDI 和污染物排放的时序数据为样本，实证检验中国双向 FDI 与环境三者的关系。结果显示：短期内，本国引入的外商直接投资(Inward Foreign Direct Investment，IFDI)能促进环境质量的提升，本国对外直接投资(Outward Foreign Direct Investment，OFDI)则对环境改善体现为抑制效应，双向 FDI 的综合环境效应为正向；长期内，IFDI 抑制了环境质量的持续提升，而 OFDI 则有显著的推动环境改善效应，双向 FDI 的综合环境效应为负向。[①] 张鹏和李芃铭认为，FDI 与生态效率存在"U"型关系，在经济初期抑制生态效率的提高，在经济发展到一定程度后随着 FDI 的提高而提高；环境规制对生态效率有正向效应，环境规制在 FDI 影响生态效率的路径中起正向调节作用。[②]

由此可见，基于 FDI 的跨国环境问题一直为人们所重视，已成为学术界讨论的热点问题。目前，在这一领域中，人们主要关注的具体问题包括环境规制与污染密集产业转移问题、FDI 对发展中东道国环境影响的外部福利效应，以及跨国公司的环境管理问题等。由于本书旨在从宏观层面上探讨 FDI 的环境外部性，对于微观层面上跨国公司的环境管理只是略有提及，因此这里主要就前两个问题的文献进行综述。

二、关于环境规制与污染密集产业转移的研究

关于环境规制与污染密集产业转移关系的研究，是探讨发达国家和发展中国家之间贸易和投资问题的重要组成部分，一般是围绕"污染天堂"(Pollution Heaven)假说进行理论分析和实证检验的。"污染天堂"假说又称"污染避难所"假说，指的是在国际贸易和投资体系中，单方面提高自身环境标准的国家将会使该国企业丧失竞争力，环境标准相对较低国家的企业将会因此赢得竞争优势，从而使高环境标准国家的污染密集产业转移到环境标准相对较低的国家，而后者会成为国外污染产业借以落脚的"污染天堂"。[③] 通常情况下，发达国家环境标准较高，发展中国家环境标准较低，所以"污染天堂"假说常被用来解释南北贸易关系中发展中国家的环境问题和 FDI 对发展中东道国的环境外部性问题。它所探讨的核心问题是，在经济全球化条件下，国家间的要素流动和世界贸易规模的扩大是否会使污染密集产业从发达国家向发展中国家转移，环境外部性问题

---

① 韩永辉，李子文，张帆，等.中国双向 FDI 的环境效应[J]. 资源科学，2019(11)：2043-2058.
② 张鹏，李芃铭.环境规制视角下 FDI 对生态效率的影响机制[J]. 对外经贸，2020(4)：12-17.
③ 何雄浪，郑长德.新经济地理学的反思与展望[J].上海财经大学学报，2013(6)：48-55.

是否会以国际贸易和跨国投资为载体跨越国界。

（一）"污染天堂"假说的相关理论

关于"污染天堂"假说的相关理论分析，国内外有众多学者进行研究，比较有影响力和理论解释力的有两国模型和多国模型两种研究模式。首先来看两国模型。在 Long 和 Siebert 建立的模型中，假设只有两个国家，且市场是完全竞争的，也只有劳动和资本两种生产要素，仅有一个会产生污染的生产部门。由于生产会污染环境，一个国家的政府会采取诸如征收排污税等较为严格的环境管制措施，但这会导致本国资本收益率下降，在资本自由流动的条件下，由于另一个没有实施环境管制的国家的资本收益率较高，资本会从本国流向另一国，直到两国资本的边际收益率相等为止。这说明严格的环境管制有着明显的效果，是降低本国资本收益率并使资本流向国外的重要原因。① 污染密集产业为什么会从发达国家流向发展中国家？应该说，Long 和 Siebert 的研究成果较早地给出了理论解释，发展中国家往往就是没有实施环境管制或环境管制较松的国家，在国际产业转移的大背景下，FDI 大量进入，很有可能使之成为"污染天堂"。Markusen、Morey 和 Olewiler 也研究了两国模型，但市场是不完全竞争的，企业生产是规模报酬递增的，且两个国家都以征收环境税的方式进行环境管制；如果两国对环境污染的忍受力都较低，产业部门的污染非常严重，那么两个国家就都会通过征收高额环境税这一抬高环境标准的方式将该产业的企业驱逐出市场；反之，如果这两个国家对环境污染的耐受力都较高，或者产业部门的污染不严重，则两个国家会竞相降低环境标准，以吸引外来投资，在规模报酬递增的规律下以便获取越来越多的收益，从而产生"触底竞赛"（Race to the Bottom）效应。② 该模型带来的启示是：宽松的环境规制是造成 FDI 环境外部性的外在原因。发达国家一般对环境污染的忍受程度较低，往往采取严格的环境标准，迫使其污染密集产业向外转移；而发展中国家环境规制较松，市场竞争的压力使企业尽可能减少环境开支，而政府为了发展本国经济的需要，也竞相降低环境标准，在稳住本国企业的同时吸收外资，这样就使发达国家的污染密集产业得以转移进来。③

---

① LONG N, SIEBERT H. Institutional competition versus ex-ante harmonization: the case of environmental policy [J]. Journal of Institutional and Theoretical Economics, 1991(147): 296 - 311.

② MARKUSEN J R, MOREY E R, OLEWILER N D.Environmental policy when market structure and plant locations are endogenous [J]. Journal of Environmental Economics and Management, 1993(24): 69 - 86.

③ 李敦瑞.我国区际产业梯度转移的生态效应及对策研究[M]. 上海：同济大学出版社，2018：18.

多国模型理论以 Copeland 和 Taylor 的南北模型(South-North Model)为代表。在模型中,全世界的国家分为北方(发达国家)和南方(发展中国家)两部分,产品按照产出的污染程度进行分类,环境污染是全球性问题,而且全球生态环境是纯公共品;如果自由贸易能够使要素价格均等化,世界范围内的污染总量不变,但是发展中国家污染密集产业规模将扩大,污染水平也因此而上升,发达国家清洁产业规模将扩大;如果自由贸易不能使要素价格趋于均等,自由贸易将会使世界污染总量水平增加,同时发达国家污染水平降低,而发展中国家污染水平增加;此外,自由贸易是否会对全世界的污染水平构成负面影响,取决于各国间的收入分配状况。[①] 这个多国模型给我们的启示是:自由贸易条件下,发展中国家污染密集产业的规模终将扩大,在资本自由流动的条件下,还会承接发达国家的污染密集产业转移,从而成为"污染的天堂";即使在各国收入水平相似的条件下,自由贸易不会扩大整个世界的污染,但是发展中国家的污染水平将上升;自由贸易和国际投资将使环境污染跨越国界,给发展中国家带来外部性影响。[②]

我国学者对这一理论的研究,主要是在国外学者研究成果的基础上进行的,或者结合我国阶段性的经济情况,对该领域的理论进行拓展。例如,肖璐认为,"国际贸易理论、激进经济学派和生态经济学都从不同角度论述了基于国家比较优势和污染的国际劳动分工的国际生产现象,涉及 FDI 与发展中东道国环境的关系,成为'污染天堂'假说这一命题的宏观理论基础。国际贸易理论的政策含义是发展中国家采取'污染天堂'的工业发展战略,反对协调国际环境规制以避免其损害全球有效资源配置;激进经济学派主张通过实施进口替代发展战略将跨国公司在发展中东道国的作用限制在最低程度内;生态经济学认为应最小化国际贸易和投资的规模,同时构建区域性以物易物的贸易体制"[③]。张雨微等认为,国际产能合作是高水平对外开放的表现,我国推动产能合作还伴随着一些理论质疑,其中包括对污染转移的担忧,尽管国内仍有不少污染型产能,但不具备国际竞争优势,能够开展产能合作的企业通常清洁生产能力较强,环境成本占其总成本比重较低,不具备通过对外转移逃避环境责任的动机。[④]

---

① COPELAND B R, TAYLOR M S. North-South trade and the environment[J]. Quarterly Journal of Economics, 1994(109): 755 - 787.

② 李敦瑞. 我国区际产业梯度转移的生态效应及对策研究[M]. 上海: 同济大学出版社, 2018: 19.

③ 肖璐. "污染天堂"假说的宏观理论基础研究[J]. 全国商情(理论研究), 2009(22): 117 - 118.

④ 张雨微,吴航,刘航. 中国对外产能合作不存在"污染避难所"效应——理论与现实依据[J]. 现代经济探讨, 2016(4): 78 - 82.

（二）关于“污染天堂”假说的验证

一个国家环境规制与国际资本流动的关系问题，以及污染密集产业转移的根本动因问题，一直是研究的热点问题，但分析结果存在着差异，这使得“污染天堂”假说的可靠性验证一直争议不断。

20 世纪 80 年代，Robinson 就已经对 1973—1982 年美国进出口商品的污染含量进行检验，发现进口产品的污染含量高于出口产品，这表明美国作为发达国家更倾向于从其他国家，特别是发展中国家，进口污染密集产业的产品；而其本国倾向于生产并出口清洁产业的产品，这为“污染天堂”假说提供了早期经验支持。[①] Main 等研究了 OECD 国家、亚洲（不包括日本）和拉丁美洲国家污染密集产业与非污染密集产业的产出比率和进出口比率，借助 1960—1995 年的数据进行检验，发现 OECD 国家污染密集产业与非污染密集产业的产出比率持续下降，污染密集产业的进口与出口比率却逐年上升；而拉丁美洲国家和亚洲发展中国家情况则恰恰相反，即污染密集产业与非污染密集产业的产出比率上升，污染密集产业产品出口比率下降；造成这一结果的重要原因在于发达国家日趋严格的环境规制，迫使污染密集产业向环境规制较宽松的发展中国家转移。[②] 此外，Kolstad 和 Xing[③]、Smarzynska 和 Wei[④]、Peng 等[⑤]、Millimet 和 Roy[⑥]、Monica 和 Neha[⑦] 等多位学者的研究也都支持“污染天堂”假说的存在。

我国也有多位学者的研究成果支持了“污染天堂”假说。例如，苏梽芳等认为，“污染天堂”假说在中国基本成立，导致中国环境压力增大的最主要因素，并非外商直接投资，而是自由贸易，这个结论有力地支持了“西方污染中国”的命题。[⑧] 王文治和陆建明认为，“污染天堂”假说在全球样本下并不成立，发展中国

---

① ROBINSON H D. International pollution abatement the impact on the balance of trade[J]. Canadian Journal of Economics, 1988(21): 187 - 199.

② MANI M, WHEELER D. In search of pollution havens? Dirty industry in the world economy, 1960—1995[J]. The Journal of Environment & Development, 1998, 7(3): 215 - 247.

③ KOLSTAD C D, XING Y Q. Do lax environmental regulations attract foreign investment? [R]. Los Angeles: University of California Santa Barbara -Department of Economics, 2002.

④ SMARZYNSKA B, WEI S. Pollution havens and foreign direct investment: dirty secret or popular myth? [J]. Contributions in Economic Analysis & Policy, 2004, 3(2): 1 - 32.

⑤ PENG W, TIAN K, XIANG G C.A VAR analysis of FDI and environmental regulation: China's case[J]. Business & Economic Horizons, 2011(5):13 - 22.

⑥ MILLIMET D L, ROY J.Empirical tests of the pollution haven hypothesis when environmental regulation is endogenous [J]. Journal of Applied Econometrics, 2016(6): 652 - 677.

⑦ MONICA S, NEHA S. Demystifying pollution haven hypothesis: role of FDI[J]. Journal of Business Research, 2021(123): 516 - 528.

⑧ 苏梽芳，廖迎，李颖.是什么导致了“污染天堂”：贸易还是 FDI？——来自中国省级面板数据的证据[J]. 经济评论，2011(3): 97 - 104.

家主要出口碳排放含量低的劳动密集型商品，中国制造业中相对清洁的劳动密集型行业长期具有出口竞争优势，理论上这种贸易分工不应增加污染排放量，然而伴随 FDI 大量流入中国制造业，其通过产业关联间接引起制造业污染排放量增加，“污染天堂”假说在中国是成立的。① 霍伟东等认为，在经济发展初期，外商直接投资的创新效应以生产型创新为主，东道国自然环境会直接和间接通过生产型创新效应加剧污染，这一点符合“污染天堂”假说；而在经济发展转型时期，外商直接投资的创新效应将逐步以生态型创新溢出效应为主，东道国自然环境会直接和通过生态技术创新溢出间接降低工业环境污染，这使外商直接投资的环境效应满足“污染光环”假说；外商直接投资的生态型创新溢出使其对环境的影响由负转向正，在绿色发展理念下，中国在进一步扩大开放的同时应当积极引导创新溢出由生产型向生态型转型。②

也有学者研究认为，“污染天堂”假说部分成立。例如，杨子晖和田磊的研究表明，“污染天堂”假说只在中国部分省份成立，随着贸易开放程度的扩大，当地环境恶化的压力也将随之增加；以资本密集度不断提高为主要形式的产业结构升级，在一定程度上促进了污染排放技术的改进，从而降低了 FDI 污染系数；此外，各地区环境监管力度的加强将对 FDI 的污染排放行为产生抑制效果，而环保投资比例对污染系数不具有显著影响。③ 张文爱和罗润万通过构建 ARDL-ECM 模型，在将全国样本划分为东、中、西地区样本的情况下对外商直接投资(FDI)对碳排放的长期和短期影响进行实证检验，其研究发现，FDI 对我国碳排放的影响具有明显的地区差异，其中，东部地区支持了“污染天堂”假说，而其他地区则支持了“污染光环”假说。④

否定“污染天堂”假说的研究成果同样存在。Tobey 在划分污染密集产业的基础上，通过实证研究，认为全世界污染密集产业产品的贸易总额，并没有受到环境规制的影响，因而找不到支持“污染天堂”假说的证据。⑤ Melo 和 Grether 通过考察 52 个国家的 5 个污染密集产业 1981—1998 年间的数据，发现有关计量分析的结果也同样不支持“污染天堂”假说，他们还解释了原因，认为通常情况

---

① 王文治，陆建明.要素禀赋、污染转移与中国制造业的贸易竞争力——对污染天堂与要素禀赋假说的检验[J]. 中国人口·资源与环境，2012(12)：73-78.

② 霍伟东，李杰锋，陈若愚.绿色发展与 FDI 环境效应——从“污染天堂”到“污染光环”的数据实证[J]. 财经科学，2019(4)：106-119.

③ 杨子晖，田磊.“污染天堂”假说与影响因素的中国省际研究[J]. 世界经济，2017(5)：148-172.

④ 张文爱，罗润万. FDI 的环境效应:“污染光环”抑或“污染天堂”？——基于面板 ARDL-ECM 模型的实证检验[J]. 重庆工商大学学报(社会科学版)，2023，40(2)：36-49.

⑤ TOBEY J. The effects of domestic environmental policies on patterns of world trade: an empirical test[J]. Kyklos, 1990, 43(2): 191-209.

下各个国家尤其是发达国家对污染密集产业产品的贸易壁垒较高，污染密集产业转移到发展中国家后，产品出口将受到限制，所以发达国家并不倾向于向发展中国家转移污染密集产业。① Nadeem 等认为，通过对 1971—2014 年外国直接投资流入和四种污染物（即二氧化碳、固体燃料的二氧化碳、二氧化硫和温室气体）排放量的关系进行考察，通过将不同的解释变量与外国直接投资流入相结合，对八种不同模型进行了测试。结果表明，在某些模型中，FDI 流入与 CO_2 排放、固体燃料的 CO_2 排放和 GHG（Greenhouse Gas，温室气体）排放之间存在长期正向关系，而 FDI 流入与 SO_2 排放之间存在长期负向关系；总的来说，他们没有发现巴基斯坦存在“污染天堂”假说的确凿证据，由于巴基斯坦正在采取积极措施吸引更多外国直接投资，因此必须引入不妨碍外国直接投资流入的适当环境政策和体制改革。② Danish 等在“污染避难所”假说的动态框架下，研究了中国核能消耗对环境的影响，其研究结果表明，中国不存在“污染天堂”假说，也就是说，外国直接投资在影响环境结果方面发挥着积极作用；此外，实证结果得出核能在缓解污染方面有积极贡献，从结果来看，预计鼓励外国投资增加核能发电将通过减少二氧化碳排放来改善环境质量。③

中国学者的许多研究成果也否定了“污染天堂”假说的成立。例如，程雁和郑玉刚认为，贸易自由化总体增加了污染排放量，贸易的规模效应带来的污染增加超过了技术效应和结构效应引起的污染减少；“污染避难所”假说对于中国并不成立，中国要素禀赋决定的贸易模式使贸易自由化对环境的结构效应为负，即降低了环境污染。④ 林季红和刘莹认为，“污染天堂”假说虽然存在理论上的合理性，但在经验分析中却无法获得充分的证据支持，究其原因主要有两个：一是环境规制变量本身的内生性会干扰检验结果的稳健性，二是经验分析中往往忽略了“要素禀赋”因素对外商直接投资流入的影响。⑤ 刘耀彬和熊瑶基于 HDI

① GRETHER J M, MELO J D. Globalization and dirty industries: do pollution havens matter?[J]. Challenges to Globalization: Analyzing the Economics, 2004: 167 - 206.

② NADEEM A M, ALI T, KHAN M T I, et al. Relationship between inward FDI and environmental degradation for Pakistan: an exploration of pollution haven hypothesis through ARDL approach[J]. Environmental Science and Pollution Research, 2020, 27(13): 15407 - 15425.

③ DANISH, KHAN S U D, AHMAD A. Testing the pollution haven hypothesis on the pathway of sustainable development: accounting the role of nuclear energy consumption[J]. Nuclear Engineering and Technology, 2021(53): 2746 - 2752.

④ 程雁，郑玉刚.我国贸易自由化的环境效应分析——基于“污染避难所”假说与要素禀赋比较优势的检验[J]. 山东大学学报(哲学社会科学版)，2009(2)：65 - 70.

⑤ 林季红，刘莹.内生的环境规制："污染天堂"假说在中国的再检验[J]. 中国人口·资源与环境，2013(1)：13 - 18.

(Human Development Index,人类发展指数)分区比较环境规制对区域经济发展质量的差异影响,其研究结果发现:① 不同 HDI 指数地区的环境规制强度对区域经济发展质量的影响并不相同。HDI 较高的地区,其环境规制强度与经济发展质量也相对较高。② 高于全国平均 HDI 地区的环境规制对经济发展质量有积极作用,且主要通过技术创新的补偿效应产生影响。③ 低于全国平均 HDI 地区的环境规制对经济发展质量有显著的消极作用,且主要通过 FDI 的技术溢出效应产生影响,而其"污染避难所效应"并不显著。①

三、关于 FDI 环境外部效应的研究

FDI 会给发展中东道国带来一定的环境负外部性,但是从辩证的角度看,FDI 对东道国的环境外部性也存在正向效应,所以需要从正负两方面去剖析,并要针对研究对象(特定的国家或地区)作出总体判断。学界关于 FDI 对发展中东道国的环境外部效应的分析,一般都是在 Grossman 和 Krueger 的"贸易—环境"分析框架下,从正负两个方面进行。

在 Grossman 和 Krueger 的分析框架中,贸易对环境的影响被分解成三种效应:规模效应(Scale Effect)、技术效应(Technique Effect)和结构效应(Composition Effect)。其中规模效应是指贸易自由化使经济规模扩大,厂商扩大生产增加了对环境资源的压力,在产业结构和生产技术不变的条件下,除非有严格的环境规制,否则经济规模扩大将会增加污染排放和自然资源的使用,使环境遭受破坏;技术效应指的是贸易自由化带来的生产技术交流和环境技术溢出会减少生产对环境的负作用;结构效应是指在自由贸易条件下,各国会分工生产具有比较优势的产业产品,生产要素会逐渐流向这些产业部门,这些部门的规模将会扩大,使其他部门的规模出现收缩的趋势,从而引起产业结构的变化,进而使污染的排放和对自然资源的使用都发生变化。一般情况下,规模效应是负向的环境外部效应,技术效应是正向的环境外部效应,结构效应对环境的外部效应是正是负取决于一国所具有的比较优势,而这种比较优势与经济发展阶段紧密相关。贸易对一国的环境影响是这三个效应共同作用的结果。②

---

① 刘耀彬,熊瑶.环境规制对区域经济发展质量的差异影响——基于 HDI 分区的比较[J]. 经济经纬,2020(3):1-10.

② GROSSMAN G M, KRUEGER A B. Environmental impacts of a North American Free Trade Agreement[M]//GARBER P M. The Mexico-U. S. Free Trade Agreement. Cambridge: MIT Press, 1991.

Grossman 和 Krueger 的分析框架在以后不断得到扩展和深化，Runge①、Wheeler②、Antweiler 等③、王瑞和诸大建④、柯美高⑤、周杰琦和张莹⑥、王婷婷等⑦都在这一理论体系下作出了自己的贡献。

在对 FDI 环境外部性的研究中，Grossman 和 Krueger 关于贸易对环境的三个效应被用来解释 FDI 对环境的外部效应。FDI 对环境的规模效应是指 FDI 扩大了当地的经济规模，在产业转移作用下，更多自然资源的利用和大量污染物的排放，会造成环境质量的下降。Panayotou 认为，尽管 FDI 对当地的环境效应符合环境库兹涅茨曲线规律，即 FDI 使经济规模扩大、人们收入增加，由于人们更愿意保护环境并进行相应的投入，环境质量终究会得到提高；但如果经济发展还没有达到一定程度，个人收入水平还处在环境库兹涅茨曲线“转折点”的左半边，则污染密集产业和资源密集产业的生产将会长期持续下去，FDI 在这段时期反而会给自然环境造成极大的损害。⑧ 世界银行的一份研究报告也认为，FDI 的进入会促进东道国经济增长，扩大当地经济规模，增加工业污染物的排放，使环境更加恶化。⑨ FDI 对环境的技术效应是指，外商直接投资即使是进入污染较重产业的 FDI，也会增强市场竞争，迫使当地企业改进技术和管理，通过示范效应、被当地企业模仿、人员培训等各种方式给发展中东道国带来较为先进的技术和管理手段，从而有利于提高生产效率和减少环境污染。Haddad 和 Harrison 通过研究以 FDI 为传导的 4 种清洁技术的扩散效应，结合大量案例分析，发现跨国公司和当地企业的技术合作有利于加强环境管制和提高环境保护能力。⑩ Eriksen 和

---

① RUNGE C F. Trade liberalization and environmental quality in agriculture[J]. International Environmental Affairs, 1993(5): 95 - 128.

② WHEELER D. Racing to the bottom? Foreign investment and air pollution in developing countries [J]. Journal of Environment and Development, 2001, 10(3): 225 - 245.

③ ANTWEILER W, COPELAND B R, TAYLOR M S. Is free trade good for the environment? [J]. American Economic Review, 2001, 91(4): 877 - 908.

④ 王瑞，诸大建.对外直接投资与中国二氧化硫排放[J]. 经济经纬，2018(2): 48 - 55.

⑤ 柯美高.贸易自由化对中国消费污染的影响及机制研究[J]. 中南财经政法大学学报，2020(5): 125 - 136.

⑥ 周杰琦，张莹.外商直接投资、经济集聚与绿色经济效率——理论分析与中国经验[J]. 国际经贸探索，2021(1): 66 - 82.

⑦ 王婷婷，宋飏，钱思彤，等.东北地区制造业空间格局演化及其空气污染环境效应——基于企业数据的实证[J]. 地理研究，2022(1): 193 - 209.

⑧ PANAYOTOU T. Demystifying the environmental Kuznets Curve: turning a black box into a policy tool[J]. Environmental and Development Economics, 1997, 2(4): 465 - 486.

⑨ 戴荔珠，马丽，刘卫东.FDI 对地区资源环境影响的研究进展评述[J]. 地球科学进展，2008(1): 55 - 62.

⑩ HADDAD M, HARRISON A E. Are there positive spillovers from direct foreign investment? Evidence from panel data for Morocco[J]. Journal of Development Economics, 1993(42): 51 - 74.

Hansen 也通过实证分析认为，一些跨国公司的技术溢出效应明显，有利于东道国的环境保护。[①] FDI 对环境的结构效应是指外商直接投资通过影响甚至改变发展中东道国的经济结构，来对其环境产生外部效应。Borregaard 和 Dufey 通过对拉丁美洲部分国家采矿业的 FDI 进行考察，发现就结构效应而言，FDI 的进入导致智利铜矿生产和出口增加，尽管这会使国际上铜的价格下降，但是对于智利而言，铜矿生产和出口增加相对于本国自己冶炼铜，对环境的污染要小一些。[②] 何洁通过对中国 FDI 和工业二氧化硫排放量的数据进行实证检验，得出了另外一种的结论，即外资的进入与工业污染呈正相关关系，其中 FDI 的进入导致的经济增长和结构转换带来的环境污染增加，超出了 FDI 的环境正效应。[③]

除以上三个主要效应外，一些学者还找出了 FDI 对发展中东道国其他方面的效应。如 Gentry 通过对以投资于墨西哥制造业部门的 44 个外商企业（大部分是美国企业）为案例进行研究，结果发现 FDI 存在正的技术效应，使资源利用效率大大提高，而这根源于墨西哥政府对外国投资者的环境管制。[④] 这说明发展中国家的环境管制会对 FDI 的环境外部效应产生影响；反过来，FDI 的环境外部性也会促使发展中东道国改进环境政策、措施、标准的制定和实施。这就是 FDI 的环境管制和政策效应。

我国学者也在 Grossman 和 Krueger 的分析框架下进行了探索。例如，王瑞和诸大建的研究结果表明，无论是对外直接投资流量还是存量，都显著地增加了中国各省份的 SO_2 排放量，这主要是由于对外直接投资并没有通过逆向技术溢出提高中国的减排质量，中国的对外直接投资主要分布在商务服务业以及采矿业上，在当前较弱的环境规制力度下高污染的制造业并未成为对外直接投资的重点转移对象，技术溢出效应与结构效应并未对环境质量发挥显著的改善作用。[⑤] 柯美高认为，消费领域贸易自由化的环境效应由规模效应、技术效应和贸易引致的结构效应组成；环境规制越严格的国家或地区的消费侧肮脏品越少，其

---

① ERIKSEN J, HANSEN M W. Environmental aspects of Danish foreign direct investment in developing countries: managing the environment in an open economy[M]. Copenhagen: Business School, Cross Border Environmental Management Project, 1999.

② BORREGAARD A N, DUFEY A. Environmental effects of foreign investment versus domestic investment in the mining sector in Latin - America[J]. World Resources Institute and CIPMA, 2002: 55 - 79.

③ 何洁.国际贸易对环境的影响：中国各省的二氧化硫（SO_2）工业排放[J]. 经济学，2010(2)：415 - 446.

④ GENTRY B.Foreign direct investment and the environment: boon or bane? [J]. OECD Foreign Direct Investment and the Environment, 1999: 21 - 45.

⑤ 王瑞，诸大建.对外直接投资与中国二氧化硫排放[J]. 经济经纬，2018(2)：48 - 55.

消费减排技术往往越高。[①] 李剑和栾朔琛以2005—2018年我国282个城市为研究对象，研究FDI对我国可持续发展的影响，并使用中介效应模型从规模效应、技术效应与结构效应三方面分析了原因，其研究发现，FDI对我国东、中、西部地区可持续发展的影响均为"U"型，FDI对可持续发展的影响会随着FDI流入量的增加由消极转为积极；其中，规模效应、技术效应与结构效应均发挥了重要作用，但是实际效果具有区域差异性。[②]

总之，Grossman和Krueger的分析框架为辩证分析FDI对发展中东道国的环境外部效应提供了可供参考的理论依据，但从实证检验层面看，同前面关于"污染天堂"假说的验证一样，由于实证的方法、选取的样本和数据、研究的视角各异，不同学者所得出的结论也不同，并且这些研究主要是直接采用FDI流量的数据进行验证，然而在实际中，进入不同领域的FDI的环境外部性是不相同的。

四、简要述评

通过前文的综述可以看出，FDI的环境问题有着非常丰富的理论研究支持，其实证研究也是众多学者关注的热点。例如，关于"污染天堂"假说，尽管在现实中，随着FDI的进入，发展中国家污染密集产业的相对增长也提供了一定的证明，但关于该假说成立与否的争论却一直没有停止过。目前这种争论主要集中在实证研究领域关于假说的成立与否，以及环境规制是否是污染密集产业向发展中国家转移的主因问题上。持支持态度的学者认为假说在现实中是成立的，发达国家确实有借助FDI向发展中国家转移污染密集产业的倾向；而持反对态度的学者认为假说不存在。

实证研究毕竟是为验证理论假说的可靠性服务，需要大量数据和信息的支持。由于具体环境不同，各种经济变量的自身特点决定其信息获取的难易程度不同，不同国家和地区统计制度和手段、口径的差异，以及不同时期经济、社会发展状况的差异导致FDI的情况也处于动态变化之中，加之不同学者的研究视角和分析方法上的差别，尤其是国际贸易和投资对环境的影响是方方面面的，只能有选择地将部分因素考虑进来，所以得出的结论必然出现差异。

---

① 柯美高.贸易自由化对中国消费污染的影响及机制研究[J]. 中南财经政法大学学报，2020(5)：125-136.

② 李剑，栾朔琛. FDI与我国可持续发展——基于"U"型关系的一个解释[J]. 中国海洋大学学报(社会科学版)，2022(1)：103-116.

无论如何，国内外众多学者就 FDI 对发展中东道国的环境问题从不同视角进行了有益探讨，已有研究成果为今后学者的进一步研究以及本书的系统探讨奠定了基础，提供了许多有益启示，并为找准研究方向作了必要导引。已有文献提供了丰富而又深刻的见解，但尚有继续挖掘的空间，主要是：① 环境问题归根结底属于外部性问题，目前的研究还没有结合外部性理论形成一整套关于 FDI 环境问题的系统的理论分析框架；② 外部性有空间和时间两个维度，对于 FDI 的环境外部性问题，虽然从跨国的角度有些讨论，但是尚需从这两个维度进一步系统地分析；③ 并非所有的 FDI 都存在环境问题，FDI 进入一个国家的情况也会随着这个国家经济社会的发展，而在区域和产业取向上发生变化，需要根据这些变化客观地分析 FDI 的环境外部效应问题。这些将是本书的努力方向。

第三节 研究的思路、方法和主要内容

一、研究思路

FDI 的环境外部性本质上仍然属于一般外部性理论的范畴，国内外众多经济学家关于外部性的已有理论成果和研究方法为本书的研究提供了必要的理论和方法支撑，也有助于我们更深刻地理解 FDI 的环境外部性。本书的研究是在一般外部性理论的框架下，沿着从一般到具体的思路，结合中国实际情况，研究我国 FDI 的环境外部性的发生机制、表现形式、产生的原因、治理方法等。本书的具体研究思路如下。

首先，结合国内外学者关于环境外部性和 FDI 对东道国环境影响的研究成果，构建对 FDI 环境外部性进行研究的理论分析框架，重点阐明 FDI 环境外部性的内涵、时间和空间两个维度的体现、原因及措施，从而为后面的研究奠定理论基础。

其次，在充分调查和分析资料的前提下，对在我国 FDI 的状况进行梳理，并对其产生的环境外部性作总体上的描述，为以后各部分的研究在现实中找到合适的切入点。

再次，在前面的分析框架下，通过对外商投资我国相关产业的环境外部效应进行实证分析和规范分析，对进入我国的 FDI 环境效应作出总体上的判断，并在此基础上分别从区域外部性(Regional Externality)和代际外部性(Intergenerational Externality)两个角度入手，深入分析 FDI 环境外部性在空间和时间上的具体表

现及其动态的变化轨迹和特征。

最后,结合前面的分析结果探讨 FDI 环境外部效应产生的原因,并基于 FDI 环境外部性,提出相应的治理思路。

本书的研究思路如图 1-1 所示。

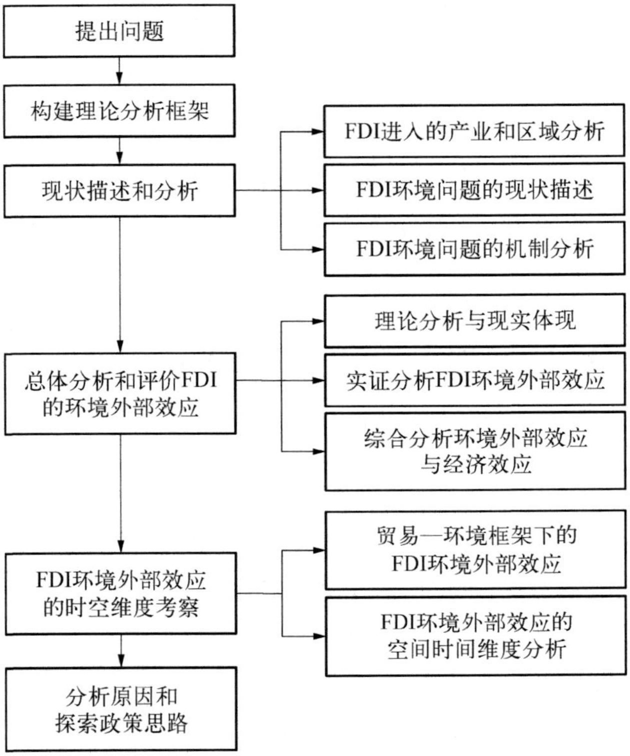

图 1-1 研究思路

二、研究方法

1. 定量分析与定性分析相结合

考察 FDI 的环境外部性问题,既要从定性角度去探讨其内在变动规律,也要运用定量方法精确研究其变化过程中数量比例和量的组合。本书中,所有运用数学方法和计量经济学方法进行研究的部分,都采用了定量与定性相结合的方法。

2. 理论分析与实证分析相结合

由于 FDI 对东道国的环境外部性问题属于跨学科、交叉性很强的领域,需要重点关注环境经济、国际贸易、可持续发展、微观经济学、宏观经济学等多学科理论，综合运用这些理论分析其内在规律、关系、方式，并结合投资我国相关产业的 FDI 的实际情况进行实证分析，为理论提供经验证据。搜集相关数据，结合计量经济学的方法，运用 Stata 等计量软件对问题进行计量分析是本书重要的研究方法。同时，为了突出研究的实践性，本书还通过搜集 FDI 对我国造成严重环境污染的实例，进行相应的案例分析。

3. 系统分析的方法

运用系统的方法，从外部性理论的基本框架出发，全面分析 FDI 环境外部性的内涵、分类、效应、原因和政策思路等。也就是在搭建 FDI 环境外部性理论框架的基础上，整体分析我国 FDI 的基本情况，再综合评析 FDI 的经济效应和环境外部效应，然后从时间和空间两个维度深度剖析 FDI 的环境外部效应。在系统分析 FDI 环境外部效应的基础上，从全球价值链模式的产业转移、经济发展与污染减排的“两难”、市场失灵与政府缺陷等方面系统分析 FDI 环境外部效应产生的原因，再从治理的目标、原则、理念和具体的举措系统分析了解决问题的对策。

三、主要研究内容

本书所要研究的是外商直接投资对我国生态环境的外部性问题。一般认为，外商直接投资是指一个国家或地区的居民直接在另一个国家或地区进行的厂矿企业投资，并获得该厂矿企业的管理控制权。① 根据本书研究的问题和外商直接投资的定义，本书主要研究通过各种途径进入我国的 FDI，包括在相关产业中开办新企业、并购现有的我国企业、收买我国企业的股权达到一定的比重，以及用保留利润对这些产业进行再投资等。从微观层面上看，我们所考察的对象主要指三资企业，即中外合作经济企业、中外合资经营企业、外商独资经营企业。言及 FDI，必然涉及产业转移，这是从发达国家或地区转移向发展中国家的产业活动，且由于我国是发展中国家，故而本书在理论层面上只研究从发达国家或地区流向发展中东道国的 FDI，此外，因我国疆域广阔和巨大的区域发展差异，本书也将参与我国区际产业转移的 FDI 考虑在内；而对发达国家之间、发展中国家之间的 FDI，以及从发展中国家流向发达国家的 FDI，均不予考虑。总的来说，本书主要研究内容包括以下几个方面。

---

① 戴国强.货币金融学[M].上海：上海财经大学出版社，2006：489.

（1）在总结国内外学者研究成果的基础上，以外部性理论为基础，构建关于FDI环境外部效应的分析框架。这包括界定FDI环境外部性的内涵，根据研究的需要对FDI环境外部性进行分类，从发达国家向发展中国家进行产业转移的规律入手研究FDI对东道国环境影响的发生机制，分别从时间和空间两个维度，构建FDI环境外部效应的分析框架，并对FDI环境外部性的原因和政策优化思路作简要的分析。

（2）进行产业转移是FDI对东道国的生态环境产生影响的最重要的方式，本书在结合我国实际情况的基础上，对向我国转移的产业状况进行分析。包括从区域和行业两个角度进行剖析，对外商投资我国相关产业包括一些污染密集产业的动力机制、促进因素、环境行为进行分析。

（3）对在中国FDI的环境外部效应作总体评价和判断，并为后面的研究作铺垫。在此基础上，本书还结合了前人研究成果，将FDI对我国的环境外部效应和经济效应作综合分析，以便为后面的对策研究提供参考。

（4）根据Grossman的分析框架，FDI对东道国的环境外部效应有正负之分，本书据此分别从技术效应、规模效应、结构效应三个角度分析在中国FDI环境外部性的福利效应。再从时间和空间两个维度去分析FDI的环境外部效应。这包括探讨FDI环境外部性的区际影响、代际影响，以及伴随时间变化在产业和区域上的变化趋势，并结合案例进行实证研究。

（6）在分析FDI对东道国环境外部性产生的一般性原因的基础上，探讨我国FDI环境外部性的产生原因，重点研究FDI区际环境外部性和代际环境外部性产生的特定原因。最后，本书还根据前面的分析，以习近平生态文明思想为指导，针对FDI的环境外部效应，探索FDI的政策优化思路。

第二章

基于 FDI 的环境外部效应理论框架

作为全书的理论基础部分，本章在总结并参考国内外学者相关理论成果的基础上，构建针对 FDI 环境外部性的分析框架。外部性又被称为“外部效应”(External Effects)或“外部经济”(External Economies)。自 20 世纪初剑桥大学的马歇尔和庇古提出这个概念以来，一直是经济学界特别是新古典经济学和新制度经济学研究的重要问题。今天外部性理论仍在不断发展，外部性理论及其政策的演进已成为经济思想发展的重要线索之一，许多领域的研究者都在应用该理论及其政策的内容。其中，环境外部性理论就是外部性理论在环境科学领域得到应用的体现。本章的工作试图使我们了解关于 FDI 环境外部性问题的相关理论，启发我们寻找新的研究视角和思路；更为重要的是，这为本书以后的主体分析部分作了不可或缺的铺垫工作。其中，关于 FDI 环境外部性的内涵和分类，使我们的研究限定在一个科学、合理的范围内；“污染天堂”假说与 FDI 环境外部性福利效应的分析框架，为验证“污染天堂”假说在我国是否存在及了解 FDI 环境外部性对我国的福利影响提供依据；跨界外部性理论与代际外部性理论，为从更深层次上了解 FDI 环境外部性在我国空间和时间上的具体表现提供理论上的启示和支持；而关于环境外部性原因和治理手段的一般性理论，则为解决 FDI 对我国的环境外部性以及优化 FDI 的政策提供思路。

第一节　FDI 环境外部性的内涵和分类

人类经济活动所造成的生态环境问题属于典型的外部性问题，研究 FDI 这种常见国际经济现象的环境外部性问题，先要在梳理外部性定义的基础上，充分把握 FDI 环境外部性的内涵，并根据研究的目的和视角对其进行适当的分类。

一、外部性的定义

早在18世纪，亚当·斯密在《国富论》的后半部分谈及公共工程与公共设施的问题时，就已经意识到公共物品或公共事业不能由个人或少数人来完成，因为无法补偿其成本。这实际上就是指公共物品供给存在正的外部性，私人供给难以将其收益内部化，因而导致供给不足，出现市场失灵。当然，亚当·斯密并未正式提出外部性这一概念。

关于外部性的概念，马歇尔、庇古、米德、兰德尔、布坎南、奈特、萨缪尔森、斯蒂格利茨等诸多经济学家都作了精辟的论述。例如兰德尔认为外部性是指一个行动的某些效益或成本，被给予或被强加给没有参加这一决策的人。① 萨缪尔森和诺德豪斯认为，外部性是指那些生产或消费对其他团体强征了不可补偿的成本或给予了无须补偿的收益的情形。② 布坎南和斯塔布尔宾还给出了外部性的数学定义，他们认为，如果某个人的效用函数或某个厂商的生产函数所包含的某些变量在另一个人或厂商的控制之下，那么就表明该经济中存在外部性。③ 我国学者对于外部性理论也有较多的研究。例如，陈钊和陆铭认为，外部性是指经济主体的成本收益框架之中，存在着不需由自己支付某些成本而获得好处，或承担了某些成本却得不到相应补偿的情形。④ 沈满洪和何灵巧认为，外部性是某个经济主体对另一个经济主体产生的一种外部影响，而这种外部影响又不能通过市场价格进行买卖。⑤ 厉以宁认为，外部性是个人经济活动对他人造成了影响而又未将这些影响计入市场交易的成本与价格中，向市场之外的其他人所强加的成本或效益。⑥ 种项戎认为，外部性就是经济活动产生了溢出于经济决策范围以外的影响，这种影响可能是积极的，也可能是消极的，甚至可能造成严重后果。⑦

从以上诸多学者的定义可以看出，尽管外部性这一概念的考察角度存在种种差别，但是本质上外部性就是个体自身的行为给社会或他人造成的影响，并且这种影响并非主观蓄意造成，从而形成私人收益或成本与社会收益或成本不一

① 阿兰·兰德尔.资源经济学[M].北京：商务印书馆，1989：155.
② 保罗·萨缪尔森，威廉·诺德豪斯.经济学[M].16版.北京：华夏出版社，1999：357.
③ 李敦瑞.我国区际产业梯度转移的生态效应及对策研究[M].上海：同济大学出版社，2018：11-12.
④ 陈钊，陆铭.以外部性理论看国有企业改革历程与方向[J].甘肃社会科学，1997(4)：10-14.
⑤ 沈满洪，何灵巧.外部性的分类及外部性理论的演化[J].浙江大学学报(人文社会科学版)，2002(1)：152-160.
⑥ 厉以宁.西方经济学[M].3版.北京：高等教育出版社，2010：209.
⑦ 种项戎.外部性视角的逆经济全球化分析[J].经济研究参考，2018(68)：65-69.

致的情况。外部性这一概念源于经济领域，但今天已经不限于经济领域，而是广泛应用于政治、外交、军事、地理等诸多领域。从本书的研究内容来看，主要还是研究经济上的外部性，即消费者或生产者的经济行为对其他经济主体的福利产生影响；这种影响无论在生产领域还是在消费领域都是市场交易机制以外的利益关系；这种影响有正也有负，且没有很好的内在机制来约束或者激励产生影响的主体在决策时加以考虑，因而需要从外部入手解决问题①。

二、FDI 环境外部性的内涵

当生产者和消费者的行为给自然环境带来外部经济或不经济，并因此对他人的福利造成正的或者负的效应时，便引出了环境外部性的概念。对一个生态系统而言，当环境排放物不断增加，生态系统的边际吸收能力不断减弱，排放量超过一定阈值以后，如果没有外部支持（如污染物终端处理、生态修复工程等），无法完全吸收的排放物将对环境（以及与之相关的人类健康、经济产出等）造成影响，当这些环境影响不能通过法律法规内部化到经济决策中时，就会造成环境外部性。② 环境外部性的内涵实际上是外部性概念在环境经济领域的延伸，它包括：① 经济主体行为对生态环境产生影响，由此给社会造成的成本和收益与其私人的成本和收益不一致；② 一个或一部分主体对其他主体的影响不是通过影响市场价格实现的，而是通过破坏或者改善其他主体所在的自然环境来对其施加影响的；③ 缺乏能够有效约束或者激励对自然环境产生外在影响的主体在经济决策时考虑环境因素的内在机制。③

FDI 投入一个国家或地区的经济发展中，会对当地的环境福利造成深度影响。FDI 的环境外部性可以说是环境外部性在当今世界经济全球化的条件下跨越国界的体现，本书所研究的 FDI 环境外部性专指从发达国家和地区流向发展中国家的 FDI 对当地环境造成的外部性，它除了具备环境外部性的一般内涵以外，就其本质而言还具有这样一些内容：① 生产外部性的属性更加显著。因外商投资东道国的产业而进行的生产经营活动所造成的环境外部效应，主要是由生产活动引起的，而非消费活动，特别是当 FDI 流向东道国污染较重的产业时，这种生产外部性格外突出。② 这是一种跨国外部性。FDI 所引起的环境问题，

---

① 李敦瑞.我国区际产业梯度转移的生态效应及对策研究[M].上海：同济大学出版社，2018：12.

② 相晨曦，陈占明，郑新业. 环境外部性对出口结构和贸易政策选择的影响——基于中国高耗能产业的证据[J]. 中国人口·资源与环境，2021(6)：45－56.

③ 同①。

实际上是在国际投资和贸易体系中因生产活动跨国转移而带来的环境外部性的跨国转移，是环境风险在国家间的一种空间移动。吸纳了 FDI 的发展中国家，迫于经济发展需要，承担了环境成本，一定程度上甚至可能会殃及子孙后代。可以说，FDI 环境外部性是一种国际外部性，是一种经济力量对另外一种经济力量跨越国界的“非市场性影响”。[①] ③ FDI 对当地环境造成的外部性有一定复杂性。从已有实践来看，FDI 环境影响具有两面性，同时也会发生动态变化。就其两面性而言，既可能因为 FDI 导致生产规模扩大而带来污染物排放量和资源消耗量的增加，也可能会因为其所具有的技术溢出效应和管理经验外溢，而促进东道国技术进步和管理水平上升，从而给生态环境带来正的外部性；究其动态变化而言，FDI 进入的区域和产业领域也会发生变化，从而使其环境效应相应改变。因此，判断 FDI 环境外部性，需要综合考虑这些因素。

三、FDI 环境外部性的类别

外部性的分类有多种，不同学者从不同角度进行分类。根据向昀和任健的研究，瓦伊纳将外部性分为技术外部性和货币外部性，格林伍德与英吉纳将外部性划分为稳定的外部性和不稳定的外部性，黄有光将外部性划分为正生产外部性、负生产外部性、正消费外部性、负消费外部性……[②]FDI 的环境外部性也同样存在许多不同的类别。本书根据研究的需要，进行以下几种分类。

（一）技术外部性和制度外部性

技术外部性和制度外部性主要是基于导致外部性产生的最初因素而划分的。技术和制度都有较强的公共物品属性，都极易产生外部性，前者如果没有引起足够重视，缺乏有效激励机制，就会导致供给不足；后者实质就是社会责任与权利的不对称，防止“搭便车”成为制度改革的需要。[③] FDI 从发达国家和地区引入发展中东道国，可能为推动当地的工业化，而造成环境的压力；也可能由于当地技术的进步，而形成对生态环境正向的外部效应。因此，FDI 的环境外部性会带来技术的外部性，但这种外部性也需要具体问题具体分析。并且，FDI 的进入，也使得东道国的政策环境发生变化。一种是为了招商引资，而放松环境管制，或者对环境规制的执行并不严格；另一种是看到 FDI 进入对生态环境的负

① 张会萍，邓力平.跨国外部性、环境税与国际税收协调[J]. 涉外税务，2001(9)：23－28.

② 向昀，任健.西方经济学界外部性理论研究介评[J]. 经济评论，2002(3)：58－62.

③ 沈满洪，何灵巧.外部性的分类及外部性理论的演化[J]. 浙江大学学报(人文社会科学版)，2002(1)：152－160.

外部性，而制定更加严格的环境规制。这两种情况都会给本土企业带来影响，从而形成制度的外部性，但这种制度的外部性，在前一种情况下，制度的外部性显然表现为负的环境外部性，本土企业可能会“搭便车”；后一种情况下，制度的外部性表现为正的环境外部性，本土企业也受到更严格的环境规制的约束。

（二）正外部性和负外部性

正外部性和负外部性主要是基于外部性所带来的影响的“良莠”而划分的，也是外部性最常见的分类。所谓正外部性又称正外部效应、外部经济，是指私人成本大于社会成本，私人收益小于社会收益。如河流上游居民在河岸两边栽树种草，保持水土，下游居民可以得到清洁的水源。所谓负外部性又称负外部效应、外部不经济，是指私人成本小于社会成本，私人收益大于社会收益。如河流上游造纸厂的污水，给下游渔场的渔民带来经济损失。就 FDI 的环境外部性而言，同样也有正负之分。如果 FDI 的进入使东道国的生态环境得到改善，则存在正的环境外部性。如跨国公司因在母国受到严格的环境规制约束，因而采用了较为严格的内部环境管理措施和先进的治污设备，虽然为了规避母国的严格环境规制，但是进入东道国以后其环境管理措施和治污设备较之当地企业仍然更加严格和先进，并产生外溢效应，使当地企业的环境管理和技术设备也得到改进，从而产生正的环境外部性。如果 FDI 进入造成东道国生态环境的恶化，则存在负的环境外部性。如一些发展中国家通过 FDI 渠道引进的一些有害的、高污染的技术设备和产品，直接对当地生态环境构成威胁。

（三）生产的外部性和消费的外部性

生产的外部性和消费的外部性主要是基于引致外部性的人类活动而划分的。最早受关注的外部性是由生产活动所引起的外部性。马歇尔就围绕产业集聚，探讨了这种外部性。[①] 经济学界关于消费外部性的研究是在 20 世纪 70 年代以后。所谓生产外部性是指因人类生产活动而导致的外部性。比如，工厂在生产过程中的机器轰鸣，给周边住户带来噪声污染等。所谓消费外部性就是由人们的消费行为所带来的外部性。比如，女性消费精美的服饰，而给路过她身边的人们带来赏心悦目的感受等。生产和消费的外部性也都可以从正负两个方面来进一步细分。FDI 属于资本的范畴，而资本本身属于生产要素。本书所研究的 FDI 的环境外部性，主要都是在生产过程中产生的，比如 FDI 进入某一产业中，因生产规模扩大而造成资源消耗和污染物排放的增加等。因此，FDI 的环境外

① 阿尔佛雷德・马歇尔.经济学原理：上卷[M]. 朱志泰，译.北京：商务印书馆，1964：236.

部性主要属于生产的外部性。一般而言,广义上的消费包括生产消费和生活消费两种。当然,FDI 进入发展中东道国的过程中产生的消费,主要是生产的消费,即为商品的再生产而消耗物质资料和劳动力的行为和过程,显然,从本质上看还是属于生产外部性的范畴。另外,由于外商投资所引起的外方人员在本国的生活消费则不在本书的考察范围内。

(四)代内外部性与代际外部性

代内外部性与代际外部性主要是基于外部性影响的时间跨度而划分的。前者主要是指外部性对当代人的影响,后者主要是指外部性对子孙后代的影响。研究代内外部性往往更加注重于外部性在空间维度上的考察,即外部性是否会在空间上扩散或者在多大空间范围扩散。所谓代内外部性更多地表现为外部性的产生者与承受者处于同一时代,而当外部性的产生者与承受者处于不同时代,则会产生代际外部性的问题。但这种代际的影响与时间的一维性是一致的,即当代人会影响后代人,而后代人只能充当外部性的承受者。无论代内外部性还是代际外部性都有正负之分,显然代际外部性与可持续发展理念有更高的相关度。

FDI 对东道国的环境外部性,从空间维度上看,是跨越国界的代内影响,但受到发展中国家所处经济发展阶段,特别是工业化不同阶段的限制,其所进入的区域和产业范围也都受到相应的影响,因此其环境外部性也是随着时间而动态变化的。如果在一定时间范围内,FDI 的环境外部性主要为负,且迅速累积,甚至与东道国本土企业造成的环境污染相叠加,以及受自然地理条件的影响而产生放大效应,超出生态承载的阈值,在严重的情况下这种生态破坏、环境污染、资源枯竭问题很可能会造成不可逆的结果,不仅损害了当代人的利益,而且也减少了子孙后代生存和发展的机会,从而破坏了可持续发展,因此 FDI 环境外部性在时间维度上的代际效应也不容忽视。

第二节　“污染天堂”假说与 FDI 环境外部效应的分析框架

分析 FDI 对我国的环境外部性问题,除了要了解什么是 FDI 的环境外部性以外,我们还要分析 FDI 在我国环境外部性的福利效应,这就需要在了解国内外学者已有相关理论成果的基础上,构建相应的理论分析框架。

一、“污染天堂”假说与国际产业转移

“污染天堂”假说探讨的是环境外部性以国际贸易和投资为途径的跨国转移问题，指的是“东道国在引进资金、促进产业升级的同时，也可能加剧了当地的环境污染，使得东道国沦为‘污染天堂’”。[①] 该假说的理论基础源于传统的国际贸易理论，一般用来解释发达国家和发展中国家贸易关系中的环境污染问题。其基本思想是：在自由贸易条件下，发达国家扩大清洁产业的规模，而发展中国家则扩大污染密集产业的规模；发达国家出口清洁产品并进口污染密集产品，发展中国家出口污染密集产品并进口清洁产品。自由贸易使发达国家的环境污染减轻，而发展中国家的污染加重，成为“污染天堂”。

“污染天堂”假说反映的是自由贸易条件下环境污染的转移，归根结底还是产业要素因环境规制的严苛程度不同，而发生的国际产业转移并由此引发环境外部性的跨国转移。发达国家和发展中国家源于经济、社会发展水平的差异，在环境保护和经济发展之间的取舍会存在不同的态度。在发达国家严格的环境管制下，包括完善的制度、先进的技术手段和严格的执行，加之社会公众对环境污染的低容忍度，使企业生产活动导致的环境污染这种外部性尽可能被内部化。例如，德国著名的化工企业巴斯夫公司总部位于路德维希港市，就坐落在莱茵河边，但无论是路德维希港市的空气质量，还是莱茵河的水质，堪称上乘。这主要得益于严格的环境规制及其有效的执行，比如巴斯夫公司排放的工业废水经过处理之后被要求达到国际二类水的标准，才允许排入莱茵河。类似的案例在发达国家不胜枚举。

对于发展中国家，情况则很可能相反。发展中国家开启工业化进程之后，工业生产规模逐步扩大，特别是一些污染密集产业，伴随 FDI 的流入，生产规模迅速扩大。FDI 之所以会流入发展中国家，一方面，由于企业的生产成本因污染治理成本或者环境税而上升；另一方面，污染密集产业一般都属于非技术密集型产业，由于劳动力、土地等传统生产要素成本的上升，发达国家在这些产业上除环境成本以外的正常生产成本相对于发展中国家缺乏竞争优势。这两方面作用的合力使污染密集产业在发达国家生产，不如转移到发展中国家更有优势。从比较优势理论的角度来看，发展中国家由于环境规制比较宽松，厂商无须为治理环境污染耗费太多的成本，而且劳动力、土地等生产要素成本较低，易于形成在发

---

① 杨子晖，田磊.“污染天堂”假说与影响因素的中国省际研究[J]. 世界经济，2017(5)：148 - 172.

展污染密集产业上的比较优势。在经济全球化条件下，国家间的要素流动和世界贸易规模的扩大，促成了污染密集产业在比较优势存在差异的国家之间发生转移，从而使环境污染这种外部性以FDI和国际贸易为途径跨越国界发生转移。① 从一些发展中国家内部来看，由于是经济发展处于较低水平阶段，经济决策部门大多会通过引进外商投资来带动本国经济发展，谋求经济发展的动机，当"环境让位于经济"更容易为各地政府所接受时，在就业的需求和生存的压力下社会公众也容易认可，这直接带来了两个结果：一是地方政府逐渐降低了外商直接投资的引进标准，甚至采取各项优惠的竞争方式吸引外资企业；二是地方政府部门对外资企业的环境污染更多采取批评、处罚、整改等手段，而没有展开系统性的更加严厉的监管举措。② 基于这种环境规制及其执行上的落差，环境污染以及资源消耗往往会从发达国家转向发展中国家，特别是在污染密集产业的国际转移中表现尤为突出，承接国际产业转移的发展中国家也因此逐渐沦为"污染天堂"。

二、贸易—环境分析框架与FDI环境外部效应

FDI对于发展中东道国的环境效应日益引起人们的重视。学者们一般从规模效应、技术效应与结构效应方面来进行分析，实际上是参考了格鲁斯曼（Grossman）和克鲁格（Krueger）的贸易—环境分析框架。本书依据这一分析框架，将FDI的环境外部效应研究分解成规模效应、结构效应和技术效应。

贸易自由化通过扩大企业的产出规模，进而增加污染排放，即规模效应。在贸易自由化的条件下，国外市场的总规模大于国内市场规模，带来经济规模的扩张，企业生产规模扩大，生产过程中资源、能源消耗增加；并且企业在生产规模扩大的过程中，管理层级不断增加，内部管理缺乏效率，也造成资源的浪费，导致生产效率低下；在生产规模扩大和管理缺乏效率两个作用下，导致企业污染排放量增加。③ 与之相似，FDI进入发展中东道国以后，使东道国的经济规模扩大，借助其掌握的资源和国际市场带动了国际贸易，弥补了东道国资本不足的短板。在市场诱惑和资本作用下，或是东道国已有产业得到扩张，或是引入了东道国原

① 李敦瑞.我国区际产业梯度转移的生态效应及对策研究[M].上海：同济大学出版社，2018：22-23.

② 霍伟东，李杰锋，陈若愚.绿色发展与FDI环境效应——从"污染天堂"到"污染光环"的数据实证[J].财经科学，2019(4)：106-119.

③ 刘信恒，林熙.贸易自由化的环境效应——来自中国制造业企业的证据[J].国际商务(对外经济贸易大学学报)，2022(1)：18-33.

先没有的产业，刺激了生产，带动了就业，使东道国的经济活动随着贸易和投资规模的扩张而不断扩大。生产规模的扩张，自然会导致自然资源的使用和环境污染物的排放呈现上升趋势。FDI的这种环境外部效应是一种负面的效应，在不考虑经济结构变化和技术溢出的条件下，这种效应使FDI与环境质量呈负相关。这表明，FDI在对发展中东道国经济增长起到促进作用的同时，也引起了环境污染规模的扩大，使环境质量下降。

所谓结构效应是指通过对产业结构产生影响而导致经济活动的环境污染受到影响。[①] FDI的进入，是以某些产业为载体的，这使得发展中东道国或增加了一些产业，或使一些产业的比重和质量发生了变化，从而改变了东道国的产业结构。FDI流入的具体产业部门，与东道国的经济发展阶段高度相关。从世界各国经济发展的普遍经验来看，一国在经济发展早期和起飞阶段，经济结构将由农业或轻纺工业为主向以重化工业为主转变，此时FDI往往会更多地会流入污染较重的传统产业部门；当一国经济处于发达的阶段，经济结构以第三产业为主时，FDI往往会更多地会流入服务业等无污染部门，国民经济中重污染部门的比重呈现缩小的趋势，FDI对生态环境的负面效应会下降。当然，实际中很多发展中国家经济发展往往处于工业化起步或者开始加快推进的阶段，这个时候在承接国际产业转移方面，往往污染密集产业部门吸引的FDI较多，FDI对东道国环境的结构效应往往为负。

贸易自由化的技术效应表现为通过提高企业的技术水平，进而减少污染排放。一是贸易自由化会使国内同类产品被国外产品替代，加剧国内市场竞争，国内企业为了应对国外产品的冲击，在生存的压力下或是采用先进的生产组织方式，或是加大研发投入，更新生产设备，从而提高生产率并降低污染排放；二是中间品进口关税下降使企业获得更多的国外高质量、多样化的中间品，同样有助于企业改善生产率，降低污染排放；三是贸易自由化降低了国内企业进入国际市场的门槛，大量企业进入国际市场，学习国外先进的管理经验和技术，进而也会降低企业的污染排放。[②] 与发展中国家相比，这些发达国家和地区的企业资金相对雄厚，生产技术相对先进，环境管理相对科学，人才优势也较明显，甚至拥有较高的国际知名度和较为广阔的市场空间，所以FDI进入发展中东道国相关产业

---

① 曹翔，马莉，董保民.自由贸易试验区的环境效应及其作用机制[J].西安交通大学学报(社会科学版)，2021(3)：105－112.

② 刘信恒，林熙.贸易自由化的环境效应——来自中国制造业企业的证据[J].国际商务(对外经济贸易大学学报)，2022(1)：18－33.

的同时，也会带来较为先进的生产工艺、环境管理手段和治污设备等。这里并不排除外资企业也会引进一些对环境有较大危害的技术、较为落后的工艺和设备，但从总体状况来看，来自发达国家或新兴工业化国家和地区的外资企业(即便是污染较重的产业中的外资企业)的技术水平往往要高于发展中国家的内资企业。发展中国家的企业无论是主动交流、学习、合作，还是迫于竞争压力而引起的被动改进，都有利于降低经济活动对环境的压力。故而通常认为，FDI 的技术效应是正外部效应。

FDI 对发展中东道国的环境外部效应由以上这三种效应综合决定，三种效应所产生的影响和表现受到一个国家经济发展水平，特别是所处的工业化阶段的影响。因此，判断一个发展中国家的 FDI 的环境效应，需要充分考虑该国的实际情况，选择适当的研究方法，综合考察这三种效应。

第三节　FDI 环境外部效应的跨界性和代际性

绝大多数的外部性问题是在时间和空间两个维度上同时展开的，只不过有的在时间性上更突出一点，有的在空间性上更突出一点。[①] FDI 的环境外部效应往往伴随着产业活动，因此在空间上具有跨界性，同时一些环境影响往往又会产生时间上的长期影响，从而产生代际性。在了解 FDI 环境总体外部效应的基础上，我们还需要从时间和空间两个维度分别去了解其跨界性和代际性。这是因为，FDI 对东道国环境负面的效应除了对本区域有影响外，在空间上也存在着外溢效应。而根据环境库兹涅茨曲线理论认为，短期的环境负外部性会随着收入的增长而逐渐消失。但是，如果考虑环境影响的代际性，情况将大为不同，有些环境的污染和破坏，其影响是深远的，甚至是无法弥补的。所以，进一步分析我国 FDI 的环境外部性问题，就需要从理论层面探讨 FDI 环境问题的跨界性和代际性。

一、FDI 环境外部效应的跨界性

环境外部性存在空间分布特征。通常我们所研究的外部性，以空间意义上的外部性居多。在不考虑时间维度的前提下，FDI 的环境外部性，首先是伴随着 FDI 的流向，以产业转移为载体，跨越国界，影响发展中东道国的环境；其次是当

① 赵时亮.代际外部性与不可持续发展的根源[J]. 中国人口(资源与环境)，2003(4)：1-4.

东道国存在区域发展不平衡的状况时，这种外部性还将随着 FDI 的区域运动而发生空间上的转移，呈现出跨界的特征。

（一）基于 FDI 的跨界环境外部性的内涵

跨越国界、区界的环境外部性都属于“跨界外部性”（Transboundary Externality）的范畴。如果 FDI 对东道国的环境外部效应以负效应为主，那么基于 FDI 的跨界环境外部性本质上就是发达国家或新兴工业化国家和地区以 FDI 为途径将环境风险转移至发展中国家，以使其本国免受污染外部性带来的损害。国际产业转移本身存在着环境外部性，以产业自身的运动而发生迁移。发展中国家比较宽松的环境保护法律法规和标准，为发达国家和地区的污染企业逃避其本国比较严格的环境规制提供了便利。

这种存在于经济发展水平差异较大的国家之间的跨界环境外部性，使吸收外资的发展中东道国的环境受到损害。这种基于产业和投资活动的环境外部性，并不同于一般的跨界外部性，当然前者与后者之间有一定的联系。由于空气、河流等环境资源往往具有公共物品的属性，借助水流、气流等自然力量很容易导致污染扩散等外部性问题。但是 FDI 环境外部性的跨界性，主要还是人为的因素引发经济活动的空间转移，从而带来外部性的跨界。当然 FDI 进入发展中东道国之后，也可能会因为水流、气流等自然因素而使其生产经营活动带来的环境污染扩散，从这个角度说也会出现一般的跨界性特征，但主要还是人类的经济活动跨越国界之后导致环境外部性转移。

特别是当污染密集产业转移成为 FDI 的载体时，这种跨界环境外部性实际上就是外国投资者或是将污染密集产业转移到东道国进行生产经营，或是将其在东道国一区域的污染企业转移到另一个区域，给生态环境造成外部不经济，使“私人成本”小于“社会成本”。这个成本差异就是环境损害成本，即人们在利用和损害自然环境时所造成的机会成本。[①] 从环境成本转移的角度来看，在污染密集产业从国外转移到国内的过程中，国外企业通过直接投资将国内限制或淘汰的技术、工艺、设备、生产环节甚至整个企业转移到发展中国家，致使东道国资源使用量和污染废弃物随之增多，在东道国对有害物质的管理体制不完善以及处理方法、技术落后的情况下，造成污染控制不当，导致环境成本跨越国界发生空间转移。

（二）基于 FDI 的跨界环境外部性的特征

第一，FDI 环境外部性的区域转移本质上是将环境风险在地点上转移。外

① 李敦瑞.污染产业转移视角下 FDI 环境外部性的跨界效应[J]. 经济与管理，2012(4)：5－9.

部性的一个重要方面是通过选择某种策略，使风险在时间和空间上转移，环境的可转移外部性的一个重要方面就在于可以将环境风险转移到其他地点，以便保护自己免受外部性的损害。[①] 从前面的分析可知，基于 FDI 的跨界环境外部性也是以 FDI 为载体，以产业转移等经济活动为主要方式，将环境污染和资源消耗这种外部性从发达国家和地区转移到发展中国家。

第二，FDI 的环境外部性涉及多主体利益协调问题。生态环境问题的外部性通常会引发多个利益主体的利益协调问题，而 FDI 的环境外部性涉及环境风险的跨境转移，复杂程度更高。在产业转移等经济活动中，地方政府、企业、居民的受影响程度、利益诉求，以及在对问题的认知上千差万别，使之在面对 FDI 带来的环境外部性时所表现出的反应势必存在较大差异。利益之争和对同一问题认知上的差异，使 FDI 环境外部性的治理面临复杂的利益协调问题，政策的制定、制度的实施都需要充分考虑这一现实的因素。

第三，FDI 的环境外部性有着较为明显的区域性特征。FDI 的环境外部性与污染企业的空间分布有高度的相关性。无论水污染、大气污染，还是土壤污染，抑或是其他的生态破坏情形，终究是由人类社会生产、消费活动的外部性导致的资源配置不当引起的。这些经济活动本身是在一定区域范围内产生的，因而其带来的外部性本身也是区域性的。当然，一些经济活动给自然界带来的影响积累到一定程度，也会成为全球共性的环境问题，或者成为全球性生态问题，例如二氧化碳排放。FDI 的环境外部性问题，属于环境问题的一种，存在跨国跨边界的情况，但终究会局限在一定的区域范围之内。由人类经济活动而引发的环境问题与区域经济发展水平紧密相关，存在巨大的区域差异。不同发展水平的区域所吸引的 FDI 在产业或者产业环节上的差异也是巨大的，相应的 FDI 政策也会产生明显的区域差异。

第四，FDI 的环境外部性是基于国家或者区域之间的产业级差和环境规制差异而产生的，并以环境利益分配的扭曲为代价。环境污染不仅对社会有物质危害，对社会公平也有危害，环境污染在社会链上的污染制造者与污染承受者，利益不均衡，前者受益，后者受害，显然有违社会公平。[②] FDI 的国际或区际流动往往伴随产业转移，这是在经济发展水平和产业技术水平存在差异的国家和地区之间才会发生，通常情况下环境规制也受国家或地区的经济发展水平制约，

---

① 李寿德，柯大纲.环境外部性起源理论研究述评[J]. 经济理论与经济管理，2000(5)：63－66.

② 黄永红.从利益失衡看环境污染对社会公平的扭曲[J]. 甘肃社会科学，2007(4)：205－207.

经济和制度上的差异势必造成环境污染的空间转移。环境供给是以某个特定的受益地区或空间利益归属为鲜明特征的，当出现环境供给的实施主体和受益主体不一致的情况时，如上下游产业间、同一流域内上下游区域间、有贸易关系的区域(国家)之间常会发生环境利益冲突，实际上是因环境租金的不合理转移或分配造成的。[①] 发达国家和发展中国家的政府对环境管制的严格程度不同，经济发展水平差异也更大，环境污染随着产业迁移，环境成本在环境管制较宽松的国家不能体现或者较少体现出来，污染留在了东道国，因环境规制差异所引起的环境租金却为"污染者"所有，这使得发达国家和发展中国家实际获得的环境利益不平衡，发生利益分配上的扭曲。

二、基于 FDI 的代际外部性理论

环境外部性的一种重要表现方式就是现在经济活动中产生的作用由未来人口承担。[②] 这就是代际环境外部性，是一种从时间上发生转移的外部性。FDI 对东道国的许多环境外部性不仅仅对当代人产生影响，也对子孙后代有着深远影响，即存在着代际效应。这就需要运用国内外学者关于代际外部性的一系列研究成果，系统地分析 FDI 的代际环境外部性。

(一) FDI 的代际外部性

代际外部性是在传统的外部性理论基础上发展起来的。代际外部性问题主要是解决人类代际之间行为的相互影响，尤其是要消除前代对后代、当代对后代的不利影响，可以把这种外部性称为"当前向未来延伸的外部性"[③]。代际外部性最关键的两个概念就是代际公平和代际效率。所谓代际公平指的是代与代之间资源或者权利的分配以及这种分配所依赖的标准的公平性，在一定的程度上，代际公平甚至可以被看作当代人向将来各代传递足够数量和质量的资源的一种伦理责任；所谓代际效率指的是经济达到一种在没有损害其他各代人的前提下不可能改善一代或者一代以上人的福利的状态，这实际上是将"帕累托最优"的概念引入代际外部性中。[④]

对于落后的国家或地区来说，接纳来自发达国家的产业转移是人们利用环

---

① 李敦瑞.我国区际产业梯度转移的生态效应及对策研究[M].上海：同济大学出版社，2018：29.

② 李寿德，柯大纲.环境外部性起源理论研究述评[J].经济理论与经济管理，2000(5)：63－66.

③ 陈美球，洪土林，许兵杰.试析农户耕地保护的外部性[J].江西农业大学学报(社会科学版)，2010，9(1)：71－75.

④ 李敦瑞.我国区际产业梯度转移的生态效应及对策研究[M].上海：同济大学出版社，2018：30.

境资源发展经济的一种常见方式，在带来经济增长的同时，也会产生相应的环境问题。而关于环境问题，传统的经济学解释是市场失灵，即缺乏一个有效的价格机制反映资源的稀缺程度，或者价格机制不能反映资源的使用给当前或未来经济人的机会成本。现代产权理论认为，通过产权的市场交易，资源配置效率可以达到帕累托最优状态，环境问题的根源在于环境产权界限的模糊。但是当我们考虑到代际问题的时候，必须要看到，代与代之间的市场机制是无法建立的，未成年人及后来出生的后代人的权利依赖于当代人的经济行为，他们本身没有能力在今天捍卫自己的财产权利。当代人是否给子孙后代留下能够确保其生存和发展的资源，不取决于子孙后代，而取决于当代人自己。所以后代人在环境资源产权的分配中常常处于不利甚至被忽视的境地。①

根据罗尔斯的代际正义思想，不同时代的人和同时代的人相互之间一样有种种义务和责任，当代人不能随心所欲地行动，但也不能一味为了后代人的利益而牺牲当代人的利益。对于环境资源产权来说，当每代人在分配中份额都相等时最能体现代际公平，这种情况下当代人在尽可能利用自然资源“脱贫致富”的同时，也给后代人留下充足的发展空间。然而在现实中，当代人的许多决策是短视的。受眼前经济利益的驱动，以及生态环境的公共物品性质，会使人们很容易忽视对资源环境的保护。也就是说，当代人更倾向于使环境资源代际产权的分配有利于自己，使自己所获得份额大，乃至超越自然界的承载能力，子孙后代的福利因此受到损失。就 FDI 环境问题而言，产业从发达国家或地区转移到相对落后的国家和地区就是一种明证。从空间角度来说，环境资源产权在国家或区域之间界限模糊，发达国家或地区没有对环境资源利用支付费用或者没有支付足够的费用。对于吸收 FDI 的发展中国家和地区，尽管获得了经济上的发展，但是环境的污染和资源的过度消耗会导致子孙后代的生存空间被压缩，站在较长的时间维度上看，这种环境负外部性的影响是深远的。当代人的经济发展以过多占用自然资本为代价，尽管存在一定的生产效率或经济效益，却是以代际公平和代际福利的损害为代价的。②

(二) FDI 与代际环境公共物品的供给

代际公共物品即两代或两代以上的人享用的公共物品，除了具有一般公共物品的属性外，其最大特点在于使用价值的代际传递性。环境质量、环境政策，

① 李敦瑞.基于污染密集产业转移的 FDI 环境外部性代际效应研究[J]. 科技进步与对策，2012(6)：70－72.

② 同①。

以及一些环境公共设施在内的环境公共物品也具有代际公共物品的性质。如果当代人能够恰当地利用自然资源，及时有效地保护生态环境，那么当代人所能享受到的洁净的水体、清洁的空气、美丽的生态景观、物种的多样性，甚至包括人为提供的公共环境设施（如人工草场、人工森林、污水处理设施）、环保制度等，都能惠及后代人。可以说，大多数环境公共物品，不但是代际公共物品，而且是一种向前的代际公共物品。代际环境公共物品可以定义为，一代以上的人分享使用的并由当前一代向以后各代产生外部效益溢出的环境公共物品，包括天然形成的生态环境和人为提供的公共环境设施、环境制度等。

代际环境公共物品不能以私人供给为主导，自然就需要以政府部门的供给为主导，这就要求政府要有长远的目光，兼顾当代人和后代人的利益。即便部分地依赖私人供给作为补充，也需要政府部门提供相应的保障（如对环境产权的保护）。如果政府的行为存在短视的可能性，那么代际环境公共物品的供给也会面临不足的风险。污染伴随产业的转移导致了代际环境公共物品的供给不足。究其原因，主要在于政府本身存在"缺陷"，以及环境产权的缺失。对于代际环境公共物品而言，政府可以作为公众的代理人，对生态环境资源进行管理、配置并加以保护，以弥补市场供给和自愿供给的缺陷。但在实际中，政府也是有缺陷的，一般体现为政府未干预、政府政策失灵、政府干预的低效率或高成本等。代际公众利益的分散、现实利益的驱动、供给成本的代内集中性、环境规制及其执行存在空隙，以及对于环境产权保障不够，都有可能成为政府治理的缺陷。这导致了以政府供给为主其他机制补充的模式很难形成。为确保代际环境公共物品的充分供给，需要将对 FDI 的利用纳入经济与环境的协调发展中，根本的出路在于克服政府缺陷。①

第四节　FDI 环境外部性的成因和治理

外部性理论作为一种经典的经济学理论，为探析 FDI 的环境外部性成因，以及相应的治理方略提供了思考的依据。探讨 FDI 对我国的环境效应及其成因和治理方法，需要以外部性的一般理论为基础进行研究，并结合 FDI 环境外

---

① 李敦瑞.FDI 对代际环境公共物品供给的影响及原因——以污染产业转移为视角[J]. 经济与管理，2012(10)：10－14.

部性的特征进行剖析。

一、FDI 环境外部性的溯因分析

基于环境外部性产生的一般性原因，以及 FDI 的特征，FDI 对发展中东道国产生环境外部性的原因主要包括市场失灵、政府缺陷以及国家间经济发展水平差异等。

（一）市场失灵

从市场失灵的角度看，FDI 环境外部性产生的原因主要在于生态环境的公共物品性质和人类经济活动的分散性。

一方面，生态环境具有不可分割性和非竞争性这两个公共品特性。从不可分割性来看，任何个人都不可能排他性地消费公共产品。由于自然环境具有不可分割性，使得这种公共物品在被使用的过程中，无法杜绝“搭便车”行为。环境保护者或者环境公共品供给者无法获得足够收益，以弥补自己的成本；而环境需求者为了节约成本，又不愿意让别人了解自己对环境公共物品的真实需求状况；这样，私人成本或收益与社会成本或收益不一致，便产生外部性。从非竞争性来看，由于环境公共品在消费过程中具有非竞争性，私人在对自然环境进行污染时，并不影响他人也进行污染，所以这种非竞争性往往也会成为环境外部性产生的根源之一。另一方面，人类经济活动具有分散性。所谓经济活动的分散性源于经济人的自利行为。即人们在从事自身的经济活动时，尽可能满足自身的需要，而不会自觉地将社会成本考虑进来。环境外部性之所以存在，就在于市场经济条件下，经济活动都是分散进行的，各经济主体在利益上有相对独立性。①

归根结底，生产企业仅仅从自己的内部成本和收益出发，作出最优经济决策，在没有严格环境规制的条件下，无须承担消除对外界造成的不利影响的成本，这样私人成本小于社会成本，企业产量往往高于将环境成本考虑在内的社会最优产量。环境外部性的存在使市场机制不能实现最有效的资源配置，私人经济福利的最大化是以社会环境福利的损失为代价的。有意识地增加外部成本同其私人内部成本的降低紧密相连，或者有时出于生产过程中某些便利的考虑，各个厂商通常只考虑内部成本与效益，忽视了企业的社会责任，②使得市场不能有效配置资源，造成环境恶化和自然资源使用效率低。

（二）政府缺陷

生态环境作为一种代际公共物品，政府可以作为公众的代理人，对其进行管

① 李敦瑞.我国区际产业梯度转移的生态效应及对策研究[M]. 上海：同济大学出版社，2018：32－33.

② 崔宇明，常云昆.环境经济外部性的内部化路径比较分析[J]. 开发研究，2007(3)：40－43.

理、配置并加以保护，以弥补市场供给的缺陷。但在实际中，政府也是有缺陷的，究其原因，主要有以下几个方面。

一是公众利益的分散性，使地方政府缺少限制污染产业转移的压力。一方面，代内公众利益是分散的，当代的公众由于利益分散，无法形成合力给政府施加压力，特别是理性的居民往往更希望通过其他居民的行为使自己获益；另一方面，代与代之间的利益也是分散的。作为代际环境公共物品的主要受益者，公众应当对地方政府的决策施加影响。但现实情况是，后代人不可能对当代政府产生影响。这样，尽管污染产业的转移会带来环境上的负外部性，影响代际环境公共物品的供给，但地方政府却缺乏来自公众的压力对此加以限制。

二是经济、政治利益的驱动，会促使地方政府更注重引进甚至竞争FDI，而忽视其环境外部性。经济相对落后的地区往往以发展经济为首要任务。引入产业如果带来污染，固然会造成生态环境的恶化，但是这对经济增长的推动作用又是显著的。如果过多地考虑了环境的成本和后代的利益，那么当前的政治、经济利益将成为注重代际环境公共物品供给的机会成本。另外，产业转移也牵涉各种利益攸关者，如被雇佣的工人、合资者、原料供应者等，这些利益攸关者很容易形成利益集团，影响着政府的决策，使代际环境公共物品的供给受到影响。

三是供给成本的代内集中性，使地方政府引入FDI时缺少治理环境的动力。生态环境作为公共物品如果由政府来供给，供给成本往往由当代的政府来负担（现实中跨越几代人的长期环境治理计划并不多见），而其收益是持续性的，会使几代人甚至更多代人受益。如果政府将未来各代人的利益考虑进来，那么未来的福利在今天看来其效用要进行折现，而且今天的人通常会选择较高的贴现率使未来的福利折现之后变得很小，更何况未来后代人的收益仍具有很大的不确定性。这些都使政府出现短视的行为。

四是环境规制及其执行存在空隙。发展中国家环境规制尚不完善，虽然也制定了一些相应的环境法律法规，但标准还比较低。此外，部分官员的寻租行为使原本已经比较宽松的环境规制的约束力更加受到限制，因此环境规制或是在执行过程中发生扭曲，或是执行不严，形同虚设。这就为FDI影响代际环境公共物品供给留下了制度上的空隙。

五是政府对环境产权的保障不够也是重要因素。由于技术上、制度上、思想观念上的原因，生态环境资源缺乏明晰的产权，外资企业的环境负外部性内部化程度低。从代际的角度看，引进FDI后，当代人获取利益的同时，对生态环境的破坏听之任之，使子孙后代的环境权益得不到保障。生态环境资源被过度使用却得不到充足的补偿性投入，以致退化，甚至衰竭。可以说，环境产权保障不够，尤其是代际环境产权的缺失，一方面使得国家所有和集体所有的环境产权主体被“虚置”，代际环境公共物品的供给主体的动力和压力不足；另一方面，也使代际环境公共物品的私人供给缺乏有力的制度保障，其补充作用受到抑制。[①]

（三）国家间经济发展水平差异原因

土壤侵蚀、森林减少和水资源枯竭等环境退化问题是贫困国家和地区贫困加剧的原因之一。而贫困地区的环境常常易受损害，贫困地区的环境资源在正常情况下是生存的必需条件，但在经济困难时期又是重要的收入补充来源。这种相互影响可能导致贫困、环境退化以协同方式相互影响。制度失灵和贫困这两个环境退化的原因是相互联系的。贫困使环境问题雪上加霜，甚至有可能导致环境的不可逆，即环境问题产生以后要经过长久的年代才能恢复或不可恢复，这意味着社会将为之承担长期的环境恶化成本。[②]

经历了几次科技革命和国际产业转移之后，国际分工贸易格局逐渐演化为“服务—制造”格局，即发达国家出口商业服务并进口商品，而发展中国家出口商品并进口商业服务。[③] 在这一格局中，从中心外围体系来看，处于体系最内核的美国和英国，掌握着国际规则制定的领导力、风险定价和信用创造能力、对外部人才吸引力和颠覆性创新能力；处于次中心位置的欧洲大陆和日本所掌握的是以智力为基础的设计和精密制造能力。[④] 显然，亚洲国家以及拉美和非洲国家依然处于外围地带。

这种经济发展水平差异的存在，以及由此导致的国际分工贸易格局，使得产业转移成为一种经济趋势，一方面这有利于发展中国家参与经济全球化并推动自身的工业化和现代化，但是另一方面环境规制的差异与经济发展水平的差异相一致，使 FDI 的环境负外部性随之发生跨国的空间转移。尤其是当转移的产业属于污染密集产业时，实际上是将环境风险转移到其他国家，而接纳污染密集产业的国家虽然暂时会引来外资，但这会对环境造成破坏，许多时候会影响子孙后代的利益。

---

① 李敦瑞.FDI 对代际环境公共物品供给的影响及原因——以污染产业转移为视角[J]. 经济与管理，2012(10)：10 - 14.

② 李寿德，柯大纲.环境外部性起源理论研究述评[J]. 经济理论与经济管理，2000(5)：63 - 66.

③ 李晓华.国际产业分工格局与中国分工地位发展趋势[J]. 国际经贸探索，2015(6)：4 - 17.

④ 翟东升，宁南山，赵云龙.欧盟产业发展停滞的结构主义政治经济学分析[J]. 世界经济与政治，2018(8)：128 - 155.

二、FDI 环境外部性的治理措施

解决外部性问题的核心问题是外部性的内部化，"庇古手段""科斯手段"是环境经济理论针对环境外部性主要的治理手段，当然政府还可以直接进行管制，这些都为探索发展中东道国 FDI 环境外部性治理措施提供了必要的理论启示。

其一，"调节市场"型环境政策——"庇古手段"。它是在现有的市场基础上，通过征收各种环境税费、取消对环境有害的补贴和建立押金制度等来解决环境问题。这种"调节市场"型的环境政策是以福利经济学家庇古的理论为基础的，其核心思想是：环境污染是经济活动中出现的外部不经济现象，它会导致完全竞争条件下的资源配置偏离帕累托最优状态，因此，应由政府给外部不经济确定一个合理的负价格，由制造外部不经济性的企业承担全部外部费用。[①] "庇古手段"实际上是从影响成本效益入手，通过各种税收和收费、财政补贴、服务使用费和产品税，引导经济当事人进行选择，最终有利于生态环境保护的一种手段。[②] 应该说，这种手段是政府进行干预的表现。使用"庇古手段"，比如开征环境税，一方面，可以降低政府的监督、管理成本，增加政府的财政收入以增进污染治理设施的投资，使企业拥有一定的自主权，有利于激励企业实行清洁生产；但是另一方面，交税之后，企业花钱去改进设备或者购买治污设备以减少污染排放的意愿会下降，同时也会增加政府"寻租"的可能。[③]

其二，政府利用市场机制间接干预的方式——"科斯手段"。庇古将外部性问题看成是市场失灵，而科斯则认为外部性问题的实质在于产权界定不清，出现了行为权利和利益边界不确定的现象，从而产生了外部性问题，因此，要解决外部性问题必须明确产权，即确定人们是否有利用自己的财产采取某种行动并造成相应后果的权利。[④] "科斯手段"注重运用产权交易等市场机制来解决污染问题。包括私人和约和排污权交易，其中排污权交易最为常见。美国是全球最早研究排污权理论、拥有最丰富排污权交易成果的国家，其实践探索大致经历了以排污削减信用实施为重点的第一代排污权交易、以目标总量控制型排污权交易实施为重点的第二代排污权交易和以规范化交易机制构建与实施为重点的第三

---

① 李敦瑞.我国区际产业梯度转移的生态效应及对策研究[M]. 上海：同济大学出版社，2018：34.

② 何玉麟，刘传哲.环保庇古手段的绩效评价研究[J]. 财会月刊，2011(10)：89－91.

③ 李敦瑞，王绪龙，王代敬.排污权交易制度资源配置功能分析及政策设计[J]. 科技进步与对策，2006(2)：61－63.

④ 黄飞雪.生态补偿的科斯与庇古手段效率分析——以园林与绿地资源为例[J]. 农业经济问题，2011(3)：92－97.

代排污权交易三个阶段，形成了坚持以市场化为基本导向，积极构建以法律为重点的制度化体系，同时注重以多元化途径满足不同主体需求，并通过增加交易方式的灵活性提升参与主体的自由度等基本经验。[①] 当然，排污权交易也存在缺陷。比如，排污权初始分配面临困境，可能会阻碍排污技术的发展，存在不确定性及交易成本问题、市场培育及信息失真问题，以及排污权监管难度大和技术条件要求高等问题。[②] 针对 FDI 的环境外部性需要开放的市场化机制，并规划交易制度，使排污权交易制度等"科斯手段"成为有效的治理措施之一。

其三，弥补市场失灵的重要方式——政府直接管制。排污权交易属于市场化的治理措施，征收"庇古税"则是政府运用经济手段的一种间接管制，而基于公众利益需要时，政府运用法律法规和行政手段进行环境保护并对生产企业污染进行控制，就属于政府的直接管制手段。政府凭借其法定的权利对社会经济主体（主要是企业）的经济活动所施加的某种限制和约束，直接规定被管制者的行为或污染排放的限度，其目的是消除环境负外部性的影响，以弥补市场失灵，确保微观经济的有序运行，实现社会福利的最大化。直接管制的手段包括制定环境标准、公布禁令、设定许可、监督检查、行政处罚和行政裁决等。这些措施相对于"庇古手段"和"科斯手段"来说，更为严厉一些。[③] 比如，设定环境标准就是政府根据本国或者本地的实际生态承载能力和经济社会发展的客观需要，对各类企业的污染排放进行的制度安排，并对超标的企业进行惩罚。这是一种强制性的将环境负外部性进行内部化的措施，势必迫使企业增加环保成本，从而使其自身的污染排放控制在法律制度允许的范围之内。就 FDI 的环境外部性而言，通常厂商根据自身利润最大化目标进行产量决策，厂商为避免受惩罚就会通过安装控制污染设备、采用更先进工艺等方式，减少污染排放量，从而使环境受破坏程度减轻。当然，无论何种方式减少污染，其减少污染的成本必须要低于生产的平均成本，否则企业无利可图就会退出东道国。从另外一个角度来看，政府管制也会使一些条件较差，技术、设备相对落后，污染严重的企业逐渐被淘汰掉，而有外资背景的企业由于拥有更雄厚的资金和更先进的技术、设备，往往不在此列。政府直接管制虽然会呈现明显的强制性特征，但毕竟是依赖政府推进的，需要注意克服"政府的缺陷"。

---

① 胡彩娟.美国排污权交易的演进历程、基本经验及对中国的启示[J]. 经济体制改革，2017(3)：164-169.

② 刘瑾.排污权交易的反效激励缺陷[J]. 中国矿业，2009(5)：19-21.

③ 李敦瑞.我国区际产业梯度转移的生态效应及对策研究[M]. 上海：同济大学出版社，2018：35.

三、FDI 的政策优化与环境外部性治理

FDI 的流入与东道国经济发展水平、区域经济差异、招商引资政策、产业结构等因素密不可分。这些因素都直接或者间接地对 FDI 的环境外部性产生影响。因此，治理 FDI 的环境外部性，应综合考虑以下这些因素，推动 FDI 政策的优化。

首先，东道国在经济发展到一定水平之后，要逐步将单项引入 FDI 的政策转为促进 FDI 双向流动的政策。在经济增长早期阶段，为了较快地发展经济和赶超世界经济先进水平，吸引 FDI 流入成为众多发展中国家的首要选择；在经济发展到一定阶段以后，FDI 单向流入会逐渐过渡到 FDI 流入和流出相对均衡发展阶段；经济发展已经达到或接近某个水平以后，国际直接投资流进和流出相对均衡发展有助于经济可持续增长。FDI 双向流动是企业在全球范围内利用区位优势差异进行的套利活动，有利于优化资源全球配置，也有助于将跨国公司通过 FDI 活动将成本外部化和收益内部化而引起的“污染天堂”等问题得以治理。① FDI 双向流动为东道国制定和严格执行环境政策创造条件，有助于经济发展与环境保护相协调。

其次，东道国内区域要将引资政策与环境政策相协调。地方政府是外资引进的主推力量，故而需要建立完善的环境指标考核体系，以此调整政府人员业绩考核机制，同时需要改变过去单纯地考察引资数量的做法，将引资质量和环境效益纳入考评体系当中。政府增加环境投资会降低企业环境治理成本，在短期和长期都对外资企业产生吸引力，因而要建立鼓励地方政府增加环境投资的机制，将区域间环境竞争的内容由竞相降低环境标准和放松管制，转变为竞相改善生态环境，以满足外方人员较高的环保需求，并以低环境治理成本吸引外资企业。经济相对落后的地区在承接产业转移时，要发挥区域特色，引导 FDI 进入区域优势产业，区域产业布局和规划不但要充分考虑资源环境承载能力和对外区域的影响，而且还应考虑东道国各个区域生态功能的要求。②

再者，东道国内区域之间应加强合作与协调。在一国范围内，各区域都在一个中央政府的治理之下，只要政府体系行之有效，政府便可以有所作为，在区域之间的协调中发挥积极作用。这就需要中央政府对全国产业政策有一个宏观思

① 田素，华王璇.全球 FDI 集聚化：客观趋势、治理及中国政策效应[J]. 上海经济研究，2018(3)：108－115.

② 李敦瑞.污染产业转移视角下 FDI 环境外部性的跨界效应[J]. 经济与管理，2012(4)：5－9.

考，尤其是针对各大区域的发展水平和发展阶段发挥不同的产业政策的因势利导作用，以使各地经济发展与生态保护相协调，既要避免市场调节的盲目性，也要避免各区域在政绩考核的指挥棒下对FDI的恶性竞争。FDI政策的协调意味着中央政府要协调区域与区域之间的生态利益和经济利益，各区域的地方政府之间也可以通过“联席会议”等方式实现区域间的协调。政府系统要对FDI改善生态环境产生的正外部性有补偿和激励机制，还要努力协调企业与企业之间、企业与居民之间的生态利益和经济利益。

最后，从注重FDI数量转向注重FDI质量的提升。对于发展中东道国而言，经济发展初期的FDI引入往往处于价值链低端制造环节，会大量消耗资源，并产生环境污染。但是发展到一定阶段后，则需通过制度体系释放产业创新力，加大高端FDI引入，提高FDI引进质量，将环境规制成本充分体现于企业发展过程之内。例如，可以提高外资制造企业进入的门槛标准以及对外资高科技企业加大优惠力度，大力补偿企业生产创新成本以保证企业走创新生产之路，等等。① 特别是要注重发挥FDI的技术效应，通过不断提升人力资本水平，充分发挥高质量FDI的技术偏向效应，提高FDI引进质量以促进其产生环境污染的改善效应。②

---

① 尹慧，李学迁.环境政策调节下FDI引进质量与环境污染的相关性分析[J]. 经济研究导刊，2018(33)：148－150.

② 李金城，王林辉，国胜铁.高质量FDI的技术进步偏向：经验证据与政策建议[J]. 哈尔滨商业大学学报(社会科学版)，2021(2)：82－90.

第三章

我国利用 FDI 的总体情况分析

中国的对外开放实际上是不断打破商品和要素在国内与国际自由流动的壁垒，使更广泛的人口和地区参与国际市场和分工，国家在全球范围与越来越多的伙伴结成命运共同体的一个过程。伴随国内各区域渐次纳入全球化贸易和生产体系，国内的人口渐渐融入现代经济社会系统，各项制度改革随之跟进，生产力得到释放，中国很快成长为世界经济大国。① 在这一历史进程中，随着对外开放水平的不断深入，越来越多的 FDI 进入我国。作为吸引 FDI 最多的发展中国家，我国过去长期处于国际产业转移的下游，污染密集产业一度也成为 FDI 进入我国的重要领域，同时污染密集产业转移也是 FDI 环境外部性产生的最重要的载体。研究 FDI 对我国的环境外部效应，首先就要了解 FDI 流入我国的现状，特别是污染密集产业向我国转移的现状、机制，并在此基础上进行必要的实证分析。

第一节　FDI 进入我国的现状和特征

20 世纪 80 年代以来，FDI 逐渐成为我国获取外部资源的重要途径之一。随着经济全球化进程的加快，以及我国改革开放的不断深化，外商投资的规模不断扩大。自 1993 年以来，我国一直是仅次于美国的第二大外资投入国，并且一直是吸引外资最多的发展中国家。2002 年，我国甚至一度超越美国成为世界第一大外资投入国。仅 2021 年全年实际使用外资金额就高达 1 734.8 亿美元，同比增长 20.2%；2022 年 1—8 月实际使用外资金额 1 384.1 亿美元，同比增长 20.2%。这些外资有相当一部分是伴随着国际产业的转移而发生的，而污染密

---

① 李敦瑞.地缘经济视域下的对外开放：大格局与新境界[J]. 兰州学刊，2020(2)：102 - 109.

集产业一度是 FDI 进入我国的重要领域，至今仍有大量 FDI 进入。FDI 的进入一方面带来了所需的资金、技术、市场，另一方面也产生了一些负面的效应，其中随之而来的环境外部性，已逐渐引起人们的关注。

一、FDI 进入我国的规模

如图 3 - 1 所示，近三十年来，我国吸收的 FDI 整体上呈现逐年上升态势。自 1993—2021 年，其间在一些年份虽有波动，但上升态势明显，我国实际利用的 FDI 从 275.2 亿美元上升至 1 734.8 亿美元，不到 30 年时间增加 5.3 倍以上。特别是 2005 年以后，进入我国的 FDI 数量上升速度有加快的迹象。除了 2009 年受世界金融危机影响，FDI 数量明显减少以外，只有 2012 年和 2016 年等少数年份有略微下降的情况，其余年份都在上升。即便是 2020 年，受新冠疫情影响，我国吸收的 FDI 较之于 2019 年仍增加了 62.3 亿美元；而到 2021 年，我国经济出现了 8.1%的“报复性反弹”，吸收的 FDI 较之于上一年大幅增加 291.1 亿美元，光是增量就是已经超过 20 世纪 90 年代初全年吸收 FDI 的总量，创历年增量之最，反映我国对国际投资的巨大吸引力。

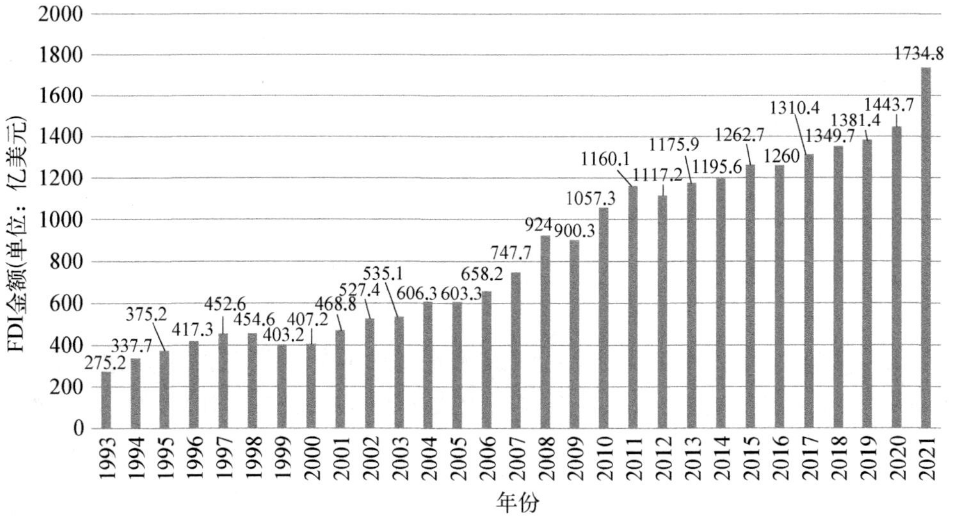

图 3 - 1　我国实际利用 FDI 金额(1993—2021)

数据来源：历年《中国统计年鉴》。

再看外国投资净流入量这一指标。如表 3 - 1 所示，1994 年，在改革开放第二波浪潮的助推下，我国的外国投资净流入量在全球仅次于美国。此后，除了

2016 年和英美等国有较大差距以外，大部分年份我国的外国投资净流入量都位居世界前两位，近年来甚至位居世界第一。尤其是 2020 年，突如其来的新冠疫情及其快速蔓延，打乱了既有的全球经济生活节奏，在新冠疫情的影响下，本就呈现萎缩态势的全球的贸易和投资更加恶化。除了医疗、药品等少数行业以外，绝大多数行业无论是供给端的中间品和最终产品生产，还是需求端，都会受到严重波及。为了确保本国的利益，各国采取保护主义方式的倾向会大大增加。[①]由于防疫措施得当，加之在中央的统一部署下，各地加大复工复产的力度，"六保""六稳"[②]工作效果显著，我国在全球保持了对国际投资的强大吸引力，2020 年的外国投资净流入不仅远远超过德国、英国、法国、日本等发达国家，也大大超过美国这一全球最大经济体。

表 3-1 部分国家外国投资净流入 （单位：亿美元）

国家	1994 年	1998 年	2002 年	2006 年	2010 年	2012 年	2014 年	2016 年	2018 年	2020 年
澳大利亚	44.6	76.0	146.6	305.5	352.1	575.5	632.0	429.7	613.2	184.0
巴西	30.7	288.6	165.9	194.2	823.9	925.7	877.1	742.9	781.6	377.9
加拿大	95.4	249.8	244.9	643.0	297.1	493.7	641.7	342.0	426.0	265.6
中国	337.9	456.4	530.7	1 240.8	2 437.0	2 412.1	2 681.0	1 747.5	2 353.7	2 531.0
德国	75.2	295.3	512.9	874.4	860.4	654.4	194.9	647.1	1 668.7	1 427.8
法国	158.0	295.2	515.5	789.6	388.9	329.4	58.0	328.0	774.9	132.4
英国	195.60	1 098.2	897.6	2 036.4	667.3	467.5	588.9	3 248.1	−250.6	310.6
印度尼西亚	21.1	−2.4	1.5	49.1	152.9	212.0	251.2	45.4	189.1	191.8
印度	9.7	26.3	52.1	200.3	274.0	240.0	345.8	444.6	421.2	643.6

① 李敦瑞.新冠肺炎疫情下经济全球化与中国地缘经济利益的维护[J]. 上海市经济管理干部学院学报，2020(7)：7－13.

② 2018 年 12 月中央经济工作会议强调，2019 年是新中国成立 70 周年，要进一步稳就业、稳金融、稳外贸、稳外资、稳投资、稳预期，即"六稳"。2020 年 4 月中央政治局会议强调，要抓实经济社会发展各项工作，加大"六稳"工作力度，保居民就业、保基本民生、保市场主体、保粮食能源安全、保产业链供应链稳定、保基层运转，即"六保"。

续 表

国家	1994年	1998年	2002年	2006年	2010年	2012年	2014年	2016年	2018年	2020年
意大利	22.1	26.4	172.4	570.0	99.3	0.3	170.3	256.6	442.5	−220.9
日本	8.9	25.1	115.6	−24.0	74.4	5.5	197.5	409.5	252.9	615.1
俄罗斯	6.9	27.6	34.7	375.9	431.7	505.9	220.3	325.4	87.8	94.8
美国	559.4	2 111.5	1 110.6	2 984.6	2 640.4	2 503.5	2 518.6	4 743.9	2 143.2	2 113.0
世界	2 787.6	7 956.6	7 516.9	22 040.2	19 278.2	20 826.4	19 334.2	27 338.3	9 362.2	12 569.1

数据来源：根据世界银行数据库资料整理、计算得出，网址为 https://data.worldbank.org.cn/indicator/BX.KLT.DINV.CD.WD? view=chart，查询时间：2022年10月7日。

与表3-1所示的外国投资净流入量相对应的是各国所占世界的比重，如表3-2所示。中国外国投资净流入占世界比重，自1994—2020年，总体上呈现在上升中波动的态势，到2018年之后已经位居世界第一，超过了全球第一大经济体——美国，也超过了加拿大、德国、英国、法国、意大利等老牌发达国家之和。

表3-2 部分国家外国投资净流入占世界比重

国家	1994年	1998年	2002年	2006年	2010年	2012年	2014年	2016年	2018年	2020年
澳大利亚	1.60%	0.95%	1.95%	1.39%	1.83%	2.76%	3.27%	1.57%	6.55%	1.46%
巴西	1.10%	3.63%	2.21%	0.88%	4.27%	4.44%	4.54%	2.72%	8.35%	3.01%
加拿大	3.42%	3.13%	3.26%	2.92%	1.54%	2.37%	3.32%	1.25%	4.55%	2.11%
中国	12.12%	5.74%	7.06%	5.63%	12.64%	11.58%	13.87%	6.39%	25.14%	20.14%
德国	2.70%	3.71%	6.82%	3.97%	4.46%	3.14%	1.01%	2.37%	17.82%	11.34%
法国	5.67%	3.71%	6.86%	3.58%	2.02%	1.58%	0.30%	1.20%	8.28%	1.05%
英国	7.02%	13.80%	11.94%	9.24%	3.46%	2.24%	3.05%	11.88%	−2.68%	2.47%
印度尼西亚	0.76%	−0.03%	0.02%	0.22%	0.79%	1.02%	1.30%	0.17%	2.02%	1.53%

续　表

国家	1994 年	1998 年	2002 年	2006 年	2010 年	2012 年	2014 年	2016 年	2018 年	2020 年
印度	0.35%	0.33%	0.69%	0.91%	1.42%	1.15%	1.79%	1.63%	4.50%	5.12%
意大利	0.79%	0.33%	2.29%	2.59%	0.52%	0.002%	0.88%	0.94%	4.73%	−1.76%
日本	0.32%	0.32%	1.54%	−0.11%	0.39%	0.03%	1.02%	1.50%	2.70%	4.89%
俄罗斯	0.25%	0.35%	0.46%	1.71%	2.24%	2.43%	1.14%	1.19%	0.94%	0.75%
美国	20.07%	26.54%	14.77%	13.54%	13.70%	12.02%	13.03%	17.35%	22.89%	16.81%
世界	100%	100%	100%	100%	100%	100%	100%	100%	100%	100%

数据来源：根据世界银行数据库资料整理、计算得出，网址为 https://data.worldbank.org.cn/indicator/BX.KLT.DINV.CD.WD? view=chart，查询时间：2022 年 10 月 7 日。

二、FDI 进入我国的区域

从 FDI 流入我国的区域来看，这里主要是考察全国八大经济区域的外商投资企业投资总额这一指标。根据不同地区经济发展情况，我国的八大经济区域分别是：东北地区（辽宁、吉林、黑龙江）；北部沿海地区（山东、河北、北京、天津）；东部沿海地区（上海、江苏、浙江）；南部沿海地区（广东、福建、海南）；黄河中游地区（陕西、河南、山西、内蒙古）；长江中游地区（湖南、湖北、江西、安徽）；大西南地区（广西、云南、贵州、四川、重庆）；大西北地区（甘肃、青海、宁夏、西藏、新疆）。

表 3－3　2000—2020 年八大经济区域外商投资企业投资总额（单位：亿美元）

年份	东北地区	北部沿海	东部沿海	南部沿海	黄河中游	长江中游	大西南地区	大西北地区
2000	815.48	1 262.92	1 111.24	1 695.97	270.44	399.96	338.71	55.6
2001	795.45	1 343.79	1 286.4	1 673.15	268.21	372.97	351.85	56.37
2002	917.88	1 445.88	1 558.51	3 056.05	306.33	440.26	372.81	66.19
2003	998.89	1 650.64	1 897.83	3 162.8	341.83	532.01	400.36	84.44
2004	967.32	1 896.74	2 473.61	3 384.67	450.48	638.66	440.31	98.64

续 表

年份	东北地区	北部沿海	东部沿海	南部沿海	黄河中游	长江中游	大西南地区	大西北地区
2005	1 131.9	2 179.9	2 972	3 734.5	546.9	755.7	501	105.15
2006	1 390	2 515	3 568	4 139	641	908	605	122
2007	1 545.9	2 959.33	4 292.48	5 475.13	770.65	1 083.93	831.8	112.72
2008	1 584.15	3 271.13	4 811.86	5 814.34	831.52	1 196.02	1 091.08	146.97
2009	1 692	3 533	5 164	6 017	954	1 305	1 206	156
2010	1 894.91	3 937.01	5 817.6	5 719.77	1 020.82	1 495.11	1 393.22	183.65
2011	2 101.63	4 382.44	6 482.41	6 114.3	1 196.59	1 688.19	1 588.77	202.65
2012	2 317.01	4 753.42	7 086.96	6 514.61	1 352.36	1 904.74	1 791.13	206.92
2013	2 377.8	5 355.61	7 772.52	6 961.5	1 415.09	2 062.25	1 992.11	207.92
2014	2 559.52	6 065.35	8 725.71	7 631.96	1 691.8	2 390.29	2 283.9	239.37
2015	2 641.71	8 552.49	10 440.33	8 721.97	1 965.3	3 204.42	2 606.5	345.4
2016	2 771.64	9 866.6	11 726.91	10 839.25	2 215.73	3 023.1	2 827.02	356.88
2017	3 883.93	11 412.68	12 985.1	20 990.37	2 802.8	4 459.33	3 321.88	746.7
2018	4 692.5	12 922.32	14 442.33	22 949.56	3 320.58	5 261.64	3 986.38	737.58
2019	5 131.73	16 445.28	16 086.81	23 552.51	3 661.54	6 371.92	6 075.91	867.02
2020	6 550.63	23 860.4	18 234.88	52 273.92	4 438.35	9 077.67	9 355.67	956.44

数据来源：根据历年《中国统计年鉴》相关数据整理、计算得出。

如表 3 - 3 所示，2000—2020 年，我国各大区域外商投资企业投资总额均呈快速上升态势。但是区域之间的分化也非常明显。南部沿海始终是全国外商投资企业投资额最多的地区，到 2020 年已经超过 5 万亿美元；此外，北部沿海和东部沿海也是外商投资企业投资额较多的地区，但这两个地区与南部沿海的差距近年来在拉大，2012 年东部沿海是外商投资企业投资额最多的地区，但是到 2020 年东部沿海和北部沿海之和也不及南部沿海地区。此外，长江中游地区和大西南地区外商投资企业投资总额增长较快，至2020年时均已超过9 000亿美元；而东北区属于增长较慢的区域，在2000年时东北地区仅次于三个沿海地区，而到了2020年则远低于长江中游地区和大西南地区，遑论三个沿海地区。

表3-4　2000—2020年八大经济区域外商投资企业投资总额占全国比重

年份	东北地区	北部沿海	东部沿海	南部沿海	黄河中游	长江中游	大西南地区	大西北地区
2000	13.70%	21.22%	18.68%	28.50%	4.54%	6.72%	5.69%	0.93%
2001	12.94%	21.86%	20.93%	27.21%	4.36%	6.07%	5.72%	0.92%
2002	11.24%	17.71%	19.10%	37.43%	3.75%	5.39%	4.57%	0.81%
2003	11.01%	18.20%	20.93%	34.88%	3.77%	5.87%	4.41%	0.93%
2004	9.35%	18.33%	23.90%	32.70%	4.35%	6.17%	4.25%	0.95%
2005	9.49%	18.28%	24.92%	31.31%	4.59%	6.34%	4.20%	0.88%
2006	10.01%	18.11%	25.69%	29.80%	4.62%	6.54%	4.36%	0.88%
2007	9.06%	17.33%	25.14%	32.07%	4.51%	6.35%	4.87%	0.66%
2008	8.45%	17.45%	25.67%	31.01%	4.44%	6.38%	5.82%	0.78%
2009	8.45%	17.64%	25.79%	30.04%	4.76%	6.52%	6.02%	0.78%
2010	8.83%	18.34%	27.11%	26.65%	4.76%	6.97%	6.49%	0.86%
2011	8.85%	18.45%	27.29%	25.74%	5.04%	7.11%	6.69%	0.85%
2012	8.94%	18.33%	27.33%	25.13%	5.22%	7.35%	6.91%	0.80%
2013	8.45%	19.03%	27.62%	24.73%	5.03%	7.33%	7.08%	0.74%
2014	8.10%	19.20%	27.62%	24.16%	5.36%	7.57%	7.23%	0.76%
2015	6.87%	22.23%	27.13%	22.67%	5.11%	8.33%	6.77%	0.90%
2016	6.35%	22.62%	26.88%	24.85%	5.08%	6.93%	6.48%	0.82%
2017	6.41%	18.83%	21.43%	34.64%	4.62%	7.36%	5.48%	1.23%
2018	6.87%	18.92%	21.14%	33.59%	4.86%	7.70%	5.84%	1.08%

续 表

年份	东北地区	北部沿海	东部沿海	南部沿海	黄河中游	长江中游	大西南地区	大西北地区
2019	6.56%	21.03%	20.57%	30.12%	4.68%	8.15%	7.77%	1.11%
2020	5.25%	19.13%	14.62%	41.90%	3.56%	7.28%	7.50%	0.77%

数据来源：根据历年《中国统计年鉴》相关数据整理、计算得出。

各个经济区域外商投资企业投资总额数量上的变化也在比重上得以体现。如表 3－4 所示，三个沿海地区始终是外商投资企业投资总额占全国比重最高的区域，但是北部沿海和东部沿海 20 年来比重有所下降，而南部沿海则大幅上升，至 2020 年时已占全国的 41.9%。东北地区属于下降最快的地区，从 2000 年占全国的 13.7%降至 2020 年的 5.25%。其他地区中，黄河中游和大西北地区 20 年来比重略有下降，而长江中游地区和大西南地区则略有上升。

三、FDI 的产业流向

相对于国际贸易而言，FDI 对于产业转移的作用更明显、更直接。要把握发达国家进行产业转移，特别是转移污染密集产业的总体情况，当然要从 FDI 的产业流向上进行判断。

如表 3－5 所示，2000—2020 年，我国每年吸收的 FDI 从 407.15 亿美元上升到 1 443.69 亿美元。但是从 FDI 的流向上来看，2000 年农林牧渔业、采矿业、制造业、电力燃气水供应业、建筑业和服务业实际吸收 FDI 分别为 6.76 亿美元、5.83 亿美元、258.44 亿美元、22.42 亿美元、9.05 亿美元和 104.64 亿美元，所占比重分别为 1.66%、1. 43%、63.48%、5.51%、2.22%和 25.70%；到 2009 年时，采矿业、电力燃气水供应业和建筑业吸收的 FDI 无论是金额还是比重均有所下降，而农林牧渔业虽然比重略有下降，但金额有较大上升；制造业则是吸收 FDI 的金额仍然保持上升势头，但是比重大幅下降，已经降至 51.95%；而服务业无论是金额还是比重，都呈迅速上升的势头，2009 年时吸收的 FDI 是 2000 年的近 3.8 倍，比重达到 47.25%。2010 年以后，情况发生变化，服务业取代制造业成为吸引 FDI 最多的行业领域。到 2020 年，农林牧渔业、采矿业、制造业、电力燃气水供应业、建筑业和服务业实际吸收 FDI 分别为 5.76 亿美元、6.64 亿美元、309.97 亿美元、31.14 亿美元、18.19 亿美元和 1 072.00 亿美元，所占比重分别为 0.40%、0.46%、21.47%、2.16%、1.26%和 74.25%。此时，服务业吸收的 FDI 已

表 3－5　2000—2020 年各行业吸引 FDI 金额(单位：亿美元)和比重

年份	农林牧渔业		采矿业		制造业		电力燃气水供应业		建筑业		服务业		全部	
	金额	占比	金额	占比	金额	占比	金额	占比	金额	占比	金额	占比	金额	占比
2000	6.76	1.66%	5.83	1.43%	258.44	63.48%	22.42	5.51%	9.05	2.22%	104.64	25.70%	407.15	100%
2003	10.01	1.87%	3.36	0.63%	369.36	69.03%	12.95	2.42%	6.12	1.14%	133.25	24.90%	535.05	100%
2005	7.18	1.19%	3.55	0.59%	424.53	70.37%	13.94	2.31%	4.90	0.81%	149.14	24.72%	603.25	100%
2006	5.99	0.91%	4.61	0.70%	400.77	60.89%	12.81	1.95%	6.88	1.05%	227.15	34.51%	658.21	100%
2007	9.24	1.24%	4.89	0.65%	408.65	54.65%	10.73	1.43%	4.34	0.58%	309.85	41.44%	747.70	100%
2008	11.91	1.29%	5.73	0.62%	498.95	54.00%	16.96	1.84%	10.93	1.18%	379.48	41.07%	923.95	100%
2009	14.23	1.59%	5.01	0.56%	467.71	51.95%	21.12	2.35%	6.92	0.77%	385.28	42.79%	900.33	100%
2010	19.12	1.81%	6.84	0.65%	495.91	46.90%	21.25	2.01%	14.61	1.38%	499.58	47.25%	1 057.30	100%
2011	20.09	1.73%	6.13	0.53%	521.01	44.91%	21.18	1.83%	9.17	0.79%	582.53	50.21%	1 160.11	100%
2012	20.63	1.85%	7.70	0.69%	488.66	43.74%	16.39	1.47%	11.82	1.06%	571.96	51.20%	1 117.16	100%
2013	18.01	1.53%	3.65	0.31%	455.55	38.74%	24.29	2.07%	12.20	1.04%	662.17	56.31%	1 175.86	100%
2014	15.23	1.27%	5.62	0.47%	399.39	33.40%	22.03	1.84%	12.40	1.04%	740.96	61.97%	1 195.62	100%
2015	15.34	1.21%	2.43	0.19%	395.43	31.32%	22.50	1.78%	15.59	1.23%	811.38	64.26%	1 262.67	100%
2016	18.98	1.51%	0.96	0.08%	354.92	28.17%	21.47	1.70%	24.77	1.97%	838.90	66.58%	1 260.01	100%
2017	10.75	0.82%	13.02	0.99%	335.06	25.57%	35.21	2.69%	26.19	2.00%	890.11	67.93%	1 310.35	100%
2018	8.01	0.59%	12.28	0.91%	411.74	30.51%	44.24	3.28%	14.88	1.10%	858.51	63.61%	1 349.66	100%
2019	5.62	0.41%	21.90	1.59%	353.70	25.61%	35.24	2.55%	12.16	0.88%	952.73	68.97%	1 381.35	100%
2020	5.76	0.40%	6.64	0.46%	309.97	21.47%	31.14	2.16%	18.19	1.26%	1 072.00	74.25%	1 443.69	100%

数据来源：根据历年《中国统计年鉴》相关数据整理、计算得出。

经占绝对优势的地位，但是制造业仍是吸收 FDI 的重要产业领域，且吸收的 FDI 从金额上看仍保持了相当规模。

可见，在 2009 年之前，外资主要流向第二产业，即使近年来外资开始越来越多流向第三产业，但是流向第二产业的 FDI 的比重仍在三分之一以上。而在第二产业中，制造业又是重中之重。众所周知，在国民经济三次产业中，对环境造成污染的主要是第二产业，尤其以制造业为甚。除煤炭开采和洗选业、黑色金属矿采选业、有色金属矿采选业、非金属矿采选业和电力/热力的生产和供应业以外，造纸及纸制品业、化学原料及化学制品制造业、化学纤维制造业、非金属矿物制品业、黑色金属冶炼及压延加工业、农副食品加工业、纺织业、有色金属冶炼及压延加工业、石油加工/炼焦及核燃料加工业等污染密集产业都属于制造业范畴。

从产业分布上说，FDI 的产业流向与我国经济结构及其动态变化大体一致，但很显然外资在第二产业的比例一度要大大高于第二产业的投资率和对国民经济的贡献率。如 2006 年，按三次产业划分的全社会固定资产投资额中，投向第二产业的为 48 479.1 亿元，大大低于同年投向第三产业的 58 769.2 亿元；2003 至 2006 年，我国第二产业在 GDP 中的贡献率分别为 58.5%、52.2%、53.6%、55.6%，比同期 FDI 在第二产业中的比重低 15 个百分点左右。① 通过这些分析可以看出，在 2009 年及以前，绝大部分的 FDI 流向了包括这些污染密集产业在内的第二产业，FDI 的环境外部性从其产业的流向上已得到一个侧面反映。2010 年以后，FDI 的产业流向越来越多地偏向服务业，但是以制造业为主的第二产业仍是外资流入的重点领域，仍保持了相当的规模，对其存在的环境外部性风险仍然不可掉以轻心。

第二节　污染密集产业向我国转移的情况

FDI 进入我国后，过去一般是通过成立“三资”企业进行生产经营活动，近年来外商独资企业也逐渐增多。在此，本书主要运用外资企业的相关指标来衡量外资污染企业的整体规模，借以反映污染密集产业向我国转移的整体情况。从时间上看，这里以 2006 年为分界线进行分析，主要是这一年我国外贸依存度达到峰值，反映经济外向度的指标当年为 67%，此后逐年下降，而这一指标与 FDI

① 数据来源：根据《中国统计年鉴 2007》相关数据整理得出。

的进入特别是污染密集产业转移有着高度的相关性。

一、21 世纪初污染密集产业转移的情况

这里选择造纸及纸制品业、农副食品加工业、化学原料及化学制品制造业、纺织业、黑色金属冶炼及压延加工业、食品制造业、电力/热力的生产和供应业、皮革/毛皮/羽毛(绒)及其制品业、石油加工/炼焦及核燃料加工业、有色金属冶炼及压延加工业、煤炭开采和洗选业、黑色金属矿采选业、有色金属矿采选业、非金属矿采选业、化学纤维制造业、非金属矿物制品业、燃气生产和供应业 17 个行业作为污染密集产业进行分析。①

(一) 外资污染企业的整体规模

首先,从绝对数指标来看。到 2000 年,在我国的污染密集产业"三资"企业数已达到 10 132 个,总资产达到 10 397 亿元,工业总产值达到 7 711 亿元;到 2006 年,"三资"企业数已迅速升至 21 296 个,总资产升至 29 370 亿元,总产值升至 31 495 亿元。单从这些指标来看,外商投资我国污染密集产业已达到相当大的规模(表 3 - 6)。

表 3 - 6　污染密集产业"三资"企业基本状况表(一)

2000 年			2003 年			2006 年		
企业数量(个)	企业总资产(亿元)	工业总产值(亿元)	企业数量(个)	企业总资产(亿元)	工业总产值(亿元)	企业数量(个)	企业总资产(亿元)	工业总产值(亿元)
10 132	10 397	7 711	13 688	14 594	13 071	21 296	29 370	31 495

数据来源:根据历年《中国统计年鉴》数据整理得出。

其次,从速度指标上看。表 3 - 7 反映了 2001—2006 年我国污染密集产业中"三资"企业的总产值及其年增长速度。从表中可以看出污染密集产业"三资"企业总产值每年都以较快速度增长,其中 2003 年增长速度达 29.4%;2003—2005 年,短短两年之内,总产值增长将近一倍,换算成年平均增长速度达 45.7%;此后增长速度有所减缓,但 2006 年仍高达 25.9%,是我国经济总量增长速度的两倍以上。可见,外商投资我国污染密集产业的规模正以非常快的速度扩大。

---

① 李敦瑞.外商投资我国污染密集产业环境效应的实证检验[J]. 统计与决策,2009(5):77 - 79.

表 3－7　2001—2006 年污染密集产业“三资”企业总产值及增速表

年　份	2001	2002	2003	2005	2006
产值(亿元)	8 806	10 103	13 071	25 019	31 495
增长速度	14.2%	14.7%	29.4%	45.7%	25.9%

数据来源：根据《中国统计年鉴》各年数据整理，因《中国统计年鉴 2005》没有总产值的数据，故而 2004 年数据缺失；2005 年的增长速度，是通过 2003 年和 2005 年的数据计算年平均增长速度而得。

再次，从污染密集产业“三资”企业部分指标所占的比重来看。一是从占全国工业企业的比例来看，污染密集产业“三资”企业无论是企业数量、总资产还是总产值所占比重并不高，这是由于全国的工业企业指标除涵盖了所有的污染密集产业以外，还涵盖了其他的各种工业产业，除涵盖了“三资”企业外，还涵盖了国有及国有控股企业、私营企业、集体企业等其他所有经济成分的企业，所以污染密集产业“三资”企业所占比重不可能很高，但是其所占比重呈现出越来越高的趋势。如表 3－8 所示，2000 年，污染密集产业“三资”企业数量、企业总资产、工业总产值占全国工业企业的比例分别为 6.2%、8.2%、9.0%，到 2003 年分别升至 6.9%、8.6%、9.25%，到 2006 年进一步升至 7.1%、10.15%、10.0%。二是从占全国污染密集产业的比例来看，“三资”企业比重也呈逐年上升的趋势。污染密集产业“三资”企业数量、企业总资产、工业总产值占全国污染密集产业的比例，已从 2000 年的 12.8%、14.6%、18.2%上升至 2006 年的 15.0%、17.8%、19.2%。三是从占全部“三资”工业企业的比例来看，污染密集产业“三资”企业处于一个较大的比重，各项指标所占比重这些年一直都保持在三分之一左右。可见污染密集产业一直都是外商进行投资的重点领域。尽管外商在我国的电气机械及器材制造业、通信设备、计算机及其他电子设备制造业有较大投资，但是污染密集产业也一直是 FDI 进入的重要领域。

表 3－8　污染密集产业“三资”企业基本状况表(二)

类　别	2000 年			2003 年			2006 年		
	企业数量	企业总资产	工业总产值	企业数量	企业总资产	工业总产值	企业数量	企业总资产	工业总产值
污染密集产业“三资”企业占全国工业企业的比例	6.2%	8.2%	9.0%	6.9%	8.6%	9.25	7.1%	10.15	10.0%

续　表

类　别	2000 年			2003 年			2006 年		
	企业数量	企业总资产	工业总产值	企业数量	企业总资产	工业总产值	企业数量	企业总资产	工业总产值
污染密集产业“三资”企业占全国污染密集产业的比例	12.8%	14.6%	18.2%	14.7%	15.8%	19.1%	15.0%	17.8%	19.2%
污染密集产业“三资”企业占全部“三资”工业企业的比例	35.6%	40.4%	32.9%	35.5%	37.2%	29.5%	35.0%	38.1%	31.5%

数据来源：根据《中国统计年鉴》各年数据整理得出。

(二) 外资污染企业在各污染密集产业的比重

前面仅是从整体上把握污染密集产业向我国转移的状况，这里主要从各个污染密集产业入手，分析外资的进入情况。

表 3－9　污染密集产业“三资企业”占全国规模以上工业企业总产值和总资产的比重

产　业　类　型	2000 年		2003 年		2006 年	
	总产值	总资产	总产值	总资产	总产值	总资产
煤炭开采和洗选业	0.5%	0.2%	0.3%	0.2%	1.1%	1.6%
黑色金属矿采选业	0.8%	0.31%	0.7%	0.7%	2.3%	2.1%
有色金属矿采选业	0.8%	0.7%	1.0%	1.0%	1.8%	3.1%
非金属矿采选业	5.0%	3.0%	5.2%	3.2%	6.8%	8.5%
农副食品加工业	23.1%	23.1%	26.9%	28.0%	27.8%	29.9%
食品制造业	39.1%	37.7%	38.6%	37.1%	38.5%	38.7%
纺织业	21.2%	20.8%	23.7%	24.2%	24.5%	28.0%

续 表

产业类型	2000年		2003年		2006年	
	总产值	总资产	总产值	总资产	总产值	总资产
皮革/毛皮/羽毛(绒)及其制品业	56.5%	53.3%	51.0%	54.5%	52.8%	58.6%
造纸及纸制品业	31.6%	36.2%	31.4%	35.2%	35.2%	44.6%
石油加工/炼焦及核燃料加工业	5.4%	4.5%	10.1%	12.4%	10.6%	13.3%
化学原料及化学制品制造业	20.6%	16.1%	23.5%	19.7%	27.2%	28.7%
化学纤维制造业	35.6%	29.2%	20.1%	22.1%	29.3%	32.0%
非金属矿物制品业	17.5%	20.8%	17.0%	19.5%	18.3%	22.2%
黑色金属冶炼及压延加工业	7.2%	4.8%	8.7%	7.5%	14.4%	11.9%
有色金属冶炼及压延加工业	13.4%	11.9%	13.2%	11.3%	16.2%	15.8%
电力/热力的生产和供应业	15.5%	11.7%	18.0%	11.3%	8.8%	9.1%
燃气生产和供应业	28.1%	7.0%	25.8%	9.9%	34.6%	26.2%

数据来源：根据《中国统计年鉴》各年数据整理得出。

从表3-9可以看出，除了煤炭开采和洗选业、黑色金属矿采选业、有色金属矿采选业等采矿业以外，其余各产业中，“三资”企业均占有较大的比重。其中，2006年农副食品加工业、食品制造业、纺织业、化学原料及化学制品制造业、皮革/毛皮/羽毛(绒)及其制品业、造纸及纸制品业、化学原料及化学制品制造业、化学纤维制造业、燃气生产和供应业等产业中“三资”企业无论是从总产值还是从总资产来看，比重都在四分之一以上，其中造纸及纸制品业和化学纤维制造业比重占到30%以上，皮革/毛皮/羽毛(绒)及其制品业比重甚至达到50%以上。这说明，在我国绝大多数污染密集产业中外资都扮演着重要角色。

从表3-9还可以得出这样的结论，即外资在我国污染密集型产业中近年来所占份额得到了进一步扩大。表中数据显示，只有电力/热力的生产和供应业“三资”企业总产值和总资产比重从2000年的15.5%和11.7%明显下降到2006年的8.8%和9.1%，以及食品制造业、皮革/毛皮/羽毛(绒)及其制品业、化学纤维制造业增长不明显以外，其余各产业比重都有明显上升。纺织业的“三资”企业比重分别从 2000 年的 21.2%和 20.8%上升到 2003 年的 23.7%和 24.2%，再进一步上升到 2006 年的 24.5%和 28.0%；非金属矿物制品业“三资”企业的比重从 2000 年的 17.5%和 20.8%上升到 2006 年的 18.3%和 22.2%；农副食品加工业和有色金属冶炼及压延加工业两项指标的比重也增加了 3～6 个百分点。而污染极为严重的造纸及纸制品业、石油加工/炼焦及核燃料加工业、化学原料及化学制品制造业、黑色金属冶炼及压延加工业、燃气生产和供应业外资所占份额急剧上升。其中，造纸及纸制品业“三资”企业总资产的比重从 2000 年的 36.2%上升至 2006 年的 44.6%，化学原料及化学制品制造业“三资”企业两项指标的比重由 20.6%和 16.1%升至 2006 年的 27.2%和 28.7%，石油加工/炼焦及核燃料加工业和黑色金属冶炼及压延加工业两项指标所占比重涨幅都在一倍以上，而燃气生产和供应业“三资”企业总资产的比重更是六年间上涨了两倍以上。甚至连外资比重很小的煤炭开采和洗选业、黑色金属矿采选业、有色金属矿采选业等采矿业，外资的比重也都成倍地增加。这些对外商直接投资在我国各污染密集产业的具体分布情况及其发展趋势的分析，都为污染密集产业向我国转移，乃至 FDI 对我国生态环境的外部性影响，提供了有力证据。

二、近十多年污染密集产业转移的情况

近十多年，中国工业化继续向前推进，但是发生了许多和过去不同的变化。“从统计分析来看，中国于 2012 年告别了工业化高峰期，开始出现制造业份额加速下降趋势，但使用实际增加值份额衡量的去工业化速度慢于名义增加值份额衡量的速度，使用就业份额衡量的去工业化速度慢于增加值份额衡量的速度；从理论和事实角度深入探究后发现，需求偏好升级、相对技术增速改变、国际贸易冲击和全球价值链是近年来中国加速去工业化的重要影响因素。因此，适应需求偏好升级，着力发展新型制造产品，紧抓科技革命契机，加快推动战略性新兴产业，立足贸易发展新格局，建设面向全球的高标准自由贸易区网络，理应成为‘十四五’期间中国保持制造业占比稳定、增强制造业竞争优势的题中之义。”[①]与之相伴随，外资进入中国污染密集产业的情况也出现了新的趋势和特征。

① 钱学锋，高婉.中国是否“过早去工业化”：判断标准、基本事实与影响因素[J]. 武汉大学学报(哲学社会科学版)，2023(1)：127－138.

表 3-10 污染密集产业外资企业单位数 （单位：个）

产业类型	2008年	2010年	2012年	2014年	2016年	2018年	2020年
煤炭开采和洗选业	42	36	41	41	40	41	35
黑色金属矿采选业	46	43	39	38	27	25	17
有色金属矿采选业	75	63	61	52	39	43	37
非金属矿采选业	150	133	71	70	60	55	43
农副食品加工业	2 621	2 453	1 982	1 871	1 707	1 615	1 303
食品制造业	1 601	1 558	1 218	1 201	1 152	1 111	1 069
纺织业	5 903	5 663	3 152	2 841	2 361	2 154	1 661
皮革/毛皮/羽毛(绒)及其制品业	2 838	2 575	2 319	2 108	1 720	1 533	1 034
造纸及纸制品业	1 551	1 492	1 115	960	858	861	746
石油加工/炼焦和核燃料加工业	221	220	179	176	160	162	138
化学原料及化学制品制造业	4 293	4 302	3 559	3 514	3 225	3 082	2 699
化学纤维制造业	356	321	289	289	255	231	194
非金属矿物制品业	3 154	3 072	2 359	2 232	1 990	1 832	1 552
黑色金属冶炼及压延加工业	616	574	789	716	580	406	331
有色金属冶炼及压延加工业	900	857	725	716	613	550	481
电力/热力的生产和供应业	489	496	462	521	566	632	780
燃气生产和供应业	223	250	270	337	367	403	564
全部污染密集产业	25 079	24 108	18 630	17 683	15 720	14 736	12 684

注：2018 年以后“石油加工/炼焦和核燃料加工业”改为“石油/煤炭及其他燃料加工业”。
数据来源：根据《中国统计年鉴》各年数据整理得出。

首先看各个具体产业的情况。如表 3-10 所示，从各个产业的外资企业单位数的变化情况来看，2008 年 17 个污染密集产业外资企业单位共有 25 079 个，到 2020 年时下降为 12 684 个，13 年间企业数量下降近 50%，下降趋势非常明显。这些产业中，只有电力/热力生产和供应业、燃气生产和供应业两个产业出现外资企业数量的增长外，其他各产业均呈下降趋势。从数量上看，纺织业下降最多，表明伴随我国近十多年来伴随劳动力等要素成本的上升，纺织业面临升级转型的压力，原有的依靠数量规模的路径越来越狭窄。此外，食品制造业、农副食品加工业、皮革/毛皮/羽毛(绒)及其制品业、造纸及纸制品业、化学原料及化学制品制造业、非金属矿物制品业下降的数量较大。

表 3-11 污染密集产业外资企业资产总计 （单位：亿元）

产业类型	2008 年	2010 年	2012 年	2014 年	2016 年	2018 年	2020 年
煤炭开采和洗选业	502.6	919.8	1 866.5	2 166.2	1 378.9	1 368.3	3 038.6
黑色金属矿采选业	97.3	157.3	221.9	264.6	284.5	207.8	218.6
有色金属矿采选业	307.4	335.6	210.3	296.8	208.4	288.5	359.7
非金属矿采选业	125.8	118.0	95.7	130.8	170.2	108.2	103.0
农副食品加工业	3 074.4	4 828.5	5 788.1	5 729.0	5 654.0	5 972.0	5 715.2
食品制造业	2 086.4	2 726.3	3 663.1	4 251.9	4 693.5	4 379.6	5 752.1
纺织业	4 263.9	4 984.0	4 672.8	4 881.1	4 438.9	4 176.9	3 943.5
皮革/毛皮/羽毛(绒)及其制品业	1 649.3	2 017.5	2 595.6	2 773.7	2 584.9	2 342.1	2 115.6
造纸及纸制品业	3 403.4	4 389.9	4 942.8	5 391.0	5 391.4	5 805.4	5 606.8
石油加工/炼焦和核燃料加工业	1 831.5	2 322.1	2 608.8	2 782.9	2 764.5	3 120.8	3 256.4
化学原料及化学制品制造业	7 669.5	10 919.2	13 444.2	16 155.3	16 510.5	15 877.5	16 379.3
化学纤维制造业	1 181.2	1 470.4	1 841.7	2 085.8	1 922.6	1 523.2	1 641.6
非金属矿物制品业	4 129.5	5 005.1	5 803.5	6 422.5	6 340.2	5 876.8	6 618.6

续 表

产 业 类 型	2008年	2010年	2012年	2014年	2016年	2018年	2020年
黑色金属冶炼及压延加工业	4 042.4	5 104.1	6 111.5	5 711.1	5 570.7	5 683.2	5 374.3
有色金属冶炼及压延加工业	2 324.4	3 196.4	3 931.9	5 074.3	5 742.6	5 266.3	5 621.7
电力/热力的生产和供应业	5 375.5	6 330.9	6 538.2	6 889.8	7 329.1	7 701.0	9 892.8
燃气生产和供应业	865.0	1 135.2	1 763.4	2 451.8	2 837.8	3 378.0	4 445.2
全部污染密集产业	42 929.5	55 960.3	66 100	73 458.6	73 822.7	73 075.6	80 083.0

注：2018年以后"石油加工、炼焦和核燃料加工业"改为"石油、煤炭及其他燃料加工业"。
数据来源：根据《中国统计年鉴》各年数据整理得出。

再看污染密集产业外资企业资产这一指标。如表3-11所示，污染密集产业的企业资产呈现持续累积状态，从2008年42 929.5亿元增加到2020年80 083.0亿元，13年间增加近一倍。从各个产业的企业资产情况来看，除了非金属矿采选业和纺织业企业资产略有减少以外，其余各产业的企业资产都在增加。其中，煤炭开采和洗选业、黑色金属矿采选业、化学原料及化学制品制造业、有色金属冶炼及压延加工业、燃气生产和供应业增幅均在一倍以上。如果看企业资产增加的倍数，以煤炭开采和洗选业、燃气生产和供应业为最，这两大产业分别增加了5.0倍和4.1倍；如果看企业资产增加的数量，则食品制造业、化学原料及化学制品制造业、有色金属冶炼及压延加工业、电力/热力的生产和供应业，以及燃气生产和供应业最为突出，这几大产业均增加3 000亿元以上，特别是化学原料及化学制品制造业从7 669.5亿元增加到了16 379.3亿元，增加的企业资产高达8 709.8亿元。

表3-12 污染密集产业外资企业用工人数 （单位：万人）

产 业 类 型	2008年	2010年	2011年*	2014年**	2016年	2018年	2020年
煤炭开采和洗选业	4.1	4.4	5.6	5.3	3.6	3.3	7.4
黑色金属矿采选业	1.3	1.1	1.6	1.7	1.1	0.9	0.6

续 表

产业类型	2008年	2010年	2011年*	2014年**	2016年	2018年	2020年
有色金属矿采选业	2.4	2.2	1.1	1.3	1.0	1.0	0.9
非金属矿采选业	2.6	2.2	2.9	1.5	1.2	0.9	0.6
农副食品加工业	66.0	69.5	63.3	61.2	52.8	43.1	35.1
食品制造业	47.4	50.8	52.7	53.0	47.9	39.9	42.2
纺织业	161.1	163.4	147.5	88.0	73.8	59.5	47.2
皮革/毛皮/羽毛(绒)及其制品业	161.3	151.3	140.4	139.1	113.1	80.3	58.2
造纸及纸制品业	39.6	39.2	36.7	31.1	27.2	24.3	20.9
石油加工/炼焦和核燃料加工业	8.7	8.8	8.2	9.0	7.6	7.1	5.2
化学原料及化学制品制造业	63.7	75.8	74.9	73.4	69.5	56.1	48.4
化学纤维制造业	9.4	9.6	10.5	11.1	9.9	7.5	7.4
非金属矿物制品业	75.5	78.4	77.4	68.0	60.8	47.7	39.5
黑色金属冶炼及压延加工业	28.0	28.3	27.4	32.7	26.8	19.1	15.4
有色金属冶炼及压延加工业	24.1	23.0	22.4	22.8	21.1	17.3	14.9
电力/热力的生产和供应业	13.8	12.3	11.2	10.9	10.3	9.9	9.8
燃气生产和供应业	5.3	6.0	7.2	5.7	10.4	10.4	11.4
全部污染密集产业	714.3	726.3	691	615.8	538.1	428.3	365.1

注：① 2018年以后“石油加工/炼焦和核燃料加工业”改为“石油/煤炭及其他燃料加工业”。

② * 2013年和2014年《中国统计年鉴》没有2012年和2013年用工人数或相关指标的数据，故而这里采用2011年的数据。

③ ** 2014年的数据由于《中国统计年鉴2015》并无用工人数统计，故采用各产业营业收入除以人均营业收入计算得出。

数据来源：根据《中国统计年鉴》各年数据整理、计算得出。

从污染密集产业外资企业的用工人数这一指标来看，如表 3－12 所示，2008—2020 年，17 个污染密集产业外资企业的用工人数已由 714.3 万人下降至 365.1 万人，下降幅度近一半，反映这一领域承载的就业量在下降。具体到每个产业，只有煤炭开采和洗选业、燃气生产和供应业用工人数在上升，前者从 4.1 万人上升至 7.4 万人，后者从 5.3 万人上升至 11.4 万人，尽管这两个产业用工人数上升幅度都较大，但由于基数较小，无法对整个污染密集产业外资企业的就业承载量产生大的影响。而农副食品加工业、纺织业、皮革/毛皮/羽毛(绒)及其制品业、化学原料及化学制品制造业、非金属矿物制品业等承载就业人数较多的产业都出现了大幅度下降；特别是纺织业、皮革/毛皮/羽毛(绒)及其制品业这两个产业，2008 年时就业人数均达到 160 万人以上，此后除了个别年份略有反弹以外，整体上呈一路下滑态势，到 2020 年时前者已不足 50 万人，后者不足 60 万人，下降的用工人数均在百万人以上，是整个污染密集产业外资企业用工人数下降的主要领域。

表 3－13　污染密集产业外资企业营业收入　(单位：亿元)

产业类型	2008 年	2010 年	2012 年	2014 年	2016 年	2018 年	2020 年
煤炭开采和洗选业	387.1	854.3	1 568.8	1 877.1	447.3	566.9	744.9
黑色金属矿采选业	97.8	135.2	254.7	282.7	270.7	130.6	177.3
有色金属矿采选业	219.0	270.5	134.7	146.9	86.5	96.7	130.7
非金属矿采选业	129.5	135.8	108.4	122.6	109.2	72.9	74.2
农副食品加工业	6 474.7	8 063.9	9 161.2	10 243.9	9 975.1	8 643.4	8 603.4
食品制造业	2 790.9	3 607.6	3 527.7	5 844.6	5 966.8	5 231.3	6 250.3
纺织业	4 679.6	5 906.4	4 845.8	6 056.3	5 650.3	4 481.1	3 639.7
皮革/毛皮/羽毛(绒)及其制品业	2 709.1	3 447.8	3 670.4	4 813.3	4 822.0	4 001.7	2 979.9
造纸及纸制品业	2 454.4	3 115.5	2 839.6	3 514.4	3 642.4	4 349.6	3 991.9
石油加工/炼焦和核燃料加工业	2 987.1	3 901.2	4 062.6	4 801.3	3 510.8	4 713.2	3 801.2
化学原料及化学制品制造业	8 838.1	12 408.8	13 315.7	19 005.5	18 339.7	16 896.9	14 527.5
化学纤维制造业	1 202.2	1 564.7	1 680.7	2 136.7	1 848.7	1 608.2	1 554.0

续 表

产 业 类 型	2008 年	2010 年	2012 年	2014 年	2016 年	2018 年	2020 年
非金属矿物制品业	3 461.6	4 472.5	4 214.8	5 551.5	5 298.3	4 693.2	4 778.9
黑色金属冶炼及压延加工业	6 243.5	6 841.7	7 408.2	7 279.5	6 538.8	7 399.9	6 877.3
有色金属冶炼及压延加工业	3 188.1	4 009.2	4 228.1	5 503.1	6 034.1	6 155.1	6 754.7
电力/热力的生产和供应业	2 407.5	2 697.7	2 430.4	3 027.7	2 644.3	3 183.3	3 419.3
燃气生产和供应业	621. 6	895.9	1 106.8	1 181.0	2 096.6	2 650.5	2 943.4
全部污染密集产业	48 270.2	62 328.7	64 558.6	81 388.1	77 281.6	74 874.5	71 248.6

注：2018 年以后“石油加工/炼焦和核燃料加工业”改为“石油/煤炭及其他燃料加工业”。
数据来源：根据《中国统计年鉴》各年数据整理得出。

从污染密集产业外资企业的营业收入这一指标来看(表 3 - 13)，和企业资产的情况相似，2020 年相对于 2008 年是大幅度增加的，但是波动较为明显。2008—2014 年，一路从 48 270.2 亿元快速上升至 81 388.1 亿元，此后又逐年下降，到 2020 年时已经降至 71 248.6 亿元。再看具体各个行业的情况，有三个产业即有色金属矿采选业、非金属矿采选业，以及纺织业营业收入是下降的，特别是前两者，下降幅度比较大，都接近一半；除了皮革/毛皮/羽毛(绒)及其制品业、黑色金属冶炼及压延加工业两个产业是略有增长外，其他各产业增长都较为显著；其中，燃气生产和供应业增长幅度最大，从 2008 年的 621.6 亿元增加到 2020 年的 2 943.4 亿元，增长了 3.7 倍；而化学原料及化学制品制造业增幅虽不是最大，但增量却是最大，13 年间营业收入的增量达到近 6 000 亿元之多。此外，煤炭开采和洗选业、食品制造业、有色金属冶炼及压延加工业增幅都在一倍以上，农副食品加工业、食品制造业、造纸及纸制品业、非金属矿物制品业、有色金属冶炼及压延加工业、电力/热力的生产和供应业等几个产业的增量都在千亿元以上。

结合表 3 - 10、表 3 - 11、表 3 - 12 所反映的情况综合来看，污染密集产业的企业数和用工人数整体上在减少，但是企业资产和营业收入在上升，这表明企业的规模、效益、技术水平在上升。当然，有些产业，比如纺织业，出现各个指标都下降的情况，也说明近十多年我国工业发展的比较优势在发生变化，随着劳动力等要素成本的上升，劳动密集型产业的比重在下降。

表 3 - 14　污染密集产业外资企业在全部外资工业和全国工业中的情况

—	—	2008 年	2010 年	2012* 年	2014 年	2016 年	2018 年	2020 年
企业单位数(个)	污染密集产业外资企业	25 079	24 108	18 630	17 683	15 720	14 736	12 684
	全部外资工业企业	77 847	74 045	56 908	55 172	49 554	44 624	43 026
	占全部外资工业企业比重	32.2%	32.6%	32.7%	32.1%	31.7%	33.0%	29.5%
	全国污染密集产业企业	188 865	199 795	163 013	174 089	166 582	161 900	164 658
	占全国污染密集产业企业比重	13.3%	12.1%	11.4%	10.2%	9.4%	9.1%	7.7%
	全国工业企业	426 113	452 872	343 769	377 888	378 599	374 964	399 375
	占全国工业企业比重	5.9%	5.3%	5.4%	4.7%	4.2%	3.9%	3.2%
企业资产(亿元)	污染密集产业外资企业	42 929.5	55 960.3	66 100	73 458.6	73 822.7	73 075.6	80 083.0
	全部外资工业企业	112 145.0	148 552.3	172 320.3	198 162.1	212 744.4	219 165.4	248 426.9
	占全部外资工业企业比重	38. 3%	37.7%	38.4%	37.1%	34.7%	33.3%	32.2%
	全国污染密集产业企业	242 617.0	327 410.0	429 471.5	526 356.4	575 493.5	588 543.8	661 704.1
	占全国污染密集产业企业比重	17.7%	17.1%	15.4%	14.0%	12.8%	12.4%	12.1%
	全国工业企业	431 305.6	592 881.9	768 421.2	956 777.2	1 085 865.9	1 153 251.2	1 303 499.3
	占全国工业企业比重	10.0%	9.4%	8.6%	7.7%	6.8%	6.3%	6.1%

续　表

—	—	2008 年	2010 年	2012* 年	2014 年	2016 年	2018 年	2020 年
用工人数(万人)	污染密集产业外资企业	714.3	726.3	691.0	615.8	538.1	428.3	365.1
	全部外资工业企业	2 579.4	2 645.7	2 574.1	2 472.4	2 182.4	1 856.9	1 672.0
	占全部外资工业企业比重	27.7%	27.5%	26.8%	24.9%	24.7%	23.1%	21.8%
	全国污染密集产业企业	4 054.3	4 319.4	4 145.26	4 408.3	4 039.4	3 197.3	2 971.4
	占全国污染密集产业企业比重	17.6%	16.8%	16.7%	14.0%	13.3%	13.4%	12.3%
	全国工业企业	8 837.6	9 544.7	9 567.3	9 977.2	9 475.6	8 356.4	7 756.1
	占全国工业企业比重	8.1%	7.6%	7.2%	6.2%	5.7%	5.1%	4.7%
营业收入(亿元)	污染密集产业外资企业	48 270.2	62 328.7	64 558.6	81 388.1	77 281.6	74 874.5	71 248.6
	全部外资工业企业	146 613.6	188 729.4	221 948.8	252 630.1	250 393.0	236 958.7	243 188.6
	占全部外资工业企业比重	32.9%	33.0%	29.1%	32.2%	30.9%	31.6%	29.3%
	全国污染密集产业企业	266 766.3	368 222.5	503 470.2	577 769.7	571 494.0	511 924.3	523 646.2
	占全国污染密集产业企业比重	18.1%	16.9%	12.8%	14.1%	13.5%	14.6%	13.6%
	全国工业企业	500 020.1	697 744.0	929 291.5	1 107 032.5	1 158 998.5	1 057 327.3	1 083 658.4
	占全国工业企业比重	9.7%	8.9%	6.9%	7.4%	6.7%	7.1%	6.6%

注：* 2012 年的用工人数，采用的是 2011 年的数据，原因如表 3－12 注释所述。
数据来源：根据《中国统计年鉴》各年数据整理、计算得出。

如果说表 3－10 至表 3－14 所反映的是污染密集产业内外资企业近十多年的情况，那么表 3－14 则反映了近十多年污染密集产业内外资企业在整个中国工业企业中的情况。这里还是从企业单位数、企业资产、用工人数、营业收入四个指标来看。2008—2020 年，全部外资工业企业数从 77 847 个下降至 43 026 个，降幅达三成以上，然而污染密集产业外资企业单位数仅从 32.2％降至 29.5％，降幅不足三个百分点。当然，污染密集产业外资企业占全国污染密集产业企业单位数和全国的工业企业单位数的比重呈现持续下降的趋势。

从企业资产的角度来看，这 13 年间全部外资工业企业的资产从 112 145.0 亿元增加到 248 426.9 亿元，全国污染密集产业企业资产总额从 242 617.0 亿元增加到 661 704.1 亿元，全国工业企业的资产总额从 431 305.6 亿元增加到 1 303 499.3 亿元，均呈快速上升的趋势；但是污染密集产业外资企业资产总额所占的比重都呈下降趋势，占全部外资工业的比重从 38. 3％降至 32.2％，占全国污染密集产业的比重从 17.7％降至 12.1％，占全国工业企业的比重从 10.0％降至 6.1％。

从用工人数的角度来看，2008—2020 年，全部外资工业企业的用工人数从 2 579.4 万人下降到 1 672.0 万人，全国污染密集产业企业用工人数从 4 054.3 万人下降到 2 971.4 万人，全国工业企业的用工人数从 8 837.6 万人下降到 7 756.1 万人，均呈下降的趋势。不过，污染密集产业外资企业用工人数的下降幅度要更大一些；而污染密集产业外资企业用工人数所占的比重都呈下降趋势，占全部外资工业的比重从 27.7％降至 21.8％，占全国污染密集产业的比重从 17.6％降至 12.3％，占全国工业企业的比重从 8.1％降至 4.7％。

从营业收入的角度来看，2008—2020 年，全部外资工业企业的营业收入从 146 613.6 亿元增加到 243 188.6 亿元，全国污染密集产业企业营业收入从 266 766.3 亿元增加到 523 646.2 亿元，全国工业企业的营业收入从 500 020.1 亿元增加到 1 083 658.4 亿元，均呈快速上升的趋势。不过，污染密集产业外资企业营业收入的上升幅度相对要小一些；而污染密集产业外资企业营业收入所占的比重都呈下降趋势。占全部外资工业企业的比重从 32.9％降至 29.3％，占全国污染密集产业企业的比重从 18.1％降至 13.6％，占全国工业企业的比重从 9.7％降至 6.6％。

整体上看，污染密集产业外资企业的比重呈现下降趋势，这说明 2012—2014 年我国工业化规模扩张的高峰之后，工业在国民经济中的比重一度趋于下降的情况下，外资投资的重点领域也发生相应的变化。值得注意的是，尽管比重在下降，但是企业资产和营业收入等指标的继续增长，也表明在污染密集产业领域，外资仍保持相当的规模，这固然对经济发展有积极作用，特别是高质量发展也需要这些外资企业发挥相应的作用，但是对其环境风险，特别是环境外部性问题仍不可掉以轻心，尽可能避免在国内区际产业转移的环境问题与 FDI 的环境问题相叠加。

第三节　污染密集产业向我国转移的机制

对于污染密集产业转移机制的研究，本书主要是从国际产业转移的一般理论出发，结合污染密集产业的特点和我国实际情况，从污染密集产业转移的基础、模式、内在动力等内在机制入手进行分析。

一、污染密集产业向我国转移的基础

产业级差是国际产业转移的基础，[①]污染密集产业向我国转移也同样以国际的产业级差为基础。根据产业结构演化规律，产业的演变经历技术水平从低到高的过程，各国经济发展中的主导产业的演化一般都遵循从轻纺工业转向重化工业，再到服务业的规律。由于全球经济发展的不平衡性，世界各个国家和地区之间经济发展阶段和技术水平存在着差异，这种差异使各国和地区的产业结构产生产业级差。

我国属于发展中国家，即便到了 2022 年我国人均 GDP 已经超过 1.27 万美元，但与欧美日发达国家相比还存在相当大的差距。在 2012 年以前，我国工业化处于快速扩张阶段，特别是 20 世纪 90 年代到 21 世纪初，我国处于工业化的中期阶段，产业结构还处于较低的水平，以制造业为主体的第二产业在产业结构中还居于主导地位，这就与以第三产业为主的美国、日本、欧盟、韩国、新加坡等发达国家和新兴工业化国家及地区存在明显的产业级差。这种状况的一个重要表现就是企业乃至国家的自主创新能力欠佳，产业结构的升级以及新兴产业的发展、传统产业的改造，很大程度上都依赖于通过吸收 FDI 获得所需的技术、资金和管理经验。这种通过 FDI 途径实现的国际产业转移成为我国产业结构升级的重要方式。当前阶段，以制造业和采矿业为主体的污染密集产业在我国的

① 张孝锋.产业转移的理论与实证研究[D]. 南昌：南昌大学，2006：58.

国民经济中还占有比较重要的地位，这也是我国与发达国家和新兴工业化国家及地区存在产业级差的重要体现，这就为污染密集产业通过 FDI 方式转移到我国提供了必要的基础。本章第二节的分析也证明了在国际的产业转移和调整过程中，皮革/毛皮/羽毛(绒)及其制品业、纺织业、农副食品加工业、造纸及纸制品等污染密集产业成为 FDI 流入的重要领域。

十多年来，我国工业化水平不断提升，FDI 进入我国的领域逐渐转向服务业和高新技术产业，但是工业领域仍有相当数量的进入，并且参与到我国的区际产业转移中，借助区域间的产业级差发生转移。这使得过去 FDI 进入我国沿海地区所造成的污染跨国“一次转移”，因 FDI 参与区际产业转移而演变为跨国污染的“二次转移”。FDI 的环境风险在空间上有扩大的趋势。

二、污染密集产业向我国转移的模式

同一般性的国际产业转移一样，污染密集产业国际的转移也具有一定的模式。学术界关于国际产业转移有诸多理论解释，其中“雁行形态”模式(也称之为“雁阵模式”理论)是比较有影响力的一种理论。这是一个关于区域产业转移和产业发展比较完整的理论解释，传统的“雁行形态”模式以产业间和产业内垂直分工为基础，按照日本—亚洲“四小龙”—东盟其他国家、中国沿海地区的产业发展顺序，形成以日本为核心的技术密集型产业—资本技术密集型产业—劳动密集型产业的“等级式”梯次产业分工体系；第二次世界大战以后，东亚“雁行形态”模式驱动区域经济快速增长，创造了“东亚奇迹”。① “雁行形态”模式基于动态比较优势的国际产业转移理论，也是一种提示后进国家参与国际分工、实现产业结构高级化途径并实现经济赶超的理论，为解释发达国家和地区，以及新兴工业化国家和地区向发展中国家转移污染密集产业提供了相应的理论依据。

“雁行形态”理论的基本主张是在投资国与被投资国之间实施动态的产业转移，即投资国按生产成本的排序将本国已处于比较劣势的边际产业依次进行转移②。转移是通过 FDI 实施动态的产业梯次传递进行的，这要求投资国的生产函数先进于被投资国，若干个不同生产函数的国家，依次建立起投资国与被投资国的关系，就会形成生产函数递减的产业梯次传递链。③ “雁行形态”理论作为

---

① 周华蓉，刘友金，贺胜兵.“新雁行模式”理论与“一带一路”产业发展[J]. 财经研究，2022(8)：78-93.

② 车维汉.“雁行形态”理论研究述评[J].世界经济与政治论坛，2004(3)：88-92.

③ 同②。

落后国家和地区追赶战略的理论，发挥了重要的作用和影响力，但是该理论所倡导的产业分工结构属于典型的垂直型分工，本质上是一种追赶模式而不是创新模式。并且，“雁行形态”单纯地依赖 FDI，也使发展中国家承受着 FDI 带来的负面影响。[①]

环境负外部性也是 FDI 带给发展中东道国的负面影响之一。作为 FDI 环境负外部性重要来源的污染密集产业转移一定程度上也遵循着“雁行形态”这一模式。在“雁行形态”模式中，国际贸易与国际投资都是重要的经济活动，在本国发展某产业的比较优势逐渐丧失时，本国就应当通过将该产业投资到下一梯次的发展中国家，以充分利用这些国家更为便宜的劳动、资源等比较优势，这种促进出口导向的对外投资将本国已不具有比较优势的产业向发展程度较低的外国转移，使得东道国开始强化在这个产业上的比较优势；通过这种方式，本国和下一梯次的发展中国家就构成了对外直接投资－出口的“雁行形态”模式，通过这种分工，两国的资源配置都得到了优化，经济增长效率都得到了提升。[②] 这固然体现了 FDI 对一个国家或者区域经济发展的积极带动作用，但同时，环境外部性也存在随之转移的风险。今天许多看上去生态优美、环境宜人的发达国家，历史上也都曾经历过重污染的阶段。英、法、德、美、日各国基于其自身工业化与城市化的不同历史进程，分别在不同历史节点出现了环境污染现象，并相继采取环保政策及法律应对。仅就空气污染这一方面，英国就出现过长达三个世纪的空气污染；德国因为工业经济和社会发展相对较晚，空气污染问题还不是很严重，但是到 19 世纪末，也曾出现过采矿和冶炼作坊导致的空气污染。[③] 日本在第二次世界战后初期较早地承接了来自美国的产业转移（其中也包括一些污染密集产业）。这些都说明了，污染密集产业转移也遵循着“发达国家和地区—新兴工业化国家和地区—发展中国家”这样一个梯次转移的“雁行形态”模式，如图 3－2 所示。

根据污染密集产业“雁行形态”模式，新兴工业化国家、地区和发展中国家都在一定阶段或正逐渐成为发达国家的“污染天堂”。污染密集产业转移的主要方式是对外投资，FDI 是实现转移的最重要途径，通过跨国的投资，资本、技术等生产要素由产业梯度分布中处于较高一级的国家转向较低的国家，生产要素在被

---

① 车维汉.“雁行形态”理论研究评述[J]. 世界经济与政治论坛，2004(3)：88－92.

② 陆明涛.基于雁行模式的中国经济开放新体制构建[J]. 国家行政学院学报，2017(5)：138－143.

③ 沈百鑫.德国环境法治的经验和对我国的启示——以空气污染治理为重点比较领域[J]. 德国研究，2021(1)：97－118.

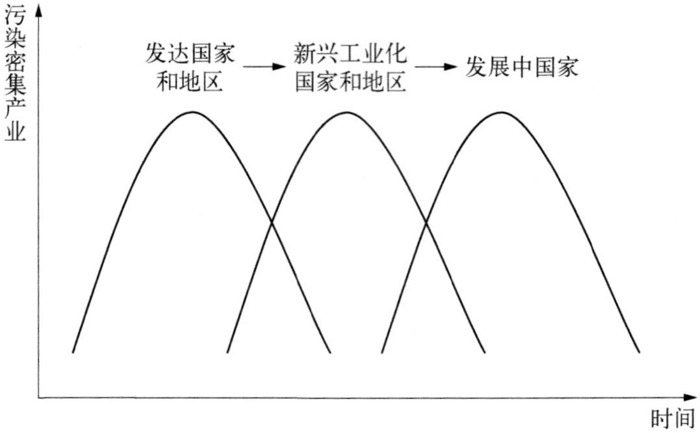

图 3-2　污染密集产业转移的“雁行形态模式”图①

投资国的污染密集产业中重新组合，形成新的生产能力和产业规模，最终实现污染密集产业的转移。需要说明的是，污染密集产业在国际按照“雁行形态”模式转移，主要以资本为纽带进行。发达国家的污染密集产业最初转向新兴工业化国家和地区，当这些国家和地区经济发展到一定水平后并不再具有这方面的比较优势时，发达国家的资本就会转向发展中国家（尤其是原先进入新兴工业化国家和地区的资本也会流出转向发展中国家），新兴工业化国家和地区自有的在污染密集产业上的资本也会在本土市区比较优势之后转向发展中国家。污染密集产业转移的发生从根本上说则要取决于要素成本和环境成本共同决定的比较优势的差异和变化。

过去，我国在参与经济全球化的过程中所承接的国际产业转移（包括污染密集产业转移）主要也遵循了“雁行形态”模式。近十多年，FDI 进入的领域发生了变化，但是国内区际产业转移也同样出现了“雁行形态”模式的特征。不像亚洲其他发达经济体向相对落后经济体进行产业转移，中国是在国内不同区域完成该转移的。中国广大的国土面积、内部发展的不平衡使得这种转移成为可能；对中国所进行的跨国产业转移和中国内部区域间的产业转移相继而行，先是改革开放以后东亚其他经济体的企业迁往中国沿海地区，然后再迁到中西部省份；“雁行形态”模式强调资本和技术的转移，而中国除此之外也在进行政府政策的

① “雁行形态”有三种类型，一种是原型，另外两种是引申形。图 3-2 是参照其中的一种引申形而作的，详见：车维汉.“雁行形态”理论研究评述[J]. 世界经济与政治论坛，2004(3)：88-92.

跨区域转移(内陆地区复制与照搬沿海地区多年前的政策)。[①] 中国目前已经形成以长三角、珠三角、环渤海为首的三个区域“雁阵”,在总体上又形成东部发达地区为首的大“雁阵”。在这种形势下,资本、技术等生产要素由产业梯度分布中处于较高一级的区域转向较低的区域,特别是鉴于各区域比较优势差异、发达区域自身经济转型升级等原因,以资本为纽带进行的产业转移往往集中在能耗较高、污染较重的产业或产业环节中。生产要素在欠发达区域的这些领域中重新组合,形成新的生产能力和产业规模,最终环境外部性也发生了转移。而且,原先发达地区承接的来自发达国家的产业转移,也会流出转向其他地区,原先存在的环境外部性也因此可能会再次发生转移。[②]

三、污染密集产业向我国转移的动力

国际经济梯度差异的存在,构成了国际产业转移和垂直分工的基础。从世界范围来看,产业转移使作为产业输出地的发达国家,向产品高级化和高附加价值化方向发展;使作为产业输入地的发展中国家,加快工业化进程和完成原始积累,缩短产业升级时间。[③] 自20世纪80年代以来,国际产业转移相对过去出现了新的特征:一方面,制造业不断向发展中国家转移,发达国家产业结构逐渐转向以服务业(尤其是金融业)为主;另一方面,产业内和产品内分工不断加强,新能源、新材料等高新技术领域也在不断转向发展中国家,但这些领域的核心技术和关键环节以及传统产业的高端制造领域,仍主要集中在发达国家。在传统的国际产业分工格局中,工业化国家出口工业制成品,并进口原材料和农产品,落后国家则刚好相反。但在经历了几次大的产业革命和产业转移之后,特别是近二三十年来的国际产业转移,使原有的国际分工格局发生了深刻的调整。即形成了“服务—制造”新分工形态,发达国家出口商业服务、进口商品,而发展中国家出口商品、进口商业服务;但垂直分工中的不平等分工地位依然存在,发达国家及其跨国公司凭借在资金、技术、品牌等方面的优势,占据着附加值较高的产业或产业环节,发展中国家仍处于相对不利的位置。[④]

根据小岛清的“边际产业扩张论”,对外直接投资应该从投资国的处于比较

---

① 洪源远,聂辰瑔.“雁行模式”——中国的产业转移与政策扩散滞后[J].国外社会科学,2018(6):153-155.

② 李敦瑞.我国区际产业梯度转移的生态效应及对策研究[M].上海:同济大学出版社,2018:16.

③ 董小君.通过国际转移化解过剩产能:全球五次浪潮、两种模式及中国探索[J].经济研究参考,2014(55):3-18.

④ 李晓华.国际产业分工格局与中国分工地位发展趋势[J].国际经贸探索,2015(6):4-17.

劣势的边际产业同时也是被投资国具有或潜在具有比较优势的产业开始依次进行。[①] 这种理论在一定程度上支持了以 FDI 形式的污染密集产业转移现象的存在。发达国家和地区对我国直接投资的对象应该以其自身具有比较劣势的边际产业为主。产业级差以及生产要素在区域间的自由流动只是发达国家及新兴工业化国家和地区向我国直接投资并转移产业的必要条件,而不是充分条件。尽管产业转移的动力是产业利益差,但这种利益差从根本上说是基于比较优势的差异而存在的。[②] 在国际经济系统中,产业是否转移以及向何处转移,取决于产业的向外转移是否能带来比在本国生产更大的利益,这种利益导向决定了产业转移的区位选择。边际产业在投资国具有比较劣势,而在被投资国则具有或潜在具有比较优势,这个差异使产业的国际转移所需的利益导向应运而生。[③]

在发达国家和地区以及新兴工业化国家和地区,生产要素的价格尤其是劳动力要素通常伴随经济发展水平的上升而上升,这使得企业的生产经营成本处于高位。对于污染密集产业而言,在发达国家和地区以及新兴工业化国家和地区,大多数情况下会随着经济结构的变化而发生成本的变化,从而失去比较优势。这种比较优势的丧失,通常是多种成本上升叠加的结果。既有来自土地使用、劳动力、公共设施使用等方面的成本上升,也有因严格的环境规制而带来的环境成本的上升。特别是后者,较为宽松的环境规制造成的结果往往是环境成本由外部承担,但是在严格的环境规制下,环境成本往往会被内部化,即由企业自身承担,对于污染密集产业更是如此。大量的环境成本在内部化的情况下,企业的成本快速上升,加之其他成本上升与之相叠加,在整个国家或地区经济结构的变化和产业结构的转型中,在面临国际产业竞争的背景下,使污染密集产业逐渐丧失比较优势,甚至处于比较劣势的地位而逐渐沦为边际产业。同时,在过去很长一段时期内,我国作为快速工业化的发展中大国,无论是资源禀赋、市场规模、技术水平,还是环境规制等,都与发达国家和地区以及新兴工业化国家和地区存在巨大差异。土地、劳动力等生产要素价格除少数地区以外总体上并不高,企业生产经营过程中对环境的外部成本内部化的程度还比较低,特别是区域之间竞争产业转移,一度竞相出台优惠政策,这些都使得包括污染密集产业在内的边际产业通过 FDI 形式向我国转移获得了动力。可以说,比较优势的差异和变

① 小岛清.对外贸易论[M].天津:南开大学出版社,1987:426－450.

② 张孝锋.产业转移的理论与实证研究[D].南昌:南昌大学,2006:58.

③ 李敦瑞.我国区际产业梯度转移的生态效应及对策研究[M].上海:同济大学出版社,2018:16－17.

化是污染密集产业向我国转移的根本动力源。

从中国近些年的情况来看，在大规模承接国际产业转移、积极参与国际分工的基础上，中国逐渐成长为“世界工厂”，制造业规模世界第一，尤其是东南沿海地区承接了大量来自海外的劳动密集型产业、资本密集型产业和部分高新技术产业的低附加值环节，在对外贸易中工业制造品出口已经占据主要地位。从这个角度来看，中国已经摆脱了落后的面貌，成为国际分工体系的重要参与者。但是从现代产业新的垂直分工体系来看，中国还处于相对不利的地位，即对外贸易以货物贸易为主，产品附加值较低，企业总体上处于“微笑曲线”中的制造、加工、组装等低附加值环节，并且除高铁、航空航天等少数领域外，绝大多数产业领域缺乏高端制造能力，高新技术产业和关键性产业的核心技术、制造工艺并未掌握，许多高端产品、核心部件依赖进口。① 同时，我国承接了大量的污染密集型产业，在参与国际分工的同时，也接纳了大量的污染转移。在初期，以沿海地区承接国际产业为主，逐渐转向国内区际产业转移为主，但是外资企业在污染密集产业领域仍然保持了相当的体量，甚至还存在参与国内区际产业转移的情况。对于内资企业存在的环境外部性问题当然是要给予重视的，但是对于 FDI 所引起的环境外部性问题仍然不能掉以轻心。

虽然从全国整体情况来看，FDI 进入服务业的比重已占主体，且比重越来越高，但外商投资企业的工业生产规模特别是污染密集产业的生产规模仍然在扩大，其环境外部性非常值得关注。当然，鉴于 FDI 卓越的经济绩效，应科学、客观地看待其经济发展效应和生态效应，而不是简单地权衡二者的利弊。在对待 FDI 的问题上，应该深入贯彻绿色发展理念，资本可以流动，产业可以转移，但是污染和资源耗竭绝不可以传递。②

---

① 李敦瑞.“一带一路”背景下的产业转移与中国全球价值链地位提升[J]. 西安财经学院学报，2018(5)：78－84.

② 李敦瑞.我国区际产业梯度转移的生态效应及对策研究[M]. 上海：同济大学出版社，2018：196.

第四章

FDI 环境外部效应的总体评析

毫无疑问，FDI 对于东道国的经济发展有着重要的作用。许多研究表明，FDI 对于我国的经济发展也发挥了积极的作用。例如，付国梅和唐加福的研究表明，双向 FDI 能够显著促进中国经济高质量发展，技术创新在其中发挥了部分中介作用，而产业结构合理化存在遮掩效应；美国再工业化战略的实施既能直接调节双向 FDI 对经济高质量发展的影响，也能通过调节双向 FDI 对产业结构高级化和技术创新的影响，间接影响经济高质量发展。[①] 当然，对于 FDI 的环境外部性问题也不可忽视。例如，翟超颖和汪磊群的研究表明，FDI 存量对二氧化碳排放有显著的促进作用，产业结构和经济增长也会促进碳排放，而样本省市环境规制对碳排放的影响并不显著，因此建议进一步促进绿色 FDI 发展、强化环境规制，以使其对碳排放起到减排、控排的作用。[②] 本章意在从污染密集产业转移的角度出发，试图验证 FDI 对我国环境存在的环境外部性进行更深入的论证，并且鉴于外商投资企业对我国经济、社会发展的贡献，还将对 FDI 的环境外部效应与经济效应进行综合分析，以便更全面、更科学地认识 FDI 的环境外部性。

---

① 付国梅，唐加福.美国再工业化祸兮福兮：双向 FDI 能否促进中国经济高质量发展？——基于产业结构和技术创新的中介作用[J]. 系统管理学报，2022(6)：1137 - 1149.

② 翟超颖，汪磊群. 外商直接投资的绿色环境效应分析——以中部五省为例[J]. 华北金融，2022(12)：54 - 61.

第一节　在华 FDI 环境外部效应的理论分析和现实体现

贸易的环境外部效应有正负之分。[①] 同样，FDI 对东道国的环境也有正效应和负效应。污染密集产业在以 FDI 为途径向我国转移时也同样会产生正、负两方面的环境外部效应，这对我国居民的福利产生了深刻的影响。

一、FDI 负环境外部效应分析

为了便于分析首先要明确几个概念，P 表示价格，Q 表示数量；MPC 表示边际生产成本，即某污染密集产业增加一单位产品生产所带来的生产成本的增加量；MEC 表示边际环境成本，即该污染密集产业多生产一单位产品而转嫁给环境的产业内厂商未承担的成本；MSC 表示边际社会成本，是 MPC 与 MEC 之和，反映了生产活动的真实成本；MR 为生产的边际收益，MR 曲线是一条向下倾斜的曲线。

如图 4－1 所示，E、F、G 分别是 MR 曲线与 MSC 曲线、MPC 曲线、MEC 曲线的交点。由 E 点所对应的产量 Q_0 是社会最优的产量，此时生产的边际收益等于边际社会成本。超出 Q_0 这一产量水平将会使社会的资源配置偏离帕累托效率。由于环境成本没有得到内部化，在 Q_0 的产量水平上从事污染密集产业产品的生产所带来的边际收益远远大于边际生产成本，整个产业的生产水平，必然高于 Q_0 水平。假定在没有外资进入之前，我国企业在该污染密集产业的生产水平为 F 点所对应的 Q_1 水平（$Q_1 > Q_0$）。在 Q_1 产量水平上，社会为该污染密集产业的生产承担

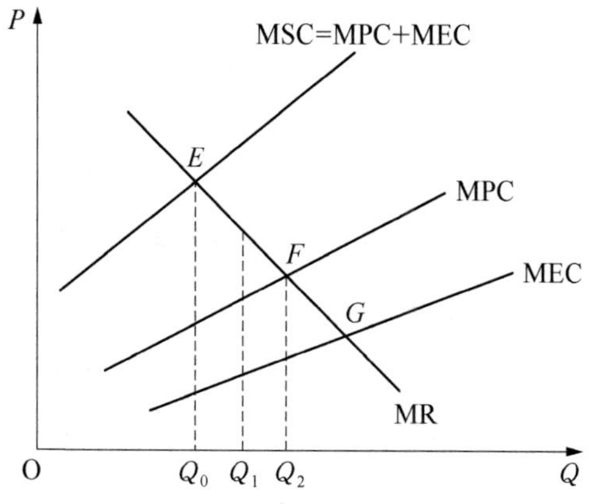

图 4－1　FDI 负环境外部效应示意图

① GROSSMAN G M, KRUEGER A B. Environmental impacts of a North American Free Trade Agreement[M]//GARBER P M. The Mexico-U.S. Free Trade Agreement. Cambridge: MIT Press, 1991.

了环境成本。但在Q_1产量水平上，边际收益依旧大于边际生产成本，这说明我国在污染密集产业上具有比较优势，一方面，土地、劳动力等要素价格相对低廉，使MPC曲线处于较低的位置（如果要素价格生产，生产成本上升，MPC曲线会向左上方移动）；另一方面，环境成本MEC没有内部化，这就形成较大的利润空间，吸引着外资进入我国的污染密集产业。随着外资进入，污染密集产业的产量逐渐增大，直到MPC＝MR。此时，生产水平由均衡点G决定，G点所对应的产量是Q_2水平（$Q_2>Q_1$）。较大的产量，使社会的资源配置水平，偏离最优产量水平Q_0更远，社会为污染密集产业生产所承担的环境成本大大增加。污染密集产业产量由Q_1增加到Q_2所带来的由社会承担的环境成本的上升。

二、FDI正环境外部效应分析

如图4－2所示，E、F、G分别是MR曲线与MSC_1曲线、MSC_2曲线、MPC曲线的交点。产量Q_*是均衡点G所对应的产量，此时生产的边际收益等于生产的边际成本，外资进入该污染密集产业的规模不会再扩大了。

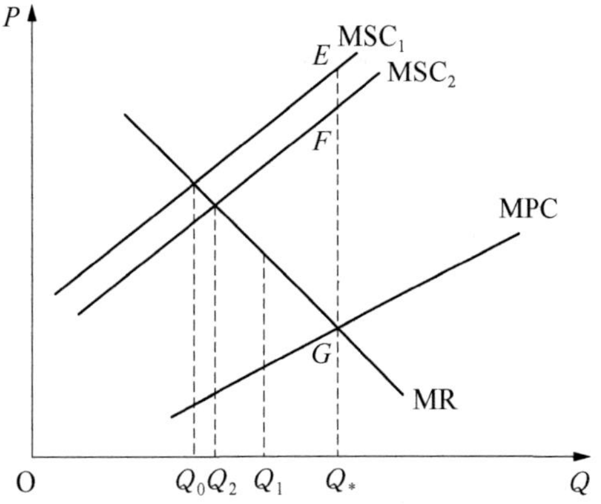

图4－2 FDI正环境外部效应示意图

在FDI进入我国的污染密集产业之后，生产规模越来越大，从原先的只有国内企业生产的Q_1水平上升到Q_*水平为止。外资进入使污染规模扩大了，同时，来自发达国家和地区以及新兴工业化国家和地区的外资相对于我国企业，在一定时期内拥有更先进的技术和更科学的管理，加之外资的进入会加剧市场竞争，这会迫使国内企业采用新技术、加强管理，同时模仿、学习外资企业的技术和管理经验，这样就产生了技术外溢效应，使环境成本下降，从而使边际社会成本下降。在图4－2中就表现为：包括边际环境成本在内的边际社会成本曲线由MSC_1向右下方移动到MSC_2。在没有技术外溢效应的情况下，Q_*水平下社会所要承担的环境成本为EG；在FDI技术外溢效应的作用下，社会所要承担的环境成本下降为FG，减少的环境成本为EF。社会最优的产量也因技术进步，而由Q_0水平放宽到Q_2水平，此时如果Q_0、Q_2之间的距离小于Q_1、Q_*之间的距离，则技术溢出效应小于污染规模效应和经济结构效应，污染密集产业转移的总环境效应为负。如果技术溢出效应足够大，以至于超过了污染规模效应和经济结构效应，则 MSC_2 会进一步右移，Q_2 点也跟着右移，使 Q_0、Q_2 之间的距离大于 Q_1、Q_* 之间的距离，与污染密集产业移入之前相比，社会最优产量得到大幅提高，环境成本得到大幅下降，从而使污染密集产业转移的总环境效应为正，对我国的环境质量起到改善的作用，如果这时污染密集产业实际产量仍大于社会最优产量，则造成环境污染的主要责任就在于国内污染密集产业的企业。

三、FDI 环境外部效应的现实体现

探讨 FDI 环境外部效应的在现实中的体现，实际就是关于在 FDI 在我国环境外部效应的举证问题，本书在此结合相关资料和国内一些学者的研究成果，分两个阶段、从正负两个方面入手对该问题进行分析。

（一）20 世纪 90 年代和 21 世纪初 FDI 环境外部效应的现实体现

1. FDI 负环境外部效应的现实体现

总体上说，FDI 对环境的负外部性有以下几个方面。

第一，外商投资污染密集产业，生产经营中所产生的污染物直接威胁引资地区的生态环境和人民生活。根据第三章的分析，2010 年之前，在我国的 FDI 主要流向第二产业，而以纺织业、化学原料及化学制品制造业、皮革/毛皮/羽毛（绒）及其制品业、造纸及纸制品业、化学原料及化学制品制造业、化学纤维制造业等产业为代表的污染密集产业是外商直接投资的重要领域。这些产业对能源、原材料的消耗大，再生产过程中会产生大量的废水、废气、固体废物，甚至大量的危险污染物，对生态环境的破坏十分严重。污染密集产业外资企业较多的地区往往会加剧当地的环境污染。例如，在我国太湖流域，由于 20 世纪 80 年代江苏乡镇企业异军突起，90 年代外资企业又开始不断进入，致使数以千计的排污企业在太湖沿岸聚集，由于经济高速发展，污染排放量迅速增加，使太湖流域的污染情况极为严重。工业污染源已成为太湖的三大外部污染源中最重要的污染源，纺织印染业、化工原料及化学制品制造业、食品制造业等领域又是工业污染源的主要来源。[①] 而这些领域恰恰就是外资一直大量流入的污染密集产业。

第二，向我国转移有害技术、设备，进口危险物品，以及臭氧层损耗物（Ozone Depleting Substances，ODS）的生产和消耗转移问题。我国学者夏有富

---

① 尹强.无锡水危机敲响太湖生态警钟，污染该向谁问责？[EB/OL].（2007-06-04）. http://news.cctv.com/society/20070604/100053.shtml.

在 20 世纪 90 年代，就发现外商在投资我国污染密集产业过程中的大量环境污染问题。如改革开放以来，有些外商将国外淘汰的、严重污染环境的、禁止使用的产品及相应的技术和设备通过投资方式转移到中国，也有些外商在技术设备上以旧顶新、以次充好，外商投资企业中高达 70%以上的引进设备为中低档水平。① 就 ODS 的生产和消耗转移问题而言，有不少来自发达国家和新兴工业化国家和地区的投资者将 ODS 生产和消费转移到我国，并集中于清洗、制冷和泡沫行业。外商以直接投资方式转移 ODS 生产与消费将直接影响我国淘汰受控物质的进程，使我国不能尽快减少 ODS 使用量。② 进入 21 世纪以后，这种情况仍在继续。尽管已经建立了比较完善的进口废物环境管理政策与机制，但进口废物加工过程中的二次污染问题仍非常突出，非法进口垃圾事件时有发生，大量危险废弃物通过夹带或走私进入我国。③ 这些都给我国生态环境带来严重威胁。

第三，增加了环境治理成本，且生产污染密集产业产品收益较低。大量 FDI 进入我国的污染密集产业，造成废水、废气排放量和固体废物产业量都呈上升趋势的局面，加大了我国生态环境的治理成本。以纺织行业为例，每年排放废水 9 亿多吨，已经成为我国排放工业废水量较大的部门之一。纺织工业废水排放量来源于印染废水排放量，而印染废水脱色困难、含有机物浓度高等，因而被看作是污水处理工作中的重中之重。④ 而根据本文第三章的分析，外资企业在纺织业的比重一直呈逐年上升的趋势，从总资产和总产值两个角度来衡量，目前已占四分之一左右。这极大地加重了我国环境保护的负担。而且由于我国已成为发达国家和新兴工业化国家的出口加工基地，污染密集产业在向我国转移过程中，一边进口原料或大量开发我国的自然资源，一边向外出口化纤服饰、化工产品、纺织品等污染密集产业产成品，而将环境污染留在我国境内。根据《2006 年在华外商投资企业白皮书》，在 2005 年，我国外商投资企业对美国、欧盟、日本等国家和地区的出口占全国“三资企业”出口总额的比重分别为 24.59%、17.74%、12.59%。来自上述国家和地区的外商投资企业很大程度上将中国作为其供给发达国家和新兴工业化国家和地区的加工基地和出口平台。作为外商投资企业

① 夏有富.外商投资中国污染密集产业现状、后果及其对策研究[J].管理世界，1999(3)：109－123.
② 同①。
③ 李华友，冯东方.我国进口废物污染控制的制度困局[J]. 环境经济，2007(5)：48－52.
④ 李灵稚.FDI 对环境福利的影响及对策[J]. 国际经济合作，2007(6)：54－57.

的加工装配基地，在制造业整个价值链条中，我国主要占据组装的环节，获利甚微。[①] 也就是说，我国在承担了大量环境成本的同时，所获得的经济利益却很少。

2. FDI正环境外部效应的现实体现

从污染密集产业转移的角度出发，FDI对环境的正外部性主要体现在促进环保技术和环保理念的扩散，以及环境管理体系的发展。外资的进入，一方面会带来比较先进的生产、环保技术，通过学习和示范效应，促进先进技术、环境管理手段的扩散；另一方面会加剧国内污染密集产业内的竞争，能够让国内企业感受到竞争的压力，迫使其采用新技术、新设备，改善经营管理，提高生产效率；这在一定程度上有利于减少对环境的污染。例如，北京熊猫宝洁洗涤用品公司建立后，在减少粉尘污染、提高生产过程自动化程度以及产品向环保型产品升级换代过渡几个方面都进行了技术改造，并付出近200万美元用于进口国外先进设备和建立一座现代化的污水处理厂，以减少企业对环境的污染。外资企业也培养了一批人才。一些从欧美留学回国创业的民营企业家，主动接受、学习和实践外商直接投资企业的环保行为，在积极开展ISO14001认证的同时，努力研究和引进清洁的生产技术，促进了环保技术的扩散。[②]

（二）近十多年FDI环境外部效应的现实体现

根据第三章的分析，近十多年来，随着我国经济结构的变化，FDI进入我国的产业领域也发生了巨大的变化，FDI的环境外部效应也随之发生相应的变化。有学者认为FDI存在明显的环境负外部性。例如，罗俊和贾天明认为，外商直接投资对我国生产环境产生了明显的负面效应，通过对中国东、中、西部地区的进一步研究发现，就外商直接投资对三大地区生态环境的负面影响程度而言，东部地区最为明显，其次是中部和西部。[③] 但也有许多学者的研究结果表明FDI的环境外部效应为正。例如，陈西芷和陈立泰认为，FDI的涌入有利于生态效率的提高，“污染天堂”效应在长江经济带城市群内并不存在。[④] 可见，关于FDI环境外部性的争论仍然存在。然而，鉴于FDI环境外部性的正、负两方面，还是应当辩证地看问题，一分为二地对待FDI的环境外部性，做到扬长避短。从现实的表现来看，FDI对我国生态环境的负面影响至少在以下几个方面还应给予足

① 中国外商投资企业协会.2006年在华外商投资企业白皮书[N]. 南方周末，2006-11-23.
② 李灵稚.FDI对环境福利的影响及对策[J]. 国际经济合作，2007(6)：54-57.
③ 罗俊，贾天明.我国生态化视角下的FDI环境效应研究[J]. 改革与战略，2014(10)：43-46.
④ 陈西芷，陈立泰.FDI、产业集聚与生态效率[J]. 统计与决策，2021(18)：108-112.

够的重视。

第一，原先投入污染密集产业的 FDI 参与国内的区际产业转移，极易造成环境负外部性的“二次转移”。罗良文等认为，环境规制差异造成了不同经济地域之间污染密集型生产的比较优势调整，强化了高污染产业进行生产区位选择的动机，以规避来自政府的环境监管；环境治理成本的不同是高污染企业区际转移的重要驱动因素，企业环境寻求策略推动了污染密集型生产由环境规制强度高的地区向环境规制松弛地区的转移。① 由于我国区域之间存在这种环境规制上的差异，使得产业在转移的过程中，污染也有了随之转移的空间，特别是污染密集产业的区际转移具备了条件。以危化企业为例，根据《中国新闻周刊》的一篇报道，近年来，江苏、山东等东部沿海省份化工企业数量减速明显，随着东部沿海省份化工企业的减少，中西部和东北地区呈现增长趋势；应急管理部调研发现，在中西部和东北地区承接转移项目的主要省份中，2019 年以来新增转移项目 632 个。② 从 20 世纪 90 年代到 21 世纪前 10 年，大量危化项目从发达国家向发展中国家转移，其中我国承接了相当大的部分。③ 现在，东部地区的安全和环保监管压力越来越大，在产业升级过程中，这类有一定危险性和污染性的项目，开始寻求转型或迁移，一些中西部地区或东北地区为寻求发展，开始承接这类产业，新的环境风险伴随产业转移而产生。④

第二，外资工业企业的二氧化碳排放，对我国生产方式的绿色低碳转型产生实质性影响。如今，我国每年的二氧化碳排放量位居全球第一。2019 年全社会碳排放量约 105 亿吨，其中工业领域的钢铁、建材和化工三大高耗能产业占比分别达 17%、8%、6%。⑤ 这些产业大部分属于污染密集产业范畴，可见，工业是二氧化碳排放的大户。由于工业领域一直是 FDI 进入的重要领域，根据第三章的分析，近十多年里，尽管进入服务业的 FDI 已经占主要比重，但是工业领域的存量巨大，且企业生产规模仍呈上升态势。对我国碳排放的影响而言，不仅是过去外资企业对于我国累积的二氧化碳的排放发挥了相当的作用，更为重要的是，对于当前我国每年占全球 30%左右的二氧化碳排放量也存在着相当的作用，这是

① 罗良文，雷鹏飞，孟科学.企业环境寻求、污染密集型生产区际转移与环境监管[J]. 中国人口・资源与环境，2016(1)：113 - 120.

② 周群峰.危化企业加速转移背后[J].中国新闻周刊，2022(10)：44 - 47.

③ 张敏.找准统筹发展和安全的结合点——危险化学品产业转移重点县(园区)专家指导服务观察[J].中国应急管理，2022(11)：32 - 35.

④ 同②。

⑤ 全球能源互联网发展合作组织.中国 2030 年前碳达峰研究[R]. 北京：全球能源互联网发展合作组织，2021：4.

我国推动碳减排、促进绿色低碳生产所必须要重视的问题。闫云凤的研究结果表明，跨国公司是对外贸易和跨境投资的重要力量，也是贸易和投资碳排放转移的主体；从趋势上来看，2005—2007 年外资企业碳足迹和占中国碳排放的比重同时上升，2007—2014 年外资企业碳足迹上升，但占中国碳排放的比重下降，2014—2016 年外资企业碳足迹下降，占中国碳排放的比重也下降，2016 年占比为 18.51%。规模效应是促进外资企业碳足迹增长的主要因素，技术效应是驱动碳足迹减少的主要因素，结构效应的影响非常小。从国际比较来看，2005 年外资企业在美国的碳足迹最大，但随着外资企业在中国碳足迹的快速增长，2016 年中国已超过美国成为外资企业碳足迹最大的东道国；虽然近年来中国的碳排放强度下降很快，但这一减少碳足迹增长的技术效应还不足以抵消中国 FDI 快速增长的规模效应，因此，2017—2020 年中国仍然是外资企业碳足迹最大东道国。[①]

第三，除了包括污染密集产业在内的传统产业以外，近年来外资企业在高新技术产业领域的环境问题以及供应链污染问题值得关注。很长一段时间内，FDI 的环境外部性问题在污染密集产业领域表现得最为突出，但从近十多年的情况来看，除了污染密集产业等传统产业以外，随着高新技术产业和中国在全球供应链中的地位日益突出，外资企业在高新技术产业领域的环境问题以及供应链污染问题开始受到人们的关注。例如，根据天津市生态环境局公布信息，2021 年 3 月 2 日，天津市生态环境局对西门子歌美飒可再生能源科技（中国）有限公司进行调查，该单位当时正在生产，产生的废水主要为生活污水和餐饮废水，经由园区污水管网排入咸阳路污水处理厂。但是该单位没有按照其在 2020 年 7 月 13 日取得的《排污许可证》的要求规定的频次对厂界污染物，以及对臭气浓度、二甲苯、挥发性有机物进行自行监测。天津市生态环境局依法对西门子歌美飒可再生能源科技（中国）有限公司进行行政处罚，并责令改正。[②] 该受罚单位所处的行业属于可再生能源产业，类似这种情况在全国其他一些地方也屡有发生，可见 FDI 在高新技术产业领域的环境问题需要加以关注。再看供应链污染问题。据《中国经济周刊》报道，一家总部位于德国的知名汽车零部件配套供应商——舍弗勒集团，于 2017 年 9 月向上海市经济和信息化委员会、浦东新区政府、嘉定区政府发出紧急求助函，为其上游企业上海界龙金属拉丝有限公司“求

---

① 闫云凤.中国外资企业碳足迹的追踪与溯源[J]. 中国人口·资源与环境，2021(8)：32 - 42.

② 天津市生态环境保护综合行政执法总队.西门子歌美飒可再生能源科技（中国）有限公司 津市环罚字〔2021〕49 号[EB/OL].（2021 - 06 - 25）. https://sthj.tj.gov.cn/ZWGK4828/ZFXXGK8438/FDZDGK27/XZCFQZXZCFXX7581/202106/t20210625_5487273.html.

情”。而界龙公司目前是舍弗勒“唯一在使用的滚针原材料供应商”，切换新的供应商，至少需要 3 个月的技术质量认可和量产准备时间。由于存在环保问题，浦东新区川沙新镇政府曾多次通知其停止生产。9 月 11 日，界龙拉丝自行组织停产和断水断电，并拆除相关生产设备。舍弗勒发出求助函，试图说服政府暂缓关停一家问题企业。这一举动，甚至被外界批评为“用污染经济要挟绿色发展”。但问题在于舍弗勒承诺与供应商共同履行的环保责任是否落实？根据上海市浦东新区环保部门的回应，舍弗勒作为德资企业在选择供应商时，应考虑其合法性，是否遵守中国的环保法规。事实上，舍弗勒公司还只是一个缩影，苹果、通用汽车等外资企业都存在“供应链污染”的问题。① 可见，供应链污染问题已经成为 FDI 环境外部性问题的又一大重要表现。

第二节　关于“污染天堂”假说的讨论

关于“污染天堂”假说的验证，本质上就是在探讨外商直接投资有无向发展中东道国转移污染密集产业的倾向，环境规制与外商直接投资的产业流向有着怎样的影响。这里在前文分析的基础上，对我国在产业转移浪潮中是否存在“污染天堂”现象进行验证。由于我国经济结构这些年发生了巨大的变化，这里还是分成工业化快速扩张时期和近十多年两个阶段进行分析。比如，在工业化快速扩张时期的 2005 年，结合第三章表 3-4 数据，2005 年时正值我国工业化的快速扩张时期，这一年进入我国制造业的 FDI 占比达到峰值，为 70.37%；而工业化快速扩张时期过后的近十多年，工业化也在深入推进，但出现了新的动向，越来越多地呈现高质量发展导向。比如，2018 年“我国整体进入工业化中后期，制造业传统比较优势逐步削弱，已由高速增长阶段转向高质量发展阶段，亟须跨越转方式、优结构、换动力的关口”，②经济结构中服务业早已超过制造业，进入制造业的 FDI 占比也仅为 30.51%。借助这两个年份数据的分析，使 FDI 进入我国是否存在“污染天堂”效应更加明晰。

一、工业化扩张时期的情况

根据“污染天堂”假说理论，在其他成本都相同的前提下，国家或地区之间发

① 胡巍.舍弗勒、苹果、通用汽车等外企的共同麻烦：供应链污染 外企为何替一家污染企业“求情”？[J]. 中国经济周刊，2017(39)：42-45.

② 刘坤.2018：中国工业的步子怎么走[N]. 光明日报，2018-01-23.

生的污染空间转移主要由于它们之间环境规制的差异，以至于产业在转移时特别是污染密集产业转移时，污染的转移与之相伴。这里主要探讨 20 世纪 90 年代和 21 世纪初期我国工业化快速扩张时期，在承接国际产业转移中，"污染天堂"假说是否成立，以此剖析 FDI 在那一时期的环境外部性问题。

（一）中国环境法律法规及环境标准体系和发达国家的差异

自中华人民共和国成立以来，我国环境规制政策体系经历了从无到有、从起步构建到全面提升的发展历程。从改革开放前工业污染防治的初步探索、改革开放初期的"预防为主、防治结合"，到 20 世纪 90 年代的"污染防治和生态保护并重"、21 世纪初的"在发展中保护、保护中发展"，再到党的十八大以来的"坚持生态优先"，环境规制政策体系实现了多次重大战略转型。[①] 应该说，我国在环境的法律法规及环境的标准体系方面一直进行着不懈的努力和积极的探索。然而，鉴于我国的现代化起步较晚，基础比较薄弱，较之于发达国家，过去在很长一段时期内虽然取得了明显的进步，但还是存在很大的距离。特别是在我国工业化快速扩张的 20 世纪 90 年代和 21 世纪最初的 10 年时间，一方面经济高速发展，快速成长为"世界工厂"；另一方面，也一度造成生态环境的恶化，不断产生新的环境压力，同时 FDI 的环境外部性问题在这一时期也显得格外突出。而环境法律法规及环境标准体系不健全，是其重要的原因之一。

在工业化快速扩张时期，我国的环境立法也进入一个高潮阶段，《中华人民共和国节约能源法》(1997 年)，《中华人民共和国海洋环境保护法》(1999 年修订，2013 年、2016 年、2017 年三次修正)，《中华人民共和国清洁生产促进法》(2002 年)，《中华人民共和国可再生能源法》(2005 年)，《中华人民共和国水污染防治法》(1996 年修正、2008 年修订、2017 年修正)，《中华人民共和国循环经济促进法》(2008 年)等一系列重要的法律陆续制定和颁布，为我国生态环境保护和污染防治提供了必要的法律依据。应该说，这一时期的环境法以可持续发展观为指导思想，但也存在其局限性，即存在全面树立"经济—政治—文化—社会—环境—资源—生态"复合系统的全局观和整体观，仍然较为零散和失衡，没有看到环境权(公民享有良好环境的权利)的必要性和独立性，尚未全面树立统一国土空间的理念，对环境、资源和生态三者的辩证关系依然认识不清。[②]

---

① 张小筠，刘戒骄.新中国 70 年环境规制政策变迁与取向观察[J]. 改革，2019(10)：16－25.

② 杨朝霞.中国环境立法 50 年：从环境法 1.0 到 3.0 的代际进化[J]. 北京理工大学学报，2022(3)：88－107.

表 4-1 环境法律法规及环境标准体系层级的国际比较

中国		美国		欧盟		英国、德国		日本	
层级	发布机构	层级	发布机构	层级	发布机构	层级	发布机构	层级	发布机构
法律	全国人大审议通过	法律/法典	国会	基本条约	欧洲议会	—	—	法律	国会
法规	国务院	行政法规	联邦政府	行动计划	欧盟执委会	基础立法	国会	政令	内阁
规章	国务院下属各部门	技术法规	州、市等地方政府	技术法规及配套文件	欧洲议会、欧盟理事会、欧盟执委会	技术法规及配套文件	政府部门或授权机构	省令、告示、通达	建设省、运输省等
标准	国务院下属各部门	标准	ANSI/联邦政府机构/私立机构	标准	欧洲标准化组织	标准	标准化协会	标准	建设省、运输省等

资料来源：姚钰.中外环境法律法规和标准体系之差异[J].大众标准化，2020(16)：10-12.

如表 4-1 所示，美国、欧盟、日本等发达国家和地区的环境法律法规以及环境标准早已形成较为完善的体系层级。我国环境法律法规及环境标准体系层级已经形成，但是与发达国家相比，还存在一些不足。一方面，从立法角度来说，我国技术法规体系结构尚待完善，其中法规缺乏技术要求，而标准则数量众多、但缺乏系统性和强制性；另一方面，从环境政策水平上看，由于这一时期我国的工业化进程还落后于美国和欧盟，同时处于经济高速发展的特殊历史时期，因此技术法规涉及的范围还不全面，标准和法规的完善及更新速度也没能完全跟上经济发展。① 根据国际经验，当一个国家经济快速发展特别是工业化的快速推进时期，往往是环境污染和资源消耗相应快速上升的时期，这时就迫切需要在制度供给层面满足生态环境保护上的制度需求，而我国在环境法律法规及环境标准体系层级存在的短板制约了工业化快速扩张时期环境治理力度，显然不利于 FDI 环境外部性的治理。

---

① 姚钰.中外环境法律法规和标准体系之差异[J].大众标准化，2020(16)：10-12.

从环境保护制度来看，无论是环境目标责任制度、排污许可证制度、污染总量控制制度，还是生态补偿机制以及关于污染产业转移的制度，在工业化快速扩张这段时期，我国都存在明显的短板。例如，从环境保护目标责任制来看，我国主要是一种内部的环境行政合同，而日本、法国、美国等国家则是让环境保护目标责任制的适用范围扩展到更广泛的领域；再看排污许可制度，与发达国家相比，我国仅对污染物的排放提出了申报登记要求，而没有对具体执行作出明确细致的规定，整体来看，我国的排污许可证制度相应的法律法规还不完善。[①] 这些环境制度上的短板的存在，使本就是处在污染排放和资源消耗快速上升的工业化扩张时期的中国，生态环境的风险加大，FDI的环境外部性的治理缺乏必要的制度安排予以保障。

（二）生态环境质量上的差异

根据第三章的分析，大量外资进入我国，特别是污染密集产业领域，与工业化整体扩张相伴随，加之环境规制上的不足，与其他国家相比，我国的生态环境质量整体情况并不乐观。如表4-2所示，1997年，按照购买力平价（Purchase Power Parity，PPP），每一美元GDP的二氧化碳排放量中国是0.906千克，是当年世界平均水平的两倍多，而同年美国为0.446千克，澳大利亚为0.479千克，加拿大为0.432千克，日本为0.257千克，欧盟为0.253千克（其中德国为0.264千克，法国为0.165千克）。中国的单位GDP二氧化碳排放量远远高于这些发达经济体。由于中国正处在快速的工业化扩张时期，与巴西、尼日利亚、印度、印度尼西亚等发展中国家相比，中国的单位GDP二氧化碳排放量也超过它们，甚至也超过了转轨国家俄罗斯的水平。到2008年，整体上看，十多年间中国的单位GDP二氧化碳排放量有所下降，降至0.733千克，而世界平均水平为0.319千克，仍然高于发达经济体和大多数发展中国家和地区。

再看各国GDP单位能源消耗这一指标。如表4-3所示，1997年，中国每千克石油当量能源对应的GDP按2011年不变价PPP是3.226美元，还不到世界平均水平的一半；同年，美国为5.821美元，澳大利亚为6.340美元，加拿大为4.582美元，日本为8.944美元，欧盟为9.184美元（其中德国为9.568美元，法国为8.952美元）。在表4-3所列举的国家中，我国仅略高于俄罗斯，也低于许多发展中国家。工业化扩张时期的中国，粗放型的经济增长模式下，经济增速快但能源消耗也大。从1997年到2008年，我国GDP单位能源消耗这一指标逐渐改善，

① 刘然，褚章正.中国现行环境保护政策评述及国际比较[J].江汉论坛，2013(1)：28-32.

表 4-2 1997—2008 年各国单位 GDP 二氧化碳排放量

（单位：千克/PPP 美元）

国 家	1997 年	1998 年	1999 年	2000 年	2001 年	2002 年	2003 年	2004 年	2005 年	2006 年	2007 年	2008 年
阿根廷	0.183	0.185	0.194	0.193	0.191	0.201	0.201	0.204	0.193	0.190	0.183	0.181
澳大利亚	0.479	0.489	0.473	0.463	0.462	0.455	0.440	0.438	0.430	0.424	0.420	0.409
巴西	0.146	0.150	0.155	0.155	0.155	0.150	0.145	0.145	0.142	0.138	0.137	0.138
加拿大	0.432	0.423	0.410	0.405	0.392	0.394	0.402	0.384	0.381	0.366	0.379	0.361
德国	0.264	0.257	0.243	0.235	0.236	0.233	0.235	0.228	0.221	0.216	0.203	0.202
欧洲联盟	0.253	0.246	0.235	0.226	0.225	0.222	0.225	0.220	0.214	0.207	0.198	0.192
法国	0.165	0.169	0.161	0.154	0.153	0.149	0.150	0.146	0.145	0.138	0.131	0.129
英国	0.252	0.245	0.236	0.231	0.232	0.222	0.220	0.215	0.209	0.205	0.195	0.190
印度尼西亚	0.199	0.231	0.244	0.233	0.242	0.235	0.244	0.238	0.226	0.228	0.223	0.209
印度	0.361	0.347	0.344	0.344	0.334	0.332	0.316	0.315	0.305	0.302	0.309	0.319
意大利	0.182	0.183	0.183	0.178	0.175	0.177	0.184	0.186	0.185	0.179	0.173	0.170
日本	0.257	0.251	0.260	0.257	0.253	0.261	0.259	0.252	0.248	0.240	0.244	0.233
墨西哥	0.221	0.224	0.212	0.216	0.217	0.221	0.228	0.225	0.229	0.228	0.227	0.225
尼日利亚	0.294	0.257	0.251	0.267	0.264	0.207	0.212	0.189	0.178	0.151	0.129	0.130
俄罗斯联邦	0.773	0.815	0.785	0.732	0.698	0.666	0.638	0.592	0.560	0.532	0.491	0.466
土耳其	0.210	0.205	0.211	0.222	0.215	0.213	0.212	0.198	0.190	0.197	0.208	0.205
美国	0.446	0.431	0.412	0.408	0.402	0.385	0.379	0.370	0.358	0.343	0.341	0.330
南非	0.625	0.638	0.585	0.574	0.629	0.627	0.649	0.668	0.631	0.601	0.596	0.621
中国	0.906	0.867	0.785	0.768	0.747	0.739	0.779	0.821	0.837	0.821	0.781	0.733
世界	0.366	0.359	0.349	0.344	0.341	0.337	0.340	0.338	0.336	0.330	0.326	0.319

数据来源：根据世界银行数据库数据整理得出。

表 4-3 1997—2008 年各国 GDP 单位能源消耗（单位：2011 年不变价 PPP 美元/千克石油当量）

国 家	1997 年	1998 年	1999 年	2000 年	2001 年	2002 年	2003 年	2004 年	2005 年	2006 年	2007 年	2008 年
阿根廷	11.929	11.978	11.378	11.156	11.211	10.278	10.455	10.434	11.290	11.213	12.066	11.923
澳大利亚	6.340	6.464	6.640	6.776	7.069	7.102	7.234	7.413	7.593	7.491	7.517	7.507
巴西	10.809	10.591	10.405	10.818	10.780	10.823	10.769	10.790	10.862	10.913	10.954	10.904
加拿大	4.582	4.785	4.893	5.002	5.167	5.306	5.130	5.169	5.305	5.509	5.587	5.595
德国	9.568	9.820	10.238	10.485	10.351	10.568	10.550	10.598	10.755	10.864	11.817	11.802
欧洲联盟	9.184	9.409	9.775	10.089	10.050	10.160	10.053	10.203	10.384	10.692	11.208	11.337
法国	8.952	9.01	9.335	9.608	9.474	9.558	9.467	9.594	9.714	10.114	10.479	10.460
英国	9.487	9.690	9.957	10.323	10.508	10.935	11.086	11.395	11.645	12.097	12.873	13.054
印度尼西亚	9.346	8.301	7.987	7.731	7.829	7.888	8.242	8.120	8.433	8.692	9.288	9.655
印度	5.708	5.918	6.091	6.179	6.386	6.437	6.780	6.948	7.216	7.408	7.549	7.417
意大利	14.158	14.022	14.034	14.293	14.523	14.459	13.818	13.918	13.768	14.144	14.401	14.453
日本	8.944	8.997	8.827	8.894	9.075	9.095	9.305	9.214	9.414	9.559	9.789	10.051
墨西哥	10.927	11.179	11.165	11.708	11.263	11.203	10.727	11.028	10.556	10.785	11.105	11.347
尼日利亚	4.230	4.310	4.185	4.231	4.268	4.769 7	4.845	5.147	5.271	5.545	5.709	5.919
俄罗斯联邦	3.201	3.104	3.188	3.449	3.586	3.772	3.908	4.176	4.414	4.641	5.021	5.160
土耳其	13.086	13.151	12.955	12.850	13.097	13.193	13.298	14.086	14.717	14.229	13.923	14.220
美国	5.821	6.030	6.153	6.228	6.407	6.443	6.608	6.723 9	6.925	7.186	7.204	7.402 9
南非	4.258	4.307	4.358	4.550	4.544	4.802	4.624	4.428	4.669	4.966	4.887	4.681
中国	3.226	3.456	3.650	3.840	3.997	4.086	3.935	3.799	3.828	3.947	4.168	4.431
世界	6.623	6.761	6.856	7.018	7.095	7.143	7.143	7.188	7.311	7.470	7.637	7.741

数据来源：根据世界银行数据库数据整理得出。

到 2008 年时，中国每千克石油当量能源对应的 GDP 按 2011 年不变价 PPP 是 4.431 美元，但还是远远低于世界平均水平，与大多数发达国家相比还存在不小的差距。实际上，不仅仅是单位 GDP 二氧化碳排放量、GDP 单位能源消耗这两个指标，其他很多指标也都能得出类似的结论，这反映出我国在那一时期的整体生态环境质量与发达国家相比还存在显著的差异。

（三）工业化扩张时期关于“污染天堂”假说的讨论

自 20 世纪八九十年代开始延续至 21 世纪初的国际产业转移，从方向上看是从发达国家和亚洲“四小龙”向中国、马来西亚、印度等发展中国家进行的产业转移，而且是低附加值、低技术含量产业的转移。我国在这一波国际产业转移浪潮中，一方面，高度参与经济全球化赢得了经济高速增长的契机；另一方面，在快速的工业化扩张中随之而来的生态问题也引发了人们的关注。围绕 FDI 的环境外部性问题，也有一些学者的研究认为那一时期在我国没有明显的证据支持“污染天堂”假说的成立。例如，曾贤刚基于 1998—2008 年我国 30 个省份的面板数据对我国外商直接投资与环境规制之间的关联进行了实证研究，结果发现环境规制对我国各个地区外商直接投资的流入存在一定的负面影响，“污染避难所”假说在中国成立的证据不足。① 但还是有很多学者的研究结论支持了那一时期“污染天堂”假说的成立。例如，傅京燕和张珊珊研究发现，1992 年之后，所有污染物的贸易内含污染条件值都大于 1，这意味着美国从中国进口的污染强度要高于中国从美国的进口污染强度，中美双边贸易中，中国环境受损、美国环境获利，“污染避难所”假说成立。② 苏梽芳等利用 1999—2008 年中国省级面板数据，应用面板向量自回归模型，研究 FDI、贸易和环境规制之间的互动关系，发现“污染天堂”假说在中国基本成立。③

综合前面的研究，并结合国内学者的研究结论，可知在工业化扩张时期，FDI 流入我国，特别是污染密集产业，总体上会带来负的环境外部效应。与发达国家相比，环境规制上存在差异，这与生态环境质量上的差异基本吻合，特别是在我国参与经济全球化、大规模承接产业转移的情况下，外资企业的生产经营活动和内资企业一样对我国的生态环境构成严重的威胁。尽管内资企业对生态环

① 曾贤刚.环境规制、外商直接投资与“污染避难所”假说——基于中国 30 个省份面板数据的实证研究[J]. 经济理论与经济管理，2010(11)：65 - 71.

② 傅京燕，张珊珊.中美贸易与污染避难所假说的实证研究——基于内含污染的视角[J]. 中国人口·资源与环境，2011(2)：11 - 17.

③ 苏梽芳，廖迎，李颖.是什么导致了“污染天堂”：贸易还是 FDI？——来自中国省级面板数据的证据[J]. 经济评论，2011(3)：97 - 104.

境也存在严重的负外部性，在一些区域甚至会大于外资企业，但这主要是由于在污染密集产业中内资企业占的比重较大的缘故。内资企业对环境的负外部性，并不能否定外资企业对我国生态环境存在着严重的负外部性。“污染天堂”假说在工业化扩张时期事实上是成立的。在绝大多数污染密集产业中，外资企业所占的比重一度呈现过不断上升的趋势，污染密集产业曾经是 FDI 进入的重要领域，在治理环境污染时，除了要关注内资企业外，外资企业的环境负外部性不可忽视。

二、近十多年的情况分析

经过长期的探索和努力，到“十三五”末，我国已经形成生态环境领域的法律法规体系，使生态环境各主要领域基本实现有法可依，同时生态环境标准体系建设取得重大成效，为实现协同增效、深入打好污染防治攻坚战提供了有力的保障。[①] 但是，鉴于我国经济发展水平在区域之间的巨大差异，环境规制的区域差异仍然存在。在经历了工业化快速扩张的阶段之后，伴随区域之间的大规模产业转移，国内的生产力布局正处于调整的过程中，FDI 在这一时期也逐步到区际产业转移中来。由于产业结构、经济发展水平、技术创新能力等方面的因素，对产业转移构成影响，同时环境规制的区域差异也成为重要影响因素。本书这里基于“污染天堂”假说理论，结合近十多年我国工业化的特征，重点分析各个区域之间环境规制的差异。当然，党的十八大之后，随着生态文明建设的深入推进和生态体制改革的深入，作为对个人和企业在生产、生活中的经济行为进行管理和制约的环境规制，日趋完善。但是，客观上各地的具体执行还存在差异，而且各地区的地方性环境规制也存在差异。对这种差异的研究，目前常用的是计算环境规制强度的方法。例如，彭文斌和邝嫦娥就运用各个产业的废气治理设施运行费用和废水治理设施运行费用之和，除以工业总产值，得出 18 个产业的环境规制强度表，并将这些产业分成环境规制高强度组、中强度组和低强度组。[②] 这种方式有其长处，当然基于本书研究的需要，还可以进一步考虑环境投资、环境治理情况、单位 GDP 能耗等因素，借助更多的环保指标，并运用系统聚类分析法，以便将全国各省、自治区、直辖市进行分类，从而使区域间环境规制差异的描述与区域经济发展的梯度更吻合，更符合产业要素空间移动的特征。

---

① 冯丽妃.我国生态环境领域法律法规体系基本形成[N].中国科学报，2021-11-29.

② 彭文斌，邝嫦娥.基于环境规制和公众参与的污染产业转移问题研究[M].上海：上海三联书店，2014：33-35.

（一）指标选取

如表 4－4 所示，为构建区域环境规制差异的指标体系，共选取单位 GDP 电耗、工业污染治理强度、每万人拥有环卫车辆数、城市建成区绿化覆盖率、城市生活垃圾无害化处理率、森林病虫鼠害防治率，共六个指标，并将根据这六个指标的数据进行聚类分析。其中，单位 GDP 电耗指标是通过地区电力消耗总量除以当地 GDP 计算得出。工业污染治理强度反映的是工业污染物的治理情况，用各地区工业污染投资额除以当地工业增加值计算得出。每万人拥有环卫车辆数这一指标主要是用来反映各个地区环境治理的投入情况，用各地区市容环卫专用车辆设备数除以当地人口数计算得出。城市建成区绿化覆盖率和城市生活垃圾无害化处理率这两个指标主要用来反映各地区城市的环境治理大体现状，而森林病虫鼠害防治率则主要是用来反映各地区生态保护的实际情况。

表 4－4　2020 年全国各地区经济发展和环境治理相关指标

地区	单位 GDP 电耗(千瓦·时/万元)	工业污染治理强度	每万人拥有环卫车辆数（台）	城市建成区绿化覆盖率	城市生活垃圾无害化处理率	森林病虫鼠害防治
北京	317.17	0.012%	6.12	100%	100%	100%
天津	624.64	0.173%	4.01	100%	100%	100%
河北	1 092.36	0.111%	1.70	100%	100%	91.8%
山西	1 313.10	0.421%	2.20	100%	100%	92.5%
内蒙古	2 259.82	0.276%	2.91	99.9%	99.9%	60.8%
辽宁	968.76	0.124%	2.63	99.5%	99.5%	88.5%
吉林	656.82	0.023%	3.34	100%	100%	90.2%
黑龙江	743.76	0.131%	2.88	99.9%	99.9%	82.5%
上海	404.48	0.094%	4.02	100%	100%	99.8%
江苏	619.99	0.139%	2.52	100%	100%	84.1%
浙江	746.65	0.223%	1.59	100%	100%	83.7%
安徽	637.91	0.217%	1.70	100%	100%	82.2%

续 表

地区	单位GDP电耗(千瓦·时/万元)	工业污染治理强度	每万人拥有环卫车辆数(台)	城市建成区绿化覆盖率	城市生活垃圾无害化处理率	森林病虫鼠害防治
福建	569.38	0.113%	1.76	100%	100%	96.9%
江西	631.06	0.103%	2.15	100%	100%	95.7%
山东	953.32	0.226%	2.13	100%	100%	94.3%
河南	625.15	0.084%	1.86	99.9%	99.9%	85.1%
湖北	498.55	0.150%	2.54	100%	100%	79.5%
湖南	464.34	0.027%	1.06	100%	100%	58.7%
广东	623.11	0.060%	2.24	99.9%	99.9%	70.9%
广西	917.23	0.069%	2.03	100%	100%	21.9%
海南	652.15	0.009%	11.52	100%	100%	21.2%
重庆	473.62	0.057%	1.56	93.8%	93.8%	100%
四川	590.70	0.182%	1.44	100%	100%	74%
贵州	888.00	0.332%	1.42	97.8%	97.8%	91.9%
云南	824.66	0.255%	1.11	100%	100%	98.9%
西藏	430.97	0.132%	3.89	99.6%	99.6%	64%
陕西	669.25	0.223%	1.33	99.9%	99.9%	84.7%
甘肃	1 532.35	0.149%	2.25	100%	100%	81.8%
青海	2 465.28	0.037%	1.60	99.3%	99.3%	70.7%
宁夏	2 623.66	0.463%	2.96	100%	100%	42.7%
新疆	2 245.54	0.176%	2.96	99.1%	99.1%	86.1%

数据来源：根据《中国统计年鉴2021》相关数据整理、计算得出。

(二) 各地区环境规制差异的聚类

根据以上六个指标，对表4-4的数据(即2020年数据)进行聚类，可以根据需要，结合样本的数量和特征分成二～四类，甚至更多类。选用离差平方和方法（即 Ward 联接法），以平方 Euclidean 距离作为区间度量标准。通过这种方式，可以得到凝聚状态表，即表 4-5，根据该表，所分的类数不同，则所分的结果不同。

表 4-5 分成二～四类时各地区所属的类别

地 区	四类	三类	二类	地 区	四类	三类	二类
1. 北京	一	一	一	17. 湖北	二	二	一
2. 天津	二	二	一	18. 湖南	二	二	一
3. 河北	三	三	二	19. 广东	二	二	一
4. 山西	四	三	二	20. 广西	三	三	二
5. 内蒙古	四	三	二	21. 海南	三	三	二
6. 辽宁	三	三	二	22. 重庆	二	二	一
7. 吉林	二	二	一	23. 四川	二	二	一
8. 黑龙江	三	三	二	24. 贵州	三	三	二
9. 上海	二	二	一	25. 云南	三	三	二
10. 江苏	二	二	一	26. 西藏	二	二	一
11. 浙江	三	三	一	27. 陕西	二	二	一
12. 安徽	二	二	一	28. 甘肃	四	三	二
13. 福建	二	二	一	29. 青海	四	三	二
14. 江西	二	二	一	30. 宁夏	四	三	二
15. 山东	三	三	二	31. 新疆	四	三	二
16. 河南	二	二	一				

同时，还可以得到树状图，即图 4-3。通过该图可以直观地观测系统聚类的全过程。根据图 4-3，确定阈值为 10，则可以将样本分为两类；确定阈值为 7，

则可以将样本分为三类；确定阈值为 5，则可以将样本分为四类，以此类推，还可以分成更多的类别。当然，具体分类的数量，则是根据研究的需要，结合图 4 - 3 所提供的信息来确定。根据本书研究的需要，如果将阈值设定为 5，那就将全国各个省、自治区、直辖市在环境规制上划分为四类，以此反映这种制度上的区域差异。

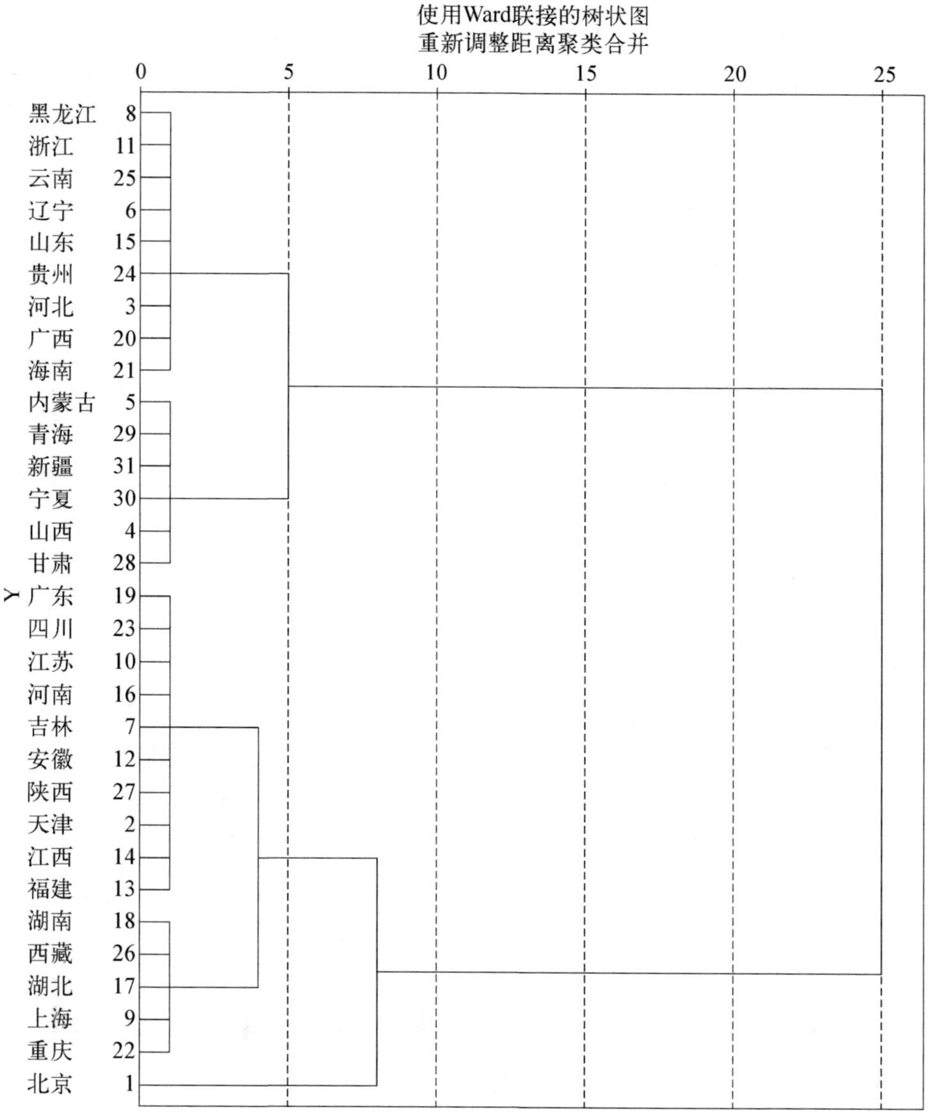

图 4 - 3　各地区环境规制差异系统聚类树状图

（三）我国各地区环境规制差异的区域特征

根据前述分析，这里将31个样本分为四类，可以更便于描述不同类别的特征，这样就得到表4-6。根据系统聚类的结果，北京属于环境规制一类地区，天津、吉林、上海、江苏等15个省、自治区、直辖市属于二类地区，河北、黑龙江、辽宁等9个省和自治区属于三类地区，而山西、甘肃、宁夏等6个省和自治区则属于四类地区。

表4-6 30个地区环境规制分成四类时的系统聚类结果

类别	地区	地区个数
一类	北京	1
二类	天津、吉林、上海、江苏、安徽、福建、江西、河南、湖北、湖南、广东、重庆、四川、西藏、陕西	15
三类	河北、黑龙江、辽宁、浙江、山东、广西、海南、云南、贵州	9
四类	山西、甘肃、宁夏、新疆、青海、内蒙古	6

根据表4-4的数据，以及聚类分析结果表4-6的信息，可以看出，经过党的十八大以后全国各地生态环境大力度的生态环境治理，以及各地区在自身经济得到发展之后环境保护投入力度的加大、技术的进步、产业结构的变化，各地区在环境规制上的差异虽然存在，但是梯度上的特质并不明显。例如，陕西省到2020年，全省大气环境质量达到国家实行新标准以来最优，国考10城市PM2.5平均浓度41.27微克/立方米，优良天数提升至295天；国考断面Ⅰ类～Ⅲ类（优良）水体比例达92%，优于国家考核指标20个百分点；受污染耕地安全利用率达92.5%，污染地块安全利用率实现100%；化学需氧量、氨氮、二氧化硫、氮氧化物四项主要污染物和碳排放强度均超额完成“十三五”减排任务。[①] 而在过去，陕西作为产业转移的重要承接地，地处西部，一直被认为是环境规制相对宽松的地区，但从近年来陕西的生态文明建设情况和本书这里聚类分析的结果看，已经和过去发生了巨大的变化。

从我国环境污染和资源消耗情况的改观以及生态保护的已有成绩来看，我国各地区整体上环境规制对比过去更加完善，但是还必须看到，许多地区的生态

① 张智华.奋力走好陕西生态环境保护新的赶考之路[N].中国环境报，2021-10-08.

环境质量持续好转的基础还需要继续保持，从全国整体上看生态文明建设的任务还任重而道远。相对而言，在表 4－6 所显示的四个类别中，一类地区是北京，显然是经济发达地区，整体上属于向外转移产业的地区，环境治理投入较大，环境规制严格，但同时也是吸引“优质”外资的地区。二类地区既有上海、江苏、广东等向其他区域转移产业或本地区范围内也存在大量产业转移的东部沿海经济发达地区，也包括相当一部分中西部承接产业转移大省，在全国生态文明建设大力推进的背景下，环境规制趋向严格，环境保护措施、力度和合理性不断加强。三类地区主要由东北和西南省区组成，也包含部分沿海经济大省，前者承接产业转移有一定规模，后者也在向外转移产业并不断推进产业结构升级，从许多环境治理相关指标来看，环境规制也相对比较严格，但是有些指标不及一类和二类地区。四类地区基本上都是西部省份和自治区，而且大部分都地处我国生态极为重要且也最为脆弱的西北地区，这些地区或是过去依赖资源开发，或是工业化基础薄弱，有承接产业转移的动力和期望，环境规制也正处于不断完善的过程中。

系统聚类的结果显示，我国各地区环境规制仍然存在一定的区域差异，梯度特征相对于过去有所减弱，特别是与我国通常所认为的经济发展梯度并不完全一致。一类地区和二类地区不仅有经济发展水平较高的东部沿海省市，也有相当一部分中西部省区。三类地区和四类地区中的大多数省市区都属于承接产业转移的大省，也包括一部分产业转移的大省。经济发展水平总体上看与一类地区和二类地区有一定差异，但差异的显著程度并不高，个别省份经济还很发达，反映在环境规制上也是如此，从表 4－4 的数据上看，也有所体现。

（四）经济发展水平和结构的区域差异分析

一般认为，国家或者区域的经济发展和产业选择要依据该国或当地的比较优势。要素成本、技术水平、资本存量、基础设施条件、政策制度软环境，甚至是文化等方面的变化和差异，都会对比较优势产生影响。从区域的角度看，区域间经济发展水平和结构的梯度差异，实际上在为产业转移的发生蓄积能量。而从我国各个经济区块的经济发展情况来看，到 2020 年左右，梯度差异仍然是比较明显的，区际产业转移依旧是当前阶段的重要经济趋势之一。

第一，在经济发展水平上，梯度差异依然显著存在。此处以居民人均可支配收入这一指标来说明。如表 4－7 所示，2020 年，全国居民人均可支配收入为 32 189 元；高于这一水平的地区只有北京、上海、江苏等 9 个省市，全国大部分的省、自治区、直辖市都低于这一水平，人均可支配收入在 3 万元以上的地区也只有 11 个。人均可支配收入最高的是上海，达到 72 232 元，而最低的是甘肃，为

20 335 元，前者是后者的 3.5 倍以上。东部沿海省市基本上可以达到中西部省市区的两到三倍左右，北京和上海达到了全国平均水平的两倍以上。东南沿海省份中，只有海南省处于相对较低水平，但也高于大多数西部省区。西南地区近些年有所上升，但个别地区仍较低，而西北地区仍然大大低于其他地区，甘肃、贵州两省尤其明显。例如，贵州省甚至只有全国平均水平的 67.7%。

表 4 - 7　2020 年各地区居民人均可支配收入(元)

地区	人均可支配收入	地区	人均可支配收入	地区	人均可支配收入
北京	69 434	安徽	28 103	陕西	26 226
天津	43 854	福建	37 202	广西	24 562
上海	72 232	江西	28 017	贵州	21 795
江苏	43 390	山东	32 886	青海	24 037
浙江	52 397	河南	24 810	山西	25 214
广东	41 029	湖北	27 881	吉林	25 751
海南	27 904	湖南	29 380	黑龙江	24 902
河北	27 136	重庆	30 824	甘肃	20 335
内蒙古	31 497	四川	26 522	宁夏	25 735
辽宁	32 738	云南	23 295	新疆	23 845

注：2020 年全国居民人均可支配收入为 32 189 元，西藏自治区为 21 744 元。
数据来源：根据《中国统计年鉴 2021》数据整理得出。

第二，全国各个省、自治区、直辖市在工业化程度和产业结构上也存在较大的梯度差异。如表 4 - 8 所示，2005—2020 年全国各个地区产业结构发生了较大的变化。显然这是中国经济继续保持较快速度发展的一段时期，工业化经过了快速扩张之后，又转入供给侧结构性改革，逐渐由原来的数量规模转向高质量发展阶段，同时服务业比重也在快速上升。从全国整体的情况来看，15 年间，第二产业占比下降了 9.7 个百分点，但第三产业占比上升了 14.6 个百分点，二、三产业占比之和上升了 4.9 个百分点，同时第三产业占比已经大大超过第二产业占比。2020 年的情况与 2005 年的情况相对比，发生了明显的变化。全国所有省自治区、直辖市的第三产业占比均超过 50%。第二产业占比相对接近第三产业占比的也仅有福建、江西等寥寥数省。北京的第二产业占比只有 15.8%，而第三产业占比超过了 80%。上海和天津虽不似北京，但是第三产业分别在 70%、60%以上。当然，这些地区的第二产业从产值上看仍在扩张，且质量在提升。并且，江苏、浙江、广东等沿海发达省份依旧保持了工业大省的地位，第二产业占比都在 40%以上。海南、黑龙江、广西等省区，第三产业占比虽然比较高，但是第二产业的发达程度仍然很有限；这几个省区的一个共同特征是第一产业的占比太高，其中黑龙江的第一产业占比超过 25%，是全国第一产业占比最高的省份；海南省的第一产业占比，虽然相对于 2005 年大大下降，但也超过了 20%。

表 4-8　2005 年和 2020 年各地区第一产业、第二产业及第三产业之比

地区	2005 年	2020 年	地区	2005 年	2020 年
北京	1.4∶29.5∶69.1	0.3∶15.8∶83.9	湖北	16.6∶43.1∶40.3	9.5∶39.2∶51.3
天津	3.0∶55.5∶41.5	1.5∶34.1∶64.4	湖南	19.6∶39.9∶40.5	10.1∶38.1∶51.7
上海	0.9∶48.6∶50.5	0.3∶26.6∶73.1	重庆	15.1∶41.0∶43.9	7.2∶40.0∶52.8
江苏	8.0∶56.6∶35.4	4.4∶43.1∶52.5	四川	20.1∶41.5∶38.4	11.4∶36.2∶52.4
浙江	6.6∶53.4∶40.0	3.4∶40.9∶55.8	云南	19.3∶41.2∶39.5	14.7∶33.8∶51.5
广东	6.4∶50.7∶42.9	4.3∶39.2∶56.5	陕西	11.9∶50.3∶37.8	8.7∶43.4∶47.9
海南	33.6∶24.6∶41.8	20.5∶19.1∶60.4	广西	22.4∶37.1∶40.5	16.0∶32.1∶51.9
河北	14.9∶51.8∶33.3	10.7∶37.6∶51.7	贵州	18.6∶41.8∶39.6	14.2∶34.8∶50.9
内蒙古	15.1∶45.5∶39.4	11.7∶39.6∶48.8	青海	12.0∶48.7∶39.3	11.1∶38.0∶50.8
辽宁	11.0∶49.4∶39.6	9.1∶37.4∶53.5	山西	6.3∶56.3∶37.4	5.4∶43.5∶51.2
安徽	18.0∶41.3∶40.7	8.2∶40.5∶51.3	吉林	17.3∶43.6∶39.1	12.6∶35.1∶52.2
福建	12.8∶48.7∶38.5	6.2∶46.3∶47.5	黑龙江	12.4∶53.9∶33.7	25.1∶25.4∶49.5
江西	17.9∶47.3∶34.8	8.7∶43.1∶48.1	甘肃	15.9∶43.4∶40.7	13.3∶31.6∶55.1
山东	10.6∶57.4∶32.0	7.3∶39.1∶53.5	宁夏	11.9∶46.4∶41.7	8.6∶41.0∶50.3
河南	17.9∶52.1∶30.0	9.7∶41.6∶48.7	新疆	19.6∶44.7∶35.7	14.4∶34.4∶51.3

注：2005 年全国三产业之比为 12.6∶47.5∶39.9，西藏为 19.1∶25.3∶55.6；2020 年全国三产业之比为 7.7∶37.8∶54.5，西藏为 7.9∶42.0∶50.1。

数据来源：根据 2006 年和 2021 年《中国统计年鉴》数据整理得出。

第三，从技术创新角度看，区域的梯度差异也很明显。如表 4-9 所示，从规模以上工业企业有效发明专利数和新产品出口销售收入这两个指标来看，北京、上海、浙江、江苏、广东、山东一直维持着传统的优势；其中广东省作为全国经济总量最大的地区表现最为突出，两个指标的数据均占全国的四分之一以上。中西部地区中，安徽、福建、河南、湖北、重庆等地表现抢眼。安徽过去是经济发展水平较低的地区，但是近年来抓住长三角一体化战略机遇，加之长期承接产业转移推进工业化，并高度重视科技创新，因而这两个指标的数据快速上升。河南、重庆虽然在有效发明专利数上并不占优，但是新产品出口销售收入数额较大。位于西南、西北、东北的省区相对而言，在这两个指标上与其他地区相比还存在不小的差距。

表 4-9　2020 年各地区发明专利和新产品出口销售收入

地区	有效发明专利数(件)	新产品出口销售收入(万元)	地区	有效发明专利数(件)	新产品出口销售收入(万元)
北京	55 261	9 779 802	山东	78 926	18 812 431
天津	24 945	5 437 875	河南	36 500	25 225 588
上海	62 147	14 694 288	湖北	49 197	6 763 431
江苏	224 512	89 402 034	湖南	39 805	5 907 820
浙江	93 159	57 204 310	重庆	20 650	11 941 326
广东	435 509	131 329 923	四川	42 114	4 371 971
海南	1 875	22 346	云南	9 515	164 127
河北	28 135	6 034 109	陕西	21 932	1 016 470
内蒙古	5 799	635 723	广西	8 667	1 778 018
辽宁	28 788	4 376 062	贵州	8 487	294 623
安徽	70 467	14 336 688	青海	1 061	7 630
福建	44 702	15 293 260	山西	10 218	2 375 323
江西	18 715	9 353 771	吉林	6 696	585 936

续 表

地区	有效发明专利数(件)	新产品出口销售收入(万元)	地区	有效发明专利数(件)	新产品出口销售收入(万元)
黑龙江	8 260	318 302	宁夏	3 126	233 859
甘肃	4 017	465 273	新疆	4 580	370 405

注：① 表中数据均为规模以上工业企业的情况。
② 当年全国有效发明专利数为 1 447 950 件，西藏为 185 件；全国新产品出口额为 438 532 722.80 万元，西藏未统计。
数据来源：《中国统计年鉴 2021》数据整理得出。

（五）从区域梯度差异看"污染天堂"假说

从前文的分析来看，各个地区在环境规制上的梯度差异虽然存在，但与各个地区的经济发展水平上的显著梯度差异，并不完全吻合。"污染天堂"假说理论认为，在自由贸易条件下，各地产品价格差异很小，产业是否选择区位重置主要取决于生产成本，而且在其他成本都相同的前提下，环境标准或环境规制差异形成的环境成本成为产业区位选择的首要因素。[①] 就环境规制的梯度而言，处于一类和二类的地区并不都属于长三角、珠三角和环渤海三个经济中心地区，一些中部和西部的地区也逐渐囊括进来。随着生态文明建设的推进、污染防治攻坚战的实施，以及工业逐渐走向高质量发展，过去长期的粗放型的工业发展方式，在许多地区得到遏制乃至情况好转，并且转变经济发展方式，调整产业发展战略、升级产业结构成为必然，各地区的环境规制也在这一过程中逐渐趋向完善。即便是属于三类和四类的地区，随着人们发展理念的转变和环保意识的增强，环境规制也正逐渐得到加强。在这种情况下，在国内区际产业转移的浪潮中，FDI 逐渐参与进来，但受环境规制区域差异的影响越来越不显著。

表 4-10 2015—2020 年各地区外商投资工业企业资产总计 （单位：亿元）

地区	2015 年	2016 年	2017 年	2018 年	2019 年	2020 年
北京	7 644.52	8 588.51	9 095.17	9 753.00	9 703.15	10 012.87
天津	7 303.36	7 009.60	5 679.08	5 990.60	6 735.09	7 344.73
河北	4 827.12	4 999.98	5 702.70	5 478.4	5 297.98	6 047.56

① 李敦瑞.我国区际产业梯度转移的生态效应及对策研究[M]. 上海：同济大学出版社，2018：75-102.

续 表

地区	2015 年	2016 年	2017 年	2018 年	2019 年	2020 年
山西	1 914.23	2 152.74	2 368.76	2 521.30	2 716.81	2 755.07
内蒙古	2 779.76	2 788.83	2 221.00	2 666.70	2 263.72	2 599.39
辽宁	8 148.30	8 049.22	7 861.57	8 528.50	8 087.11	8 398.12
吉林	2 115.59	2 058.20	2 019.52	1 703.50	1 733.76	3 309.76
黑龙江	1 532.35	1 653.67	1 641.33	1 744.10	1 617.14	1 488.43
上海	16 728.52	18 037.87	18 763.42	18 949.80	18 720.47	20 116.31
江苏	37 256.71	38 945.68	40 175.13	41 846.20	40 278.07	43 520.31
浙江	15 302.64	15 793.28	16 022.62	16 741.90	17 400.72	19 323.96
安徽	3 266.10	3 508.89	3 628.01	4 266.50	4 468.19	5 483.27
福建	10 707.28	11 560.53	10 999.63	11 470.70	12 239.48	11 893.61
江西	3 000.87	3 259.09	3 093.57	2 965.10	2 848.84	3 428.21
山东	12 121.44	13 029.04	12 817.23	12 533.10	15 855.78	16 643.79
河南	5 835.75	6 845.17	7 049.25	6 721.60	5 727.78	5 922.88
湖北	5 170.05	5 935.42	6 385.33	6 366.70	6 079.92	6 757.65
湖南	1 997.56	2 254.99	2 628.95	3 123.40	3 210.50	3 765.84
广东	39 147.20	40 371.71	41 146.56	42 820.30	45 972.24	48 909.23
广西	2 840.31	2 955.39	3 137.43	3 201.90	3 262.48	3 608.73
海南	711.01	720.30	756.11	876.40	885.26	928.06
重庆	3 047.80	3 585.62	3 632.06	3 917.40	3 846.81	4 316.15
四川	3 692.16	4 106.48	4 531.56	5 087.40	4 727.75	6 038.19
贵州	380.15	450.36	466.78	580.10	569.63	844.69
云南	775.28	826.02	753.22	812.10	656.26	816.02

续　表

地区	2015 年	2016 年	2017 年	2018 年	2019 年	2020 年
西藏	15.04	35.82	27.35	28.30	133.19	138.83
陕西	1 791.54	1 858.69	1 875.86	2 075.00	2 263.05	2 525.30
甘肃	259.17	305.41	388.78	402.40	363.68	370.23
青海	255.92	235.32	205.14	203.80	181.19	212.09
宁夏	456.98	480.11	541.82	587.20	578.65	574.62
新疆	278.00	342.47	383.11	389.90	319.15	332.99

注：这里的外商投资工业企业包含港澳台资。
数据来源：根据历年《中国统计年鉴》数据整理得出。

如表 4－10 所示，从 2015—2020 年，全国各地的外商投资工业企业资产仍然处于良好的上升势头。到 2020 年超过万亿元的地区有北京、上海、江苏、浙江、福建、广东、山东七个省市，其中广东省已经接近 5 万亿元，并且增速仍然较快，反映出在工业领域这些省市仍然是吸引外资最多的地区。其他地区中，西藏虽然体量比较小，但增速最快；此外，安徽、湖北、湖南、重庆、四川增长也较快，其他省份增长较慢，甚至黑龙江相对于 2015 年不增反降。这种情况反映出，近年来 FDI 进入我国工业领域，在区域选择上与经济发展梯度仍然大致吻合，而与环境规制的梯度差异相比并没有完全的一致性。这说明，从近年来 FDI 的情况来看，“污染天堂”假说所描述的情况已经不是很明显。

三、结论

到目前为止，国内学者关于“污染天堂”假说在我国是否成立的争论一直都存在。实证研究需要大量数据和信息的支持，不同学者的研究视角和分析方法上的差别，信息获取的难易程度与侧重不同，所得出的结论就会有所差别。本书主要基于我国工业化的阶段特征和承接国际产业转移以及国内区际产业转移的实际情况，将研究对象分成两个时间阶段，即工业化扩张时期和近十多年。通过对两个时间段相关数据的考察，分析了环境规制对进入我国的 FDI 的作用。与以往的研究相比，本书更加注重考察现实的经济活动与制度之间的关系，使结论更具有针对性，为全面认知 FDI 的环境外部性问题，以及提出更现实的政策建议提供有力的依据。

通过研究发现,“污染天堂”假说所描述的现象在我国工业化快速扩张时期是存在的。这与夏友富[①]、应瑞瑶和周力[②]、苏梽芳等[③]的研究结论是一致的。当然,这里的结论认为大量FDI进入我国,包括污染密集产业领域,除了因为环境规制较宽松以外,还因为劳动力成本低廉、经济开放度日益提高,经济总量不断增加、市场规模不断扩大、粗放式的经济增长方式等原因。宽松的环境规制和相对廉价的要素成本,加之其他方面的因素,形成了我国在包括污染密集产业在内的一些产业上的比较优势,使FDI源源不断地进入我国,这实际上也验证了前文理论分析的结论。

然而近年来情况有所改善,很多地区逐步提高环境规制水平,对于污染密集产业转移的环境外部性有一定的限制作用,FDI的环境外部性问题也相应有所变化。“污染天堂”假说在这一时期则没有充分的证据支撑。当然,但是我国仍然丰富的劳动力资源、广阔的国内市场、不断提升的对外开放水平,这些都是吸引外资的有利因素;如果能充分利用这些因素,并努力让市场在资源的配置中起决定作用,并让政府更好地发挥作用,也将会继续保持我国对外资的吸引力。完善环境规制,目的在于科学而客观地对待FDI的环境外部性问题,目的并不是要全面排斥外资,而是要在充分利用外资的基础上,尽可能减少外资对我国环境的负面影响,即使是对已经进入污染密集产业的外资,也要通过环境规制使其环境成本最大限度内部化,迫使其提高环境治理的水平。

总的来说,在工业化扩张时期,FDI的环境负外部性非常显著,我国在承接国际产业转移的过程中,一度成为“污染的天堂”。近十多年来情况虽然有所变化,但这也不意味着对于FDI的环境外部性可以忽略不计。单就FDI的情况而言,“污染天堂”假说的验证并无充分的现实依据。“污染天堂”所描述的现象更多地体现在国内的区际产业转移中,部分FDI参与污染密集产业的区际转移也是不争的事实。[④] 也就是说,FDI的环境外部性还是存在的,这依然需要给予足够的重视。当然,外资企业投入我国中西部的产业,即便是污染密集产业,也更多是市场化的行为,重视其环境外部性问题,并非使用生硬的行政管理方式予以禁止,而是借助制度的完善,努力发挥其经济上的正向效应,限制其生态环境上的负外部性。

---

① 夏有富.外商投资中国污染密集产业现状、后果及其对策研究[J]. 管理世界,1999(3):109-123.

② 应瑞瑶,周力.外商直接投资、工业污染与环境规制——基于中国数据的计量经济学分析[J]. 财贸经济,2006(1):76-81.

③ 苏梽芳,廖迎,李颖.是什么导致了“污染天堂”:贸易还是FDI?——来自中国省级面板数据的证据[J]. 经济评论,2011(3):97-104.

④ 李敦瑞.我国区际产业梯度转移的生态效应及对策研究[M]. 上海:同济大学出版社,2018:205-230.

第三节　FDI 环境外部效应与经济发展效应的综合分析

改革开放之后，大量的 FDI 进入我国，为我国的经济和社会发展作出了重要的贡献；但是伴随 FDI 的进入，特别是进入污染密集产业，其一度也带来对生态环境的负面作用，这显然不能忽视。本书将这两种作用综合进行考虑，以便更深入地认识 FDI 的环境外部性问题。

一、FDI 对我国经济发展的贡献

我国累计利用外资的总额目前已位居世界前列、发展中国家第一位，甚至一些年份吸收的外资在数额上达到世界首位。庞大的引进外资规模，对我国的经济发展产生巨大的推动作用。关于 FDI 对我国经济总量的贡献，以及对经济增长速度的影响，许多学者都通过各种实证研究的方法，证明外商直接投资对我国经济增长已经并且正在产生积极的推动作用。例如，李旭鹏和崔莹认为，FDI 有效地促进了中国东、西部的经济增长，然而 FDI 是一把“双刃剑”，也会加剧了东、西部经济差距的扩大。① 乔晓和刘宏的研究结果表明，从长期看，外商直接投资对我国经济增长有正向推动作用。② 这里主要是从 FDI 对我国经济发展贡献的具体体现出发进行分析，即从贸易、就业、工业总产值、技术进步和财政税收等几个主要方面入手对其经济贡献进行考察。

表 4－11　2005—2021 年外商投资企业进出口贸易基本情况

年份	进出口总额			出 口 总 额		
	外商投资企业（百万美元）	全国（百万美元）	占比	外商投资企业（百万美元）	全国（百万美元）	占比
2005	831 700.00	1 421 906.00	58.49%	444 200.00	761 953.00	58.30%
2006	1 036 269.49	1 760 438.00	58.86%	563 779.05	968 978.00	58.18%

① 李旭鹏，崔莹．外商直接投资（FDI）与中国东、西部经济增长的研究[J]．甘肃社会科学，2005(3)：197－202．

② 乔晓，刘宏．外商直接投资对经济增长的影响[J]．统计与决策，2020(15)：124－127．

续 表

年份	进出口总额			出口总额		
	外商投资企业（百万美元）	全国（百万美元）	占比	外商投资企业（百万美元）	全国（百万美元）	占比
2007	1 255 163.81	2 176 175.00	57.68%	695 370.77	1 220 060.00	56.99%
2008	1 409 921.19	2 563 255.00	55.01%	790 492.70	1 430 693.00	55.25%
2009	1 217 478.36	2 207 535.00	55.15%	672 074.09	1 201 612.00	55.93%
2010	1 600 615.24	2 974 001.00	53.82%	862 228.82	1 577 754.00	54.65%
2011	1 859 898.74	3 641 864.00	51.07%	995 227.04	1 898 381.00	52.43%
2012	1 894 120.20	3 867 119.00	48.98%	1 022 620.08	2 048 714.00	49.92%
2013	1 918 314.58	4 158 993.00	46.12%	1 043 724.10	2 209 004.00	47.25%
2014	1 983 557.68	4 301 527.00	46.11%	1 074 619.92	2 342 293.00	45.88%
2015	1 833 480.65	3 953 033.00	46.38%	1 004 614.41	2 273 468.00	44.19%
2016	1 687 536.53	3 685 557.00	45.79%	916 766.90	2 097 631.00	43.70%
2017	1 839 135.10	4 107 140.00	44.78%	977 559.48	2 263 340.00	43.19%
2018	1 967 663.70	4 622 440.00	42.57%	1 035 844.15	2 486 700.00	41.66%
2019	1 823 836.69	4 577 890.00	39.84%	966 009.57	2 499 480.00	38.65%
2020	1 798 964.19	4 655 910.00	38.64%	932 082.05	2 589 950.00	35.99%
2021	2 170 486.01	6 050 170.00	35.87%	1 152 762.31	3 363 023.00	34.28%

数据来源：根据历年《中国统计年鉴》数据计算、整理得出。

第一，从对贸易的推动作用来看，外资企业对于中国扩大出口，拓宽国际市场始终发挥着重要的作用。众所周知，我国国民经济的外贸依存度曾经非常高，到 2006 年时已达 66%，此后外贸依存度虽逐渐下降，但至今仍在 30%以上。作为拉动经济增长“三驾马车”之一的出口贸易的作用非常显著，而出口贸易对外资企业又存在很高的依赖度。从表 4－11 中可以看出，2005 年，外商投资企业的进出口总额达到 8 317 亿美元，其中出口总额 4 442 亿美元，分别占全国的 58.49%和 58.30%。此后，外商投资企业的进出口总额、出口额所占的比重呈现逐年下降的趋势，但是仍占较大比重，到 2021 年时仍达 35.87%和 34.28%；并且从数额上看仍然是逐年上升的，到 2021 年时已经达到 21 704.86 亿美元和

11 527.62 亿美元，分别是 2005 年的 2.61 倍和 2.60 倍。可见，FDI 对我国的进出口贸易，特别是在对外出口贸易方面起着举足轻重的作用，没有外资企业优异的出口绩效，我国就难以实现对外贸易的高速增长。

第二，外资企业为我国的财政税收作出了重要的贡献。伴随着我国吸收外商直接投资的数量越来越多，外资企业的数量和业务规模都在不断增加，使外资企业在我国财政税收上的贡献越来越大。如表 4－12 所示，以高新技术产业外商投资企业为例，2007 年时上缴的税费就已经超过千亿元，此后除了少数年份以外，总体上处于持续上升的态势，到 2020 年已经达到 1 835.5 亿元。当然，这还只是高新技术产业，如果将其他各类产业都计算在内，外商投资企业上缴的税费将是十分可观的。可见，FDI 的进入客观上对于东道国的财政税收是有正向的促进作用的，尤其是像我国这样的吸引 FDI 较多的经济大国。未来，在双循环新发展格局中，对外开放水平将不断提高，外资企业的财政税收贡献将继续得到体现。

表 4－12　2007—2020 年高新技术产业外商投资企业上缴税费（单位：亿元）

2007 年	2008 年	2009 年	2010 年	2011 年	2012 年	2013 年
1 137.5	1 258.2	856.9	1 194.3	1 276.2	1 340.3	—
2014 年	**2015 年**	**2016 年**	**2017 年**	**2018 年**	**2019 年**	**2020 年**
1 581.4	1 381.4	1 505.8	1 738.6	2 015.7	1 812.5	1 835.5

注：2013 年数据 Wind 金融终端未提供。
数据来源：根据 Wind 金融终端数据整理得出。

第三，对我国工业经济的壮大起到了一定的积极作用，促进了我国经济总量的扩大。实体经济是经济发展的着力点。尽管近几年 FDI 进入第三产业的比重开始有所加大，但是第二产业特别是工业仍然是外资进入的主要领域，这对我国经济总量的扩大十分有利。从图 4－4 可以看出，2003 年时在我国的外商投资企业工业产品比例已经达到 14.50%，最高的年份是 2007 年，达到了 18.90%。在 2012 年之前，工业化快速扩张时期外商投资企业工业产品比例大部分年份都在 15%以上。此后，虽然中国工业逐渐进入调结构、转方式、提质量的阶段，FDI 进入的产业领域也有所变化，外商投资企业工业产品比例虽有起伏，但直到 2019 年始终维持在 12%以上，成为我国工业体系的重要组成部分，对推动我国工业经济的发展起了非常重要的作用。

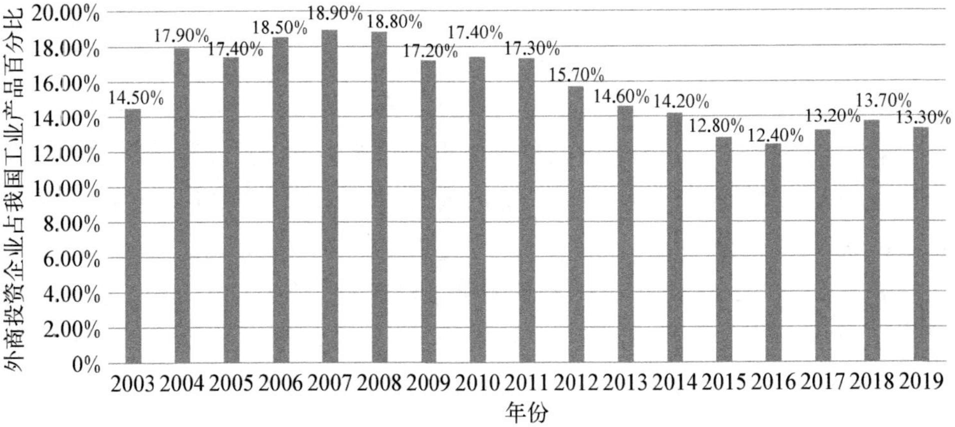

图 4－4　外商投资企业工业产品比例

数据来源：根据历年《中国统计年鉴》数据计算、整理得出。

第四，FDI 的进入客观上也促进了我国的技术进步。关于 FDI 对技术进步的作用一直都是学术界关注的热点问题，有大量的文献证明 FDI 对促进我国的技术进步起了积极的正向作用。例如，白雪洁和刘莹莹研究发现，无论是长期还是短期，生产性服务业 FDI 都促进了中国制造业生产率提升；生产性服务业外资的引入能够引导与促进制造业旧设备更新换代与先进设备引进，通过满足其体现型技术进步需求来提高中国制造业生产率。① 如表 4－13 所示，2011 年规模以上工业外商投资企业研究与试验发展的人员全时当量是 278 674.7 人/年，经费是 936.15 亿元，项目数为 29 275 项，此后呈现出逐年快速增长的趋势，到 2021 年时三个指标分别增长到 361 606.0 人/年、1 929.34 亿元、55 337 项，相对于 2011 年，10 年间分别增长 29.76％、106.09％、89.02％。

表 4－13　2011—2021 年规模以上工业外商投资企业研究与试验发展基本情况

年　份	人员全时当量(人年)	经费(万元)	项目数(项)
2011	278 674.7	9 361 491.6	29 275
2012	336 479.0	10 912 567.4	37 648
2013	354 457.1	12 428 864.4	42 885

① 白雪洁，刘莹莹.生产性服务业外商直接投资对中国制造业生产率的影响检验——基于体现型技术进步视角[J]. 软科学，2021(12)：29－35.

续 表

年 份	人员全时当量(人年)	经费(万元)	项目数(项)
2014	355 263.9	12 984 802.9	40 934
2015	328 657.0	13 538 522.7	33 474
2016	330 649.0	14 057 332.2	36 494
2017	313 490.0	14 748 954.5	40 484
2018	334 362.0	15 520 292	40 592
2019	322 470.0	16 137 650.5	46 632
2020	337 516.0	17 424 435.7	51 192
2021	361 606.0	19 293 433.5	55 337

数据来源：根据历年《中国统计年鉴》数据整理得出。

第五，外商直接投资的进入，也对缓解我国的就业压力产生了积极作用。外商直接投资对东道国既有正向的带动效应，也有负向的挤出效应，从我国的实际情况出发，目前外商直接投资的就业效应总体上为正效应。① 图 4-5 就表明了

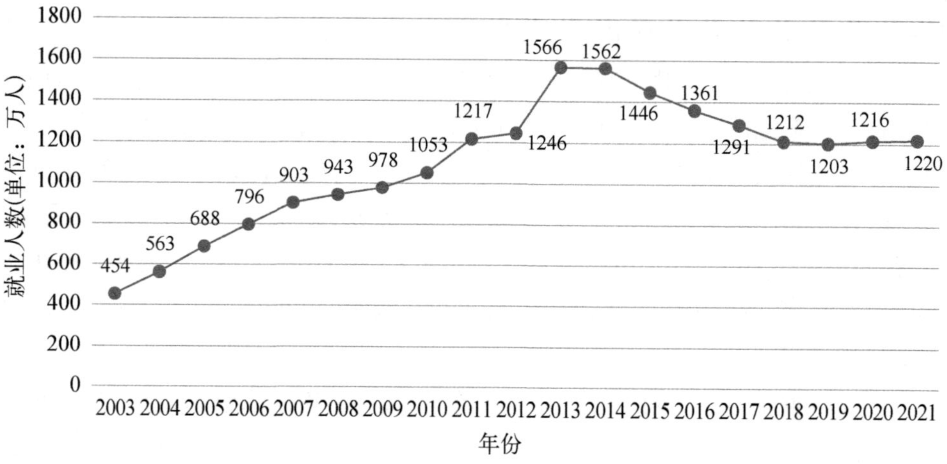

图 4-5 外商直接投资机构就业人数

数据来源：根据历年《中国统计年鉴》数据整理得出。

① 李翀.论外商直接投资对我国经济的影响[J]. 中山大学学报(社会科学版)，2008(2)：166-176.

外商直接投资带动了我国就业的增长。2003 年外商直接投资机构就业人数就已达到 454 万人，到 2013 年时已经增至 1 566 万人，此后虽有所下降，但是到 2021 年时仍高达 1 220 万人。近年来，我国每年都需要解决千万人以上的就业。特别是大学生就业，随着毕业人数的日益增加，这一群体的就业问题，已为社会所广泛关注，到 2023 年时大学毕业生人数将超千万以上，FDI 对于就业方面的正向效应，显然将有助于缓解我国的就业压力。

二、FDI 经济发展效应与环境外部效应的综合评价

FDI 对我国经济发展作出了积极的贡献，在对外开放和经济建设中已经扮演了非常重要的角色。但同时，我们也应该看到，大量 FDI 进入污染密集产业，也曾经对我国的生态环境造成了相当大的负外部性，这在前面的分析中已经得到验证。过去一段时期，人们往往更重视经济增长所带来的实惠，过多地强调外商直接投资对经济发展的作用，而对环境问题认识程度不够，外商直接投资的环境外部效应尚未能引起足够的重视。但是今天，随着绿色发展理念日益深入人心，无论是政府层面还是居民层面，对于生态环境保护的重视都是与日俱增。那么应该如何看待外商直接投资的这两种效应呢？

一方面，既要充分肯定 FDI 的经济发展效应，也要正确地认识其在经济发展中的作用。改革开放 40 多年来，FDI 对我国国民经济作出了重要的贡献，特别是在出口贸易、财政税收和技术进步方面表现尤为突出。当然，我们也要正确看待 FDI 对经济发展的影响，不能过高估计。首先，FDI 虽然会促进出口，但同时外资企业毕竟以营利为目的，一旦子公司向其在国外的母公司汇出利润，则有可能会对国际收支构成损害。其次，外资的进入固然会促进市场竞争，但同时 FDI 也有可能在东道国市场形成一定的垄断，使本土企业的发展空间受到影响。再者，过分地依赖外资，使外资对国民经济的控制力不断加大，也会使东道国丧失部分经济独立性，损害了国家的经济主权。最后，FDI 有追逐利润的特性，当东道国经济态势较好则会进入，反之则会流出，如果过分依赖外资，一旦宏观经济出现异常情况，就会导致大量资本外逃，使经济长期陷入衰退之中，从而重蹈 20 世纪拉丁美洲国家的覆辙。现阶段，经过 40 多年的经济高速发展，我国已经从一个资本极度匮乏的国家转变为一个资本相对充裕的国家，所以更应该科学地看待 FDI 对经济发展的作用。

另一方面，也要正视并且重视发达国家和地区向我国转移污染密集产业所带来的环境负面效应。虽然，FDI 的技术溢出效应会促进环保技术的发展和环

境管理体系的健全，但是外资企业直接投资我国污染密集产业总体上对我国的生态环境构成不利影响，工业污染排放物也因此大大增加，这在我国工业化扩张时期已经表现得很明显了。那一时期，在我国环境污染已经十分严重的背景下，过分地强调 FDI 的经济发展效应，而忽略其环境外部效应，无疑会给带来不利影响。当然，近十多年来，这种情况发生了很大的改变，FDI 也越来越多地进入服务业和高新技术产业，但是在区际产业转移中 FDI 参与产业转移所带来的环境外部性问题，以及现有外资企业的环境影响，仍然要给予足够的重视。生态文明建设关乎全局，不能在生态安全上留有“死角”。

从 FDI 经济发展效应和环境外部效应的综合影响来看，目前要从理论上做出准确的定性判断还比较困难。当然也有学者进行了相关的尝试性的实证分析。即从福利经济学角度着眼，以“委托—代理”理论为依托，建立防范“贫困化增长”的 FDI 甄别机制模型，并构造 FDI 福利条件和包括生态环境指数在内的我国综合福利指数。其分析结果认为，外资政策制定者不应片面地只从 FDI 的产出效应来考虑问题，GDP 并非衡量综合福利的最重要指数，消费、技术水平、收入、生态环境质量都应考虑到综合福利中；实践证明，我国引进的 FDI 总体上属于“福利增进”型的，但是 1998 年以后引进的 FDI 对我国的福利有恶化的趋势；由于 FDI 和我国的福利之间存在长期的均衡关系，在我国福利的变化过程中扮演了重要的角色，所以要制定正确的引资政策，区别对待外资，争取引进尽可能多的优质外资，以增进我国的福利。[①] 高文新和宋一弘认为，地方政府间的引资争夺不仅增强了外商谈判的话语权，同时，FDI 的非均衡分布加剧了城乡居民经济福利的差异化发展；整体上看，FDI、优惠政策促进了居民经济福利水平的提升；分区域看，FDI、优惠政策对市区居民的经济福利具有显著的积极影响，但对县区居民的影响不明显。[②]

总之，我们要辩证地看待 FDI 的作用。关注 FDI 的环境外部性，并不是要否定外资的积极作用，而是要为正确地对待外资提供依据；以达到在继续发挥 FDI 投资经济发展效应的前提下尽可能减少其对我国生态环境的负面影响的目的。

---

① 刘渝琳，曹华.防范“贫困化增长”的 FDI 甄别机制与评价指数的构建——论我国引资政策的合理设计[J]. 数量经济技术经济研究，2007(5)：70－79.

② 高文新，宋一弘.引资竞争、FDI 流动与居民经济福利[J]. 暨南学报(哲学社会科学版)，2016(10)：103－111.

第五章

FDI 环境外部效应的时空维度分析

自 18 世纪工业革命开启了人类工业化的进程以后，传统的高消耗、高污染的大生产方式，一方面创造了前所未有的物质财富，另一方面对资源的索取和污染物的排放导致了日趋严重的环境污染、资源枯竭及生态恶化问题，甚至危及人类的生存和发展。这使得协调好经济发展与生态环境保护的关系，长期以来一直是人类面临的重大课题。对于大多数现代国家而言，工业始终是经济的基础和国民经济的支柱。然而工业作为现代经济不可或缺的重要组成部分，其发展往往也伴随着生态环境压力的增加，相当比重的污染排放和资源消耗来自工业部门。从世界主要经济体已有的发展实践来看，经济发展给生态环境造成压力最大的时期，通常都是工业化快速推进的时期。因此，工业发展与生态环境的相互协调也一直是各国工业化过程中需要面对的现实问题。本章在对我国工业化造成的生态影响整体梳理的基础上，对 FDI 的环境外部效应从时间和空间两个维度进行分析，为后续分析原因并提出政策优化建议供给依据。

第一节　中国工业化的生态压力整体情况分析

自 20 世纪 90 年代以来，中国的工业化进程进入“快车道”，到 2016 年时中国工业的产值已达到世界的四分之一以上，超过美国、德国、日本三个工业强国之和。然而，在快速工业化的同时，也一度付出了沉重的生态环境代价。例如，2012 年，中国工业废气排放量达到 635 519.1 亿立方米，是 2005 年的 2.36 倍；工业固体废物排放量达到 332 509.24 万吨，是 2005 年的 2.47 倍；只有工业废水的排放量略有减少。[①] 工业的污染排放加之农业、居民生活等领域的环境污染，给生态环境造成巨大的压力。根据中国生态环境部公布的数据，2013 年，全国 74 个实施新标准监测的城市，其环境空气质量达标比例仅为 4.1%；就整个地表水而言，受到严重污染的劣Ⅴ类水体所占比例为 10%左右，海河流域劣Ⅴ类的比例甚至高达近四成；在 4 778 个地下水监测点位中，较差和极差水质监测点的比例近六成。[②] 高消耗、高污染的工业发展方式及其带来的经济增长，显然难以长久维系。近些年来，随着对生态文明建设的深入推进，工业污染物的排放和环境事件的发生均显著下降。从中国的工业化进程来看，一段时期资源环境问题的严重，迫使人们对原有的工业发展方式进行反思并采取行之有效的措施。处理好工业生产活动与生态环境、自然资源系统的关系，仍是今后工业发展需要不断探索的重要领域。基于此，本书以改革开放之后中国开启重化工业势头的 1993 年为起点，直至 2019 年，在准确描述这一历史阶段中国工业发展的基础上，运用生态足迹理论模型对其生态环境压力进行考察，进一步探讨工业发展与生态环境保护之间的关系，为认知 FDI 的环境外部效应提供进一步的经验证据。

一、1993—2019 年中国工业化的整体情况

1993 年是中国自 1978 年改革开放之后工业发展的一个重要时间节点。由于改革开放之后中国经济的快速发展，到 20 世纪 90 年代，消费结构升级，城市化进程加快，交通和基础设施瓶颈日益凸显，为了解决能源、交通、原材料等领域的瓶颈，1993 年以后中国的重化工业开始大发展。经过近 30 年的发展，中国已成为全球工业门类最齐全、工业生产规模最大的国家。

表 5 - 1 的数据显示了从 1993—2019 年中国工业化的基本情况。这期间，中国的工业发展呈现出这样一些特征：其一，工业发展增速快，规模迅速扩张。中国工业的增加值从 1993 年的 14 248.4 亿元增至 2019 年的 311 858.7 亿元，扩张了 20 倍以上。从增加值的指数来看，大多数年份增速都在 8%以上，近一半年份增速在 10%以上。其二，中国工业制造对世界的影响与日俱增。根据世界银行的数据，1994 年中国工业增加值仅占世界的 3.1%，而到 2019 年则占到 24.1%。钢铁、化工、家电、纺织等多个领域产量位居世界第一。根据国家统计

---

① 数据来源：根据 2006 年和 2013 年《中国环境统计年鉴》相关数据整理、计算得出。

② 环境保护部.2013 年中国环境状况公报[EB/OL].(2014 - 06 - 05).https://www.mee.gov.cn/gkml/sthjbgw/qt/201407/t20140707_278320.htm.

表 5-1　1993—2019 年中国工业发展的总体情况

年份	增加值（亿元）	增加值指数（上年=100）	占 GDP 比重	占世界比重	重化工企业利润占比	电力消费总量（亿千瓦小时）	电力消费占比	危险固体废物产生量（万吨）	SO_2 排放量（万吨）	COD 排放量（万吨）
1993	14 248.4	120.0	39.9%	—	—	6 461.3	76.7%	—	—	—
1994	19 546.3	118.8	40.2%	3.1%	—	6 983.0	75.4%	—	—	—
1995	25 023.2	114.0	40.8%	3.7%	—	7 659.8	76.4%	—	—	—
1996	29 528.9	112.5	41.1%	4.4%	—	8 044.7	74.7%	—	—	—
1997	33 022.6	111.3	41.4%	5.1%	—	8 395.7	74.4%	—	1 772.0	1 073.0
1998	34 133.9	108.9	40.1%	5.5%	—	8 406.0	72.5%	—	1 594.4	800.6
1999	36 014.4	108.6	39.8%	5.6%	—	8 832.7	71.8%	—	1 460.1	691.7
2000	40 258.5	109.9	40.1%	5.9%	69.3%	10 004.6	74.3%	830.0	1 612.5	704.5
2001	43 854.3	108.7	39.6%	6.7%	69.4%	10 944.7	74.3%	952.0	1 566.6	607.5
2002	47 774.9	110.0	39.3%	7.2%	70.7%	12 402.2	75.3%	1 000.0	1 562.0	584.0
2003	55 362.2	112.8	40.3%	7.4%	73.4%	14 169.7	74.5%	1 170.0	1 791.4	511.9
2004	65 774.9	111.6	40.6%	7.6%	76.2%	16 424.3	74.8%	995.0	1 891.4	509.7
2005	77 958.3	111.6	41.6%	8.3%	75.4%	18 521.7	74.3%	1 162.0	2 168.4	554.7

续 表

年份	增加值（亿元）	增加值指数（上年=100）	占GDP比重	占世界比重	重化工企业利润占比	电力消费总量（亿千瓦小时）	电力消费占比	危险固体废物产生量（万吨）	SO_2排放量（万吨）	COD排放量（万吨）
2006	92 235.8	112.9	42.0%	9.2%	75.6%	21 267.7	74.4%	1 084.0	2 237.6	542.3
2007	111 690.8	114.9	41.4%	10.3%	75.8%	24 290.8	74.3%	1 079.0	2 140.0	511.0
2008	131 724.0	110.0	41.3%	12.0%	73.7%	25 388.6	73.5%	1 357.0	1 991.3	457.6
2009	138 092.6	109.1	39.6%	14.6%	72.3%	26 854.5	72.5%	1 430.0	1 865.9	439.7
2010	165 123.1	112.6	40.1%	15.5%	73.2%	30 871.8	73.6%	1 587.0	1 864.4	434.8
2011	195 139.1	110.9	40.0%	17.0%	73.6%	34 691.6	73.8%	3 431.2	2 217.9	42.48
2012	208 901.4	108.1	38.8%	18.3%	70.5%	36 232.2	72.8%	3 465.2	2 117.6	42.49
2013	222 333.2	107.7	37.5%	19.7%	69.8%	39 236.9	72.4%	3 156.9	2 043.9	40.21
2014	233 197.4	106.7	36.2%	20.6%	68.6%	42 248.7	73.1%	3 633.5	1 974.4	38.83
2015	234 968.9	105.7	34.1%	22.5%	65.9%	41 550.0	71.6%	3 976.1	1 859.1	36.55
2016	245 406.4	105.7	32.9%	22.3%	67.0%	42 996.9	70.3%	5 219.5	854.9	122.8
2017	275 119.3	106.2	33.1%	22.7%	69.2%	46 052.8	69.9%	6 581.3	610.8	91.0
2018	301 089.3	106.1	32.8%	23.6%	66.6%	49 094.9	68.7%	7 470.0	516.1	81.4
2019	311 858.7	104.8	31.6%	24.1%	70.0%	48 473.0	67.1%	8 126.0	457.3	77.2

数据来源：根据历年《中国统计年鉴》、世界银行数据库数据、历年《中国环境统计年报》、中国国家能源局网站相关数据整理、计算得出。

局公布的数据，2009 年，中国水泥产量就已占世界总产量的 60%，2010 年，中国粗钢产量占世界钢产量的 44.3%，煤炭产量占世界总产量的 45%。[①] 不仅传统产业如此，新能源、新材料、生物医药、工业机器人等领域，中国的实力也正在快速上升。其三，重化工业占比始终比较大。从工业企业的利润来看，重化工业占比从 2000—2019 年这 20 年时间里，始终较高，2004 年甚至达到 76%以上，此后虽有下降趋势，但也始终维持在 65%以上。其四，近年来工业增速出现放缓趋势。自 2010 年以来，中国工业的增速有逐年下降的趋势，与之同步，工业增加值占 GDP 的比重也有逐年下降的趋势。这与中国经济经过长期的高速发展之后转入中高速发展的大背景相一致，也反映了中国工业经过一段时期在数量上的快速扩张之后，下行压力加大，面临降低成本、技术升级、结构优化等质量提升方面的迫切任务。

在工业快速发展的同时，与之相伴随的生态环境压力始终受到人们的关注。从能源消耗上看，工业一直是中国能源消耗最大的经济部门。以电力消耗为例，表 5 - 1 数据显示，工业部门电力消耗占全国电力消耗的比重虽然近年来有时下降，但始终占到三分之二以上，而且电力消耗的总量上看仍处于上升态势，直至 2019 年相对于前一年才略有下降。从工业污染物排放来看，情况差异相对较大。危险固体废物产生量快速上升，从 2000—2019 年增长近 9 倍。而 SO_2 排放量则呈现一种倒 U 形趋势。在 2006 年达到峰值以后，除个别年份有所反弹以外，总体上呈现下降趋势，至 2019 年降为 457.3 万吨，不足 2006 年的四分之一。但固体危险废物排放量仍处于快速上升态势，到 2019 年已经高达 8 126.0 万吨，是 2000 年的近 10 倍。当然部分指标还不足以涵盖整个工业发展生态环境压力的情况，准确地理解中国工业发展的生态环境压力，还需要运用科学的方法，合理测度，综合进行把握。

二、生态足迹理论模型

生态足迹的概念最早由加拿大学者 Rees[②] 提出，之后 Wackernagel 和 William[③] 提出了计算模型，Wackernagel、Onisto 和 Bello[④] 又进一步完善了该

① 根据中国国家统计局公布数据整理得出。

② REES W E.Ecological footprint and appropriated carrying capacity: what urban economics leaves out[J].Environment and Urbanization, 1992, 4(2): 121 - 130.

③ WACKENAGEL M, WILLIAM E R.Our ecological footprint: reducing human impact on the earth[M]. Gabriola Island: New Society Publishers, 1996.

④ WACKERNAGEL M, ONISTO L, BELLO P, et al.National natural capital accounting with the ecological footprint concept[J].Ecological Economics, 1999, 29(3): 375 - 390.

理论。由于可以比较精确地描述人类经济活动与生态环境、自然资源之间的关系,因而具有较为广泛的适用性。所谓生态足迹(Ecological Footprint)通常是指,满足一定数量和一定生活质量人口所需要的生态区域空间,在这个空间里拥有可供人类使用的资源和赖以生存的生态环境,并且可以消纳废弃物和排放物。[①] 与生态足迹紧密相联的概念是生态赤字(或生态盈余)和生态承载力。所谓生态承载力就是国家(或区域)的环境资源潜力。生态赤字就是生态足迹值大于生态承载力值的状况,反之,则是生态盈余状况。

生态足迹理论就是要把人类的经济活动给生态环境的压力换算成具有生态生产能力的土地面积,然后在这种统一的量纲之下进行比较,使各种繁杂的自然资本项目之间容易建立等价关系。一是假定人类可以确定自身消费的产品和产生废弃物的数量,二是假定消耗的资源和产生的废弃物可以折算成生态生产性土地面积。通过这种面积的换算,来判断国家(或区域)人类经济活动给生态环境的压力大小。所谓"生态生产"是指"生态系统中的生物从外界环境中吸收生命过程所必需的物质和能量转化为新的物质,从而实现物质和能量的积累"。[②]

为了便于测度中国1993—2019年工业化的生态压力,这里在借鉴Wackernagel和William[③]、杨开忠等[④]、李伟和杨诗源[⑤]、史丹和王俊杰[⑥]等前人研究成果和方法的基础上,引入生态足迹理论模型进行分析,具体如下:

$$EF = ef \cdot n = \left(\sum_{j=1}^{n} \frac{c_j}{p_j}\right) \cdot n = \left(\sum_{j=1}^{n} a_j\right) \cdot n \tag{5-1}$$

式(5-1)中,EF 表示一个国家的生态足迹,ef 表示该国家的人均生态足迹,n 表示人口数量,c_j 表示第 j 种商品的人均消费量,p_j 表示第 j 种产品的平均生产能力,a_j 表示人均第 j 种交易产品折算的生态生产性土地面积。区域内人均生态足迹等于平均个人消费的各种产品所需生态生产性土地的面积之和。

---

① 李敦瑞.我国区际产业梯度转移的生态效应及对策研究[M].上海:同济大学大学出版社,2018:158.

② 杨开忠,杨咏,陈洁.生态足迹分析理论与方法[J].地球科学进展,2000(12):630-636

③ WACKENAGEL M, WILLIAM E R. Our ecological footprint: reducing human impact on the earth[M]. Gabriola Island: New Society Publishers, 1996.

④ 同②。

⑤ 李伟,杨诗源.重庆市工业生产的生态足迹分析[J].地域研究与开发,2008(8):108-112.

⑥ 史丹,王俊杰.基于生态足迹的中国生态压力与生态效率测度与评价[J].中国工业经济,2016(5):5-21.

生态承载力的计算公式如下：

$$EC = ec \cdot (1-x) \cdot n = b_k \cdot r_k \cdot y_k \cdot (1-x) \cdot n \tag{5-2}$$

在式(5－2)中，EC 为国家的生态承载力，ec 为国家的人均生态承载力，x 表示折算因子，通常计算区域生态承载力时须将生态系统中生物多样性的保护面积扣除，按照世界环境与发展委员会(World Commission on Environment and Development，WCED)的标准，一般扣除 12%。b_k 为第 k 类生态生产性土地面积。r_k 为等价因子，y_k 为产量因子，所谓等价因子指的是不同类型的土地根据相对生产能力大小进行调整的权重，产量因子是根据各个区域(或国家)土地质量状况进行调整的权重。[1] 等价因子 r_k 的计算公式如下：

$$r_k = P_i'/P = \frac{\hat{p}_i/Ar_i}{\sum_{i=1}^{n}\hat{p}_i/\sum_{i=1}^{n}Ar_i} = \frac{(\sum_{k=1}^{n}\widehat{p_k^i}h_k^i)/Ar_i}{(\sum_{i=1}^{n}\sum_{k=1}^{n}\widehat{p_k^i}h_k^i)/\sum_{i=1}^{n}Ar_i} \tag{5-3}$$

式(5－3)中，P_i'表示第 i 种类土地的平均生产能力，P 表示世界所有土地的平均生产能力；$\hat{p}_i$ 表示第 i 类型土地的所有产出量，Ar_i 表示第 i 类型土地的全部面积；$\widehat{p_k^i}$表示第 i 种类型土地上产出的第 k 种生物产品产量，h_k^i 表示第 i 种类型土地上产出的第 k 种生物的单位热值。产量因子 y_k 的计算公式如下：

$$y_k = \widetilde{P_i^b}/\widetilde{P}_i = \frac{Tp_i^b/\widetilde{Ar_i^b}}{Tp_i/\widetilde{Ar}_i} = \frac{\sum_{k=1}^{n}(p_k^i)^b h_k^i/\widetilde{Ar_i^b}}{\sum_{k=1}^{n}p_k^i h_k^i/\widetilde{Ar}_i} \tag{5-4}$$

式(5－4)中，$\widetilde{P_i^b}$表示 b 国家第 i 种类型土地的平均生产能力，$\widetilde{P}_i$ 表示世界第 i 种类型土地的平均生产能力；Tp_i^b 表示 b 国家第 i 种类型土地的总生产能力，$\widetilde{Ar_i^b}$表示 b 国家第 i 种类型土地的总面积，Tp_i 表示世界第 i 种类型土地所有产出品的产量，$\widetilde{Ar}_i$ 表示世界第 i 种类型土地的总面积；$(p_k^i)^b$ 则表示 b 国家第 i 种类型土地上第 k 种生物产品的产量。

假定 E_i 为生态赤字(或盈余)，那么则有：

---

① 史丹，王俊杰.基于生态足迹的中国生态压力与生态效率测度与评价[J]. 中国工业经济，2016(5)：5－21.

$$E = EF - EC = \left(\sum_{j=1}^{n} \frac{c_j}{p_j}\right) \cdot n - b_k \cdot r_k \cdot y_k \cdot (1-x) \cdot n \qquad (5-5)$$

E 为正值，说明区域处于生态赤字状态；E 为负值，说明区域处于生态盈余状态。为了更加直观地反映区域（或国家）经济活动带来的生态压力，还可以计算万元 GDP 的生态足迹或者万元工业增加值的生态足迹。

三、中国工业化的生态足迹测算

运用生态足迹理论模型测度中国工业化的生态压力，需要对人类在经济活动中的消费项目，诸如资源、能源的耗费以及污染治理等方面进行合理划分。借鉴 Wackernagel 和 William①、李伟和杨诗源等②的研究方法，将工业生产的消费项目划分为生物资源消费、能源资源消费、工业废弃物和工业建设用地四个部分进行测算。

（一）生物资源消费的生态足迹计算

从工业生产所消耗的生物资源来看，主要包括生产消耗和从业人员生活消费。前者可以使用投入产出表中工业对农业的直接消耗系数，乘以经济生活中实际消耗的生物资源，这样可以获得近似的工业生产消耗的生物资源量；而后者则可以参照中国各年城镇居民的生物资源消费数量，乘以工业从业人数即可得到工业从业人员生活消费的生物资源量。这样，工业对生物资源消耗转化为具有生态生产能力的土地面积公式则为：

$$EF_i = (\overline{p_i} + x_i - m_i)/Y_a \qquad (5-6)$$

在式(5-6)中，EF_i 表示一个国家第 i 种生物资源的生态足迹。$\overline{p_i}$表示该国第 i 种生物资源的总产量，x_i 和 m_i 分别表示该国对于第 i 种生物资源的进口量和出口量，而 Y_a 则表示全世界第 j 种生物资源的平均产量。这里借鉴 Wackernagel、Onisto 和 Bello③ 的研究成果，以 1993 年世界生态生产性土地的平均产量为基期数据。这里以 2019 年为例，计算结果如表 5-2 所示。

---

① WACKENAGEL M, WILLIAM E R. Our ecological footprint: reducing human impact on the earth[M]. Gabriola Island: New Society Publishers, 1996.

② 李伟，杨诗源.重庆市工业生产的生态足迹分析[J]. 地域研究与开发，2008(8)：108-112.

③ WACKERNAGEL M, ONISTO L, BELLO P, et al. National natural capital accounting with the ecological footprint concept[J]. Ecological Economics, 1999, 29(3): 375-390.

表 5-2　2019 年中国工业直接消耗生物资源的生态足迹

类型	全球平均产量	当年生物产量	工业对农业直接消耗系数	工业直接消耗生物量	工业直接消耗生物资源足迹	生产面积类型
谷物	2.744 吨/公顷	61 369.73 万吨	0.171 458 879	10 522.385 12 万吨	38 346 884.54 公顷	耕地
豆类	1.856 吨/公顷	2 131.9 万吨	0.171 458 879	365.533 184 4 万吨	1 969 467.588 公顷	耕地
薯类	12.607 吨/公顷	2 882.72 万吨	0.171 458 879	494.267 94 万吨	392 058.332 7 公顷	耕地
棉花	1.00 吨/公顷	588.9 万吨	0.171 458 879	100.972 133 9 万吨	1 009 721.339 公顷	耕地
油料	1.856 吨/公顷	3 492.98 万吨	0.171 458 879	598.902 435 6 万吨	3 226 845.019 公顷	耕地
糖料	18.00 吨/公顷	12 169.06 万吨	0.171 458 879	2 086.493 388 万吨	1 159 162.993 公顷	耕地
麻类	1.50 吨/公顷	23.39 万吨	0.171 458 879	4.010 423 183 万吨	26 736.154 55 公顷	耕地
烟叶	1.548 吨/公顷	215.34 万吨	0.171 458 879	36.921 955 03 万吨	238 513.921 4 公顷	耕地
蔬菜	18.00 吨/公顷	72 102.56 万吨	0.171 458 879	12 362.624 12 万吨	6 868 124.511 公顷	耕地
茶叶	0.566 吨/公顷	277.72 万吨	0.171 458 879	47.617 559 91 万吨	841 299.645 公顷	耕地
水果	3.50 吨/公顷	27 400.84 万吨	0.094 418 101	2 587.135 285 万吨	7 391 815.099 公顷	林地
肉类	0.074 吨/公顷	7 758.78 万吨	0.260 844 527	2 023.835 296 万吨	273 491 256.2 公顷	草地
羊毛	0.015 吨/公顷	365 995.42 吨	0.260 844 527	95 467.902 05 吨	6 364 526.803 公顷	草地
牛奶	0.502 吨/公顷	3 201.24 万吨	0.260 844 527	835.025 932 2 万吨	16 633 982.71 公顷	草地
禽蛋	0.40 吨/公顷	3 308.98 万吨	0.260 844 527	863.129 321 5 万吨	21 578 233.04 公顷	草地
蜂蜜	0.05 吨/公顷	44.41 万吨	0.260 844 527	11.584 105 42 万吨	2 316 821.085 公顷	草地
水产	0.029 吨/公顷	6 480.36 万吨	0.217 304 536	1 408.211 626 万吨	485 590 215.9 公顷	水域
木材	1.99 立方米/公顷	10 046 万立方米	0.094 418 101	948.524 244 9 万立方米	4 766 453.492 公顷	林地

注：工业对农业直接消耗系数的计算中，已将区域内农产品的出口和进口因素考虑在内。
数据来源：根据历年《中国统计年鉴》相关数据和资料整理、计算得出。

工业部门对生物资源的消耗，除了上述的生产消耗以外，此外还有工业部门职工的生活消费、职工人数和城镇居民的农产品人均消费量等数据计算生态足迹，其结果如表 5－3 所示。

表 5－3　2019 年中国工业部门职工生活消费生物资源的生态足迹

类型	全球平均产量（公斤/公顷）	工业职工主要食品人均消费量（千克）	工业部门职工人数（万人）	工业直接消耗生物资源足迹（公顷）	生产面积类型
粮食	2 744	130.1	17 008.9	8 064 350.91	耕地
食用油	742.4	9.5	17 008.9	2 176 516.03	耕地
蔬菜	18 000	98.6	17 008.9	931 709.74	耕地
肉类	74	37.7	17 008.9	86 653 450.00	草地
水产	29	13.6	17 008.9	79 765 875.86	水域
蛋类	400	10.7	17 008.9	4 549 880.75	草地
奶类	502	12.5	17 008.9	4 235 283.87	草地
水果	3 500	56.4	17 008.9	2 740 862.74	林地

注：这里的肉类包含禽类，蔬菜包含食用菌。
数据来源：根据《中国统计年鉴 2020》相关数据和资料整理、计算得出。

（二）能源资源消费的生态足迹计算

工业所消耗的能源包括生产消耗和职工的生活消费，其生态足迹的计算公式如下：

$$EF_j = \overline{q_j} / Y_b \qquad (5-7)$$

在式(5－7)中，EF_j 表示一个国家工业所消耗的第 j 种能源资源的生态足迹，$\overline{q_j}$ 表示该国第 j 种能源资源的工业消费量，Y_b 则表示全世界第 j 种能源资源的平均生态足迹。这里的生产消耗和生活消费包括煤炭、电力、液化石油气、天然气和汽油等多种能源，统一折算成标准煤，并借鉴 Wackernagel、Onisto 和 Bello[①]

① WACKERNAGEL M, ONISTO L, BELLO P, et al. National natural capital accounting with the ecological footprint concept[J]. Ecological Economics, 1999, 29(3): 375－390.

的研究成果,以 1993 年世界能源生态足迹平均水平为基期数据。作为折算系数的单位能源的发热量,采用国家统计局 2006 年 8 月所编的《能源统计知识手册》相关数据作为参照。2019 年,全国工业生产能源消耗量为 307 123.73 万吨标准煤,折合成生态足迹为 1 167 516 911 公顷;城镇居民人均能源消费量为 457.1 千克标准煤,工业部门就业人数为 17 008.9 万人,工业企业职工能源消费的生态足迹为 29 555 427.88 公顷。① 能源资源消费的生态足迹,其生产面积类型均为"化石燃料土地"。

(三) 工业废弃物和工业建设用地的生态足迹计算

工业生产往往会产生废水、废气和固体废物等。这里参照生态价值评估技术中的市场价值法,采用工业污染源治理投资数据,并根据价格指数平滑到 1993 年的物价水平,结合 1993 年时世界农业用地平均增加值的数据,计算工业废弃物的生态足迹。其计算公式如下:

$$EF_w = I_w / A_e \qquad (5-8)$$

式(5-8)中,EF_w 表示工业废弃物的生态足迹。I_w 表示工业污染源治理投资金额,A_e 则表示基期全世界农业用地平均增加值。按照此方法,中国 2019 年工业污染源治理投资金额为 6 151 513 万元。按照历年 CPI 指数平滑到 1993 年价格水平,为 2 508 089.94 万元。而 1993 年世界农业用地为 4 899 345 700 公顷,人民币兑美元汇率为 5.762,世界农业增加值为 119 281.14 亿元,以此算出当年世界农业用地每公顷增加值为 2 434.63 元。② 因此,可以计算出 2019 年中国工业废弃物的生态足迹是 10 301 729.39 公顷。

工业生产所需要的厂房、仓库和职工住宅等建设用地,采用建筑业增加值,乘以工业就业人数占当地就业人数的比重,再将此数据根据价格指数平滑到 1993 年的水平,并除以 1993 年世界农业用地的平均增加值。根据此方法,2019 年中国建筑业增加值为 70 648.1 亿元,工业就业人数占比为 21.96%,根据历年固定资产投资价格指数平滑后,用于工业的建筑业增加值估算为 28 804.59 亿元,折算成生态足迹为 259 756 093.3 公顷。③

(四) 工业生产的生态足迹计算

不同土地类型折算成统一的生态面积,需要考虑不同类型土地之间的折算。

① 数据来源:根据《中国统计年鉴 2020》《能源统计知识手册》相关数据整理、计算得出。

② 数据来源:根据《中国统计年鉴 2020》和世界银行数据库相关数据整理、计算得出。

③ 数据来源:根据各年《中国统计年鉴》相关数据整理、计算得出。

借鉴 Wackernagel、Onisto 和 Bello① 的研究成果，根据不同类型土地的均衡因子计算出生态足迹。由于农业用地包含多种土地，而工业废弃物用地和工业建设用地是以世界农业用地单位面积增加值为基础计算的，故而它们的“生产面积类型”，应当归为“综合经济用地”。1993 年世界农业用地中，耕地占农业用地比重为 28.629%；森林占世界土地比重为 31.658%，②可近似看成林地占农业用地的比重；其余主要是草地③。“综合经济用地”生态足迹折算的均衡因子应为耕地、林地、草地的加权平均数，计算为 1.348。综合以上因素和计算结果，2019 年中国工业生产的生态足迹如表 5－4 所示。

表 5－4　2019 年中国工业生产的生态足迹

土地类型	面积(公顷)	人均面积(公顷)	均衡因子	比例
耕　地	65 251 390.73	0.047	2.8	8.30%
草　地	415 823 434.40	0.297	0.5	9.45%
林　地	14 899 131.33	0.011	1.1	0.74%
水　域	565 356 091.80	0.404	0.2	5.14%
化石燃料土地	1 197 072 339.00	0.855	1.1	59.83%
综合经济用地	270 057 822.70	0.193	1.348	16.54%
合　计	—	—	—	100%
总的生态足迹：2 200 893 392.00 公顷				

数据来源：根据前文数据整理、计算得出。

（五）中国 1993—2019 年的工业生态足迹

按照 2019 年中国工业生产生态足迹的计算方法，以此类推可得 1993—2019 年工业生产的生态足迹，具体见表 5－5。

① WACKERNAGEL M, ONISTO L, BELLO P, et al.National natural capital accounting with the ecological footprint concept[J].Ecological Economics, 1999, 29(3): 375－390.

② 数据来源：根据世界银行数据库相关数据整理、计算得出。

③ 一般农业用地中，水域比重相对较小，而且全世界的数据难以获得，这里忽略不计。

表 5－5 1993—2019 年中国工业生态足迹和人均工业生态足迹

年 份	全国工业生态足迹（公顷）	人均工业生态足迹（公顷）	年 份	全国工业生态足迹（公顷）	人均工业生态足迹（公顷）
1993	581 029 358.0	0.49	2007	1 386 550 612.0	1.05
1994	610 931 029.9	0.51	2008	1 451 678 866.0	1.09
1995	661 784 551.3	0.55	2009	1 536 236 415.0	1.15
1996	682 411 315.2	0.56	2010	1 726 962 856.0	1.28
1997	740 651 954.6	0.60	2011	1 881 792 912.0	1.40
1998	742 220 881.0	0.59	2012	1 985 395 959.0	1.47
1999	737 497 153.0	0.59	2013	2 042 579 417.0	1.50
2000	788 647 278.9	0.62	2014	2 105 277 968.0	1.54
2001	807 626 540.3	0.63	2015	2 092 210 868.0	1.52
2002	831 061 961.3	0.65	2016	2 106 521 516.0	1.52
2003	912 863 806.9	0.71	2017	2 095 849 129.0	1.51
2004	1 025 415 076.0	0.79	2018	2 160 180 561.0	1.55
2005	1 207 906 614.0	0.92	2019	2 200 893 392.0	1.57
2006	1 227 370 516.0	0.93			

数据来源：根据各年《中国能源统计年鉴》《中国统计年鉴》和 2006 年《能源统计知识手册》相关数据和资料整理、计算得出。

三、趋势分析

通过中国工业生态足迹的测算，可以比较清晰地了解中自 1993—2019 年工业发展给生态环境厅造成的压力及其动态的变化。整体上看，出现了这样一些趋势。

第一，无论是中国工业生态足迹的总量，还是人均工业生态足迹，仍处于上升的趋势，但是近年来增长的势头有所放缓。如表 5－5 所示，仅从数量上看，2019 年的全国工业生态足迹是 1993 年的 3.8 倍，2019 年的人均工业生态足迹是 1993 年的 3.2 倍。从时间上看，2002—2014 年是增长较快的时间区间，其间除 2005 年等个别年份以外，几乎每年全国工业生态足迹都增长 6 千万公顷以上，人均工业生态足迹都增长 0.04 公顷以上。进入 2015 年以后，无论是总量还是人均量增长势头开始放缓。值得注意的是，虽然近年来工业在国民经济的比重有所下降，从工业增加值占 GDP 的比重来看，在 2006 年达到最高，为 42%，到 2019 年已降至 31.6%，但是由于中国工业生产始终处于上升的态势中，因而工业的生态足迹也处于上升态势。

第二，从工业生态足迹的构成来看，"化石燃料土地"占比始终居于高位。根据表 5－4 的数据，即可算出 2019 年"化石燃料土地"面积占当年工业生态足迹的比重，其他各年亦复如是。如图 5－1 所示，"化石燃料土地"面积除了 1999 年低于 50%以外，其余年份均在 50%以上，2005 年甚至达到 62.8%，近几年也都接近 60%。这说明，中国工业给资源环境带来的最主要的压力来自能源的消耗。实际上，自 20 世纪 90 年代以来，中国能源大部分由工业领域消费。并且，污染较重的煤炭等非清洁能源也主要是由工业领域消费。例如，2018 年，中国能源消费量为 471 925.0 万吨标准煤，其中工业消费了 311 151.0 万吨标准煤，占比高达 65.9%；中国煤炭消费总量为 39.75 亿吨，工业则消费了 38.07 亿吨；①其他年份也大致如此。如表 5－1 所示，工业用电量的占比，也基本与之相一致。

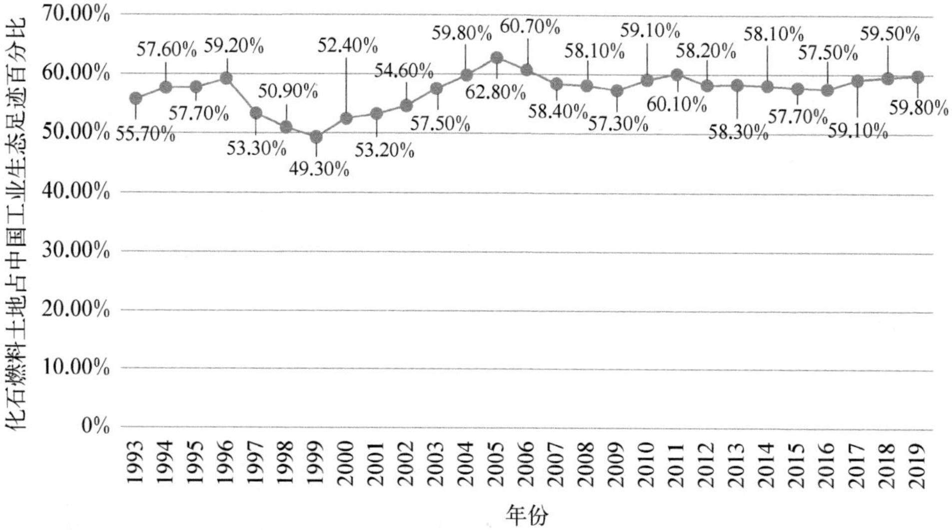

图 5－1　1993—2019 年化石燃料土地占中国工业生态足迹比重

数据来源：根据各年《中国统计年鉴》数据计算得出。

① 数据来源：根据《中国统计年鉴 2019》相关数据整理得出。

第三,单位工业增加值的生态足迹得到持续性改善。运用各年工业生态足迹数据除以当年工业增加值的数据,即可得出单位工业增加值的生态足迹,当然,所有的工业增加值都要基于价格指数平滑到 1993 年价格水平。如图 5-2 所示,1993 年,每百万元工业增加值的生态足迹为 407.8 公顷。此后虽然整个工业增加值也在快速增长,但单位工业增加值的生态足迹除个别年份略有反弹外,总体上呈逐年下降态势,到 2019 年时每百万元工业增加值的生态足迹为 173.1 公顷,已不足 1993 年时的一半。虽则如此,毕竟资源和生态环境的承载力是有限的,中国工业生态足迹在总量上仍在增加,反映工业化带来的生态压力仍旧与日俱增。

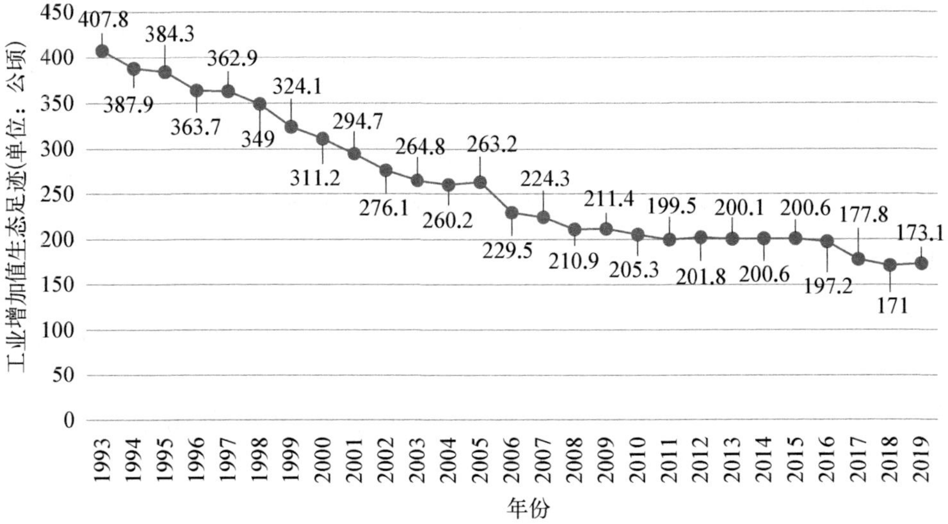

图 5-2 1993-2019 年中国每百万元工业增加值生态足迹

注:这里工业增加值平滑到 1993 年价格水平。

数据来源:根据各年《中国统计年鉴》和表 5 数据计算得出。

第二节 基于贸易—环境分析框架的 FDI 环境外部效应

根据上一节的分析,我国自 20 世纪 90 年代以来随着工业化的快速推进,虽然一度给生态环境带来巨大压力,但是从单位工业增加值的生态足迹来看,生态环境效益还是出现了持续改善。当然，由于工业规模整体庞大，整体上对生态环境的压力也是不可小觑的。FDI 的环境外部性影响一度也给生态环境带来风险，至今仍然在一定的范围内和一定程度上存在环境风险，因此需要再进一步对其进行分析。这里采用 Grossman 和 Krueger 的分析框架，系统地分析包括规模效应、结构效应和技术效应在内的三个 FDI 生态效应，这可以为后续的研究提供相应的依据。尽管近年来，我国打赢了污染防治攻坚战，但生态环境保护的任务仍很艰巨，"降碳、减污、扩绿"等工作仍然需要持续推进。FDI 的生态效应和经济效应同在，经济发展和生态文明建设二者皆不可偏废。这里主要是通过借鉴 Grossman 和 Krueger 的分析框架，综合分析我国现阶段 FDI 的生态效应和经济效应，为寻求合理利用 FDI 和生态文明建设的协同推进提供必要的依据。

一、FDI 对生态环境的规模效应

从 Grossman 和 Krueger 的思路出发，分析 FDI 带来的生态效应，首先要分析其规模效应，着重分析国际产业转移以及 FDI 参与国内区际产业转移造成承接地经济活动增加所带来的生态环境外部效应。

（一）规模效应的内涵

从经济增长的环境效应来看，经济活动的水平或者国民经济的规模，是决定一个国家或者地区环境和自然资源状态的重要因素之一。[①] 经济活动扩张是引起环境外部性的源头，生产、消费等活动的增多势必造成资源消耗和污染排放在数量和规模上扩张。自由贸易带来经济规模扩大从而增加对环境的压力，这原本是 Grossman 和 Krueger 所指的规模效应。[②] 改革开放之后，我国承接了大量的国际产业转移，FDI 大量进入我国，使经济活动更加频繁，分工和协作体系更加完善并日益丰富，经济规模随之扩大。而国内的区际产业转移在我国工业化达到一定程度后以及区域之间存在发展差异的条件下，更多经济活动发生在更大的范围。这实际上是生产能力在空间上的配置和整合，并通过区域经济系统逐次展开。[③] FDI 进入一个国家或地区之后，使东道国或当

① 潘家华.持续发展途径的经济学分析[M]. 北京：社会科学文献出版社，2007：33.

② GROSSMAN G M，KRUEGER A B. Environmental impacts of a North American Free Trade Agreement[M]//GARBER P M. The Mexico-U. S. Free Trade Agreement. Cambridge：MIT Press，1991.

③ 杜传忠，刘英基.区际产业分工与产业转移研究[M]. 北京：经济科学出版社，2013：7－10.

地的工业生产规模扩大，进而导致污染物排放增加，从会带来污染的规模效应。而且，经济系统在注入外部力量或资源的情况下，会引发连锁反应，引起更大范围甚至全国工业整体生产规模产生扩大的趋势，这显然也会使工业污染的规模扩大。

因为经济活动扩张而带来的污染规模的扩大，本质上是一种负的外部效应。资本跨国移动，并导致其他生产要素随之移动，产业的空间布局相应变化，工业污染物排放在东道国或者产业承接地不断攀升，并带来污染空间格局的变化，给东道国或当地社会和生态环境造成巨大的外部成本。除非治理跟上，或者东道国和产业承接地的经济发展水平达到一定阶段后，在经济技术和产业结构的变化下，这种污染规模效应才会随之变化。

（二）规模效应的体现

FDI 的进入对我国的经济发展产生了巨大的影响。在我国承接国际产业转移的同时，我国的工业化快速推进，工业生产规模不断扩大。FDI 成为我国工业生产规模扩大的一个重要的推动力量。先是东部沿海地区的工业生产快速扩张，此后中西部地区、位于东部的一些相对落后的区域，其工业生产的规模都持续扩张到了一定的程度。这既有区际产业转移的原因，也有 FDI 参与的因素。从污染物的排放量来看，我国工业污染的规模也已快速上升到了一定程度。但在工业化快速扩张的阶段过去之后，随着工业发展进入追求质量和效益的阶段后，加之生态文明建设的推进，工业污染物的排放量并没有随着工业经济活动的增长而出现扩张的态势。

表 5-6 2005—2021 年我国工业污染物和外商投资工业企业资产的变化

排放量与资产	2005 年	2007 年	2009 年	2011 年	2013 年	2015 年	2017 年	2019 年	2021 年
化学需氧量排放量(万吨)	1 414.2	1 381.8	1 277.5	2 499.9	2 352.7	2 223.5	608.9	567.1	2 531.0
氨氮排放量(万吨)	149.8	132.3	122.6	260.4	245.7	229.9	50.9	46.3	86.8
二氧化硫排放量(万吨)	2 549.4	2 468.0	2 214.0	2 217.9	2 043.9	1 859.1	610.8	457.3	274.8
外商投资工业企业利润总额(亿元)	4 140.8	7 527.4	10 107.1	15 494.2	15 802.6	15 905.8	18 412.4	16 483.0	22 795.8

续　表

排放量与资产	2005 年	2007 年	2009 年	2011 年	2013 年	2015 年	2017 年	2019 年	2021 年
外商投资工业企业产成品(亿元)	3 258.3	4 862.9	5 634.6	7 973.7	8 389.9	8 933.8	9 696.0	9 880.4	12 194.6

注：含港澳台投资企业。
数据来源：根据《中国统计年鉴》《中国环境统计年鉴》各年相关数据整理、计算得出。

如表 5－6 所示，2013—2021 年，我国外商投资工业企业无论是利润总额还是产成品始终处于持续增长的状态，甚至个别年份出现快速增长的情况。但是从我国的工业污染物的排放来看，2013 年以前维持着较高的水平，化学需氧量和氨氮排放量，甚至还呈现增长的态势。但是 2013 年之后，一些污染物逐渐开始快速下降，到 2021 年时，氨氮排放量和二氧化硫排放量都大大低于 2005 年时的水平，只有化学需氧量的排放 2021 年快速反弹，超过以往历年的水平，创下新高。由此可见，FDI 的污染规模效应一度十分显著；但是当我国工业化的快速扩张时期度过之后，FDI 的污染规模效应逐渐变得没有那么显著。

（三）规模效应的趋势

从目前的情况来看，在国家推进供给侧结构性改革的过程中，有些产业由于产能过剩，开始面临压缩，我国庞大的人口基数、巨量的海内外市场需求和庞大的经济体量决定了工业生产依旧需要维持相当大的规模，这也势必对外商投资工业企业的生产规模产生影响。仅在 2021 年，外商投资工业企业的产成品就达到 1.2 万亿元以上。当然，由于我国工业化水平的区域差异仍然较大，在产业转移的作用下，许多地区的工业生产规模保持扩大的态势，各地区 FDI 进入的领域和程度也有差异，但是在工业化扩张时期的确是存在明显的污染规模效应。即使近年来工业发展的情况与过去相比发生很大变化，FDI 的污染规模效应不再像过去那样明显，但是在部分区域，特别是产业转移承接地，这种污染规模效应仍然会比较显著。并且，尽管我国目前正在倡导绿色低碳生产、生活方式，但是过去很长一段时间工业化条件下所形成的人们生产和生活方式的变化，尚需要一个过程。

二、FDI 对生态环境的结构效应

一个国家或区域的生态环境质量与该国或当地的产业结构密切相关。比如，服务业或传统农业为主的国家或区域，往往环境风险较小；当然工业占比较高的国家或区域，生态环境质量未必就差。但是，从人类已有的历史经验以及众多学者的研究成果来看，对于生态文明的倡导，往往是基于对工业化带来的生态问题的反思。工业在产业结构中占比较高、经济技术水平相对较低且缺乏严格环境规制的国家或区域，在工业化过程中往往生态环境风险最大。FDI 对于东道国或者产业承接地生态环境的结构效应自然是要视不同时期不同空间的具体情况而论。

（一）结构效应的内涵

所谓结构效应，在 Grossman 和 Krueger 的著作中，指的是生产要素在自由贸易条件下因国际分工而流向各国具有比较优势的产业部门，使得产业结构发生改变，对生态环境的影响程度也随之发生改变。① 结构效应与规模效应这二者关联性很强。对于一个国家或者区域而言，经济结构的改变势必带来一定空间范围经济活动的变化。FDI 的结构效应，主要是在贸易畅通的条件下，东道国或者产业承接地分工生产本国或本区域具有比较优势的产品，FDI 伴随产业转移使生产要素流向这些有比较优势的产业部门，致使本国或本区域内原有的生产外部性的程度和结构发生改变。这种 FDI 对生态环境造成的外部效应为正还是为负，取决于不同的经济发展阶段。

一个国家或地区处于工业化起步阶段或加速阶段，经济发展水平往往还不够高，发达国家和地区的一些不再具有比较优势的产业或产业环节往往容易流入这样的国家或地区，此时工业产业甚至是污染密集产业在经济结构中的比重快速上升，比较容易形成负的结构效应，而且承接的规模越大，负外部效应的概率就越高。当一个国家或地区经济发展进入一个较高水平的阶段以后，工业化也达到一定程度，或是向外转出产业，或是引入相对较为高端的产业或产业环节，因而结构效应往往为正的概率较高。

如果将产业集聚的情况考虑进来，这种结构效应无论为正还是为负都有可能被强化。由于产业集群可以带来外部经济和范围经济，深化专业分工，降低交易费用等，从而加强企业的竞争力和强化集群所在区域的竞争优势。② FDI 进入一个国家或区域以后，更易于发生集聚，在产业转移的作用下很可能会在承接地形成集群。在集群内存在着比较细化的分工、比较完善的相关产业生态体系，容易形成更大的规模经济和范围经济，在比较优势的“存续期”内，会对更大空间

---

① GROSSMAN G M, KRUEGER A B. Environmental impacts of a North American Free Trade Agreement[M]//GARBER P M. The Mexico-U. S. Free Trade Agreement. Cambridge: MIT Press, 1991.

② 刘艳. 西部地区承接产业梯度转移研究[J]. 改革，2004(6)：54－58.

范围的生产要素产生“吸附力”,从而使集群在产业要素不断集聚的情况下规模越来越大,进而使结构效应被强化。

（二）结构效应的体现

随着工业生产力布局的调整,以及区际产业转移的作用,中西部地区的工业化水平得到了很大的提高。在我国工业化快速扩张时期,在中西部地区的经济结构中,工业所占比重相对而言大大增加,但是近十多年的情况就发生了一定的变化。如表 5－7 所示,从 2005 年到 2011 年,全国工业在经济中的比重基本上都在 40%左右,但是 2013 年以后基本上呈现逐年下降的趋势,只有 2021 年稍稍有所提升。东北地区、黄河中游地区、长江中游地区、西南地区和大西北地区,从 2005 年到 2011 年,工业在经济中的比重总体上都是上升的;但是 2013 年以后,都出现了下降的趋势。到 2021 年时,大多数中西部地区的工业占比都已经低于全国的整体水平,只有黄河中游地区相对较高,为 36.8%,西南地区和大西北地区,甚至低于 30%。

表 5－7　2005—2021 年东北和中西部经济区块工业在经济中所占比重

地　区	2005 年	2007 年	2009 年	2011 年	2013 年	2015 年	2017 年	2019 年	2021 年
全　国	41.6%	41.4%	39.6%	40.0%	37.5%	34.1%	33.1%	31.6%	32.6%
东北地区	43.7%	44.3%	43.5%	42.6%	38.9%	32.9%	30.0%	29.4%	30.5%
黄河中游	43.3%	46.2%	44.6%	46.0%	43.1%	38.4%	37.1%	34.7%	36.8%
长江中游	33.9%	36.7%	37.7%	41.9%	40.5%	37.7%	34.6%	32.5%	31.9%
大西南地区	33.7%	35.7%	35.9%	36.3%	34.6%	32.0%	28.3%	26.5%	27.1%
大西北地区	34.3%	37.8%	35.1%	38.5%	34.4%	29.2%	28.3%	27.3%	29.6%

注：这里的比重为各经济区块工业增加值与当地 GDP 的比值。
数据来源：根据历年《中国统计年鉴》数据计算、整理得出。

再看外商投资企业的情况。如表 5－8 所示,整体上看,我国的 FDI 还是集中在东部沿海地区,所以东北地区、黄河中游地区、长江中游地区、大西南地区和大西北地区这几大经济区块外商投资工业企业产成品在全国的比重都比较小。但是从 2005 年至 2021 年,东北地区和中西部地区的几大经济区块总体上也出现了工业产成品逐年升高，到 2013 年以后逐年下降的趋势，这与表 5－7 所显示的工业在经济中占比的变化趋势基本一致。当然，就工业企业产成品的绝对规模来说，这些年在有的经济区块虽有波动，但整体上是在扩大的。

表 5－8　2005—2021 年东北和中西部经济区块外商投资工业企业产成品及比重

地区及产成品		2005 年	2007 年	2009 年	2011 年	2013 年	2015 年	2017 年	2019 年	2021 年
东北地区	产成品（亿元）	148.50	304.39	328.57	422.81	457.94	435.76	465.26	471.71	624.81
	占比	1.34%	1.90%	1.60%	1.48%	1.33%	1.10%	1.10%	1.07%	1.13%
黄河中游	产成品（亿元）	87.51	166.30	179.07	219.92	264.78	428.84	371.15	306.24	316.58
	占比	0.79%	1.04%	0.87%	0.77%	0.77%	1.09%	0.88%	0.70%	0.57%
长江中游	产成品（亿元）	143.31	219.87	268.64	418.29	458.93	482.85	565.90	558.46	686.49
	占比	1.29%	1.37%	1.31%	1.47%	1.33%	1.22%	1.33%	1.27%	1.24%
大西南地区	产成品（亿元）	110.72	214.67	269.54	385.33	435.74	487.85	551.82	509.63	562.19
	占比	1.00%	1.34%	1.32%	1.35%	1.26%	1.24%	1.30%	1.16%	1.02%
大西北地区	产成品（亿元）	14.63	22.10	34.16	34.34	36.55	27.59	36.28	34.75	45.75
	占比	0.13%	0.14%	0.17%	0.12%	0.11%	0.07%	0.09%	0.08%	0.08%

注：① 含港澳台投资企业。
② 这里的比重是指各经济区块占全国外商投资工业企业产成品的比重。
数据来源：根据历年《中国统计年鉴》和国研网数据计算、整理得出。

相对于规模效应而言，结构效应稍显复杂。由于全国工业化进程中，“重工业化”倾向比较明显，中部和西部的许多地区矿产资源丰富、地域广袤，钢铁、冶金、煤炭的比重一直就偏大，相应地，以重化工业为主的污染密集产业一直在这些地区中占有较大的比重。

（三）结构效应的趋势

一般情况下，在工业化扩张时期，工业的比重在上升，外商投资企业工业产成品的比重也在上升，FDI 环境外部性的结构效应有增强的趋势。而在工业化扩张之后，工业的比重有下降的趋势，外商投资企业工业产成品的比重也有下降的趋势，FDI 环境外部性的结构效应有减弱的趋势。

在许多地区，工业化进程仍在深入推进。国内区际产业转移中，曾经的情况是，由于本地区在土地供给、商务成本、劳动力成本等方面的客观条件，加之环境规制相对宽松，企业的环境成本和环境责任相对较低，欠发达地区则在继续推进传统意义上的工业化，而沿海发达地区依托创新和产业升级改造产业体系，将传统的工业产业逐步向欠发达地区转移，使得这些地区产业结构发生变化的同时，污染的排放和对自然资源的使用情况也发生了相应的变化。

这种情况在今天得到了很大的改变。中西部地区工业在经济结构中的占比近几年也有所下降，例如，根据国家统计局公布数据计算，湖南省工业增加值占 GDP 比重从 2012 年的 39.7%下降到 2022 年的 30.9%；陕西省工业增加值占 GDP 比重从 2012 年的 46.0%下降到 2022 年的 40.2%。FDI 参与产业要素迁移的过程中，除了仍有一部分污染密集产业之外，也有更多其他产业的迁移，对于生态环境的结构效应减弱的趋势逐渐显现。

三、FDI 对生态环境的技术效应

技术效应作为 FDI 生态环境效应的一个重要组成部分，是产业要素流动带来的结果，意味着 FDI 通过技术上的溢出产生对东道国生态环境的效应，这是分析 FDI 环境外部效应所必不可少的部分。

（一）技术效应的内涵

在自由贸易前提下，商品的贸易意味着更大范围的国际分工，也必然伴随着技术的传播和外溢，以及落后国家和地区的经济成长和技术水平的提升。这显然会对生态环境起到正向的积极作用。这实际上也是 Grossman 和 Krueger 所指的技术效应的体现。FDI 随同产业转移而进入东道国，国际生产格局也在潜移默化中发生变化，东道国的经济发展水平随之提升，一是带来技术上的外溢效应，二是东道国经济发展水平的上升有助于减弱人们牺牲环境换取经济利益的内在驱动力。前者实际上就是 FDI 在生态环境上的技术效应，后者是附带的结果。

FDI 的技术溢出效应意味着发展中东道国在承接国际产业转移时，能获得先进的生产技术和装备，以及管理经验的扶植，也包括一些环保技术和设备的引入，这对生态环境的保护显然是有利因素。从我国的情况来看，许多研究表明，大量的 FDI 进入以后，这种技术效应也是显著的。例如，李惠茹和张鹏杨对 FDI 与节能减碳的关系进行分析，其研究结果表明 FDI 的结构效应、技术效应和政策效应对节能减碳的正效应大于 FDI 规模效应对节能减碳的负效应，FDI 对我国节能减碳存在正影响的“碳光环”效应。[①] 李剑和栾朔琛认为，利用 FDI 实现技术转移、结构优化，可以为新时期全面贯彻可持续发展战略提供新方向和新思路，未来国内可持续发展需要继续夯实外资“量稳质升”的经济基础，持续增加外资流入数量，提高外资技术含量。[②] 通常认为，技术效应是正向的生态环境效应。但针对某一个国家而言，需要具体问题具体分析。

（二）技术效应的表现

比如，我国是一个工业化起步较晚且发展迅速的发展中大国，区域间的经济发展水平差异巨大。FDI 在不同时间进入不同区域，其所带来的技术效应会存在较大差异。有些区域经济发展水平落后，基本处于原生态，引入 FDI 进入一些工业项目，技术水平提高了，很可能会带来生态环境的破坏。而有些地区经济发展达到一定水平，环境规制相对其他地区更加严格，FDI 往往更倾向于进入一些高新技术行业和服务业，这倒是会对生态环境产生正向的效应。

如表 5 - 9 所示，2005—2019 年，医药制造行业外商投资企业的实收资本从 420.81 亿元增长至 1 411.74 亿元，增长两倍有余；电气机械及器材制造从 1 200.84 亿元增长至 2 985.31 亿元，通信设备、计算机及其他电子设备制造从 3 340.16 亿元增长至 9 919.1 亿元，仪器仪表及文化、办公用机械制造从 337.64 亿元增长至 426.04 亿元，废弃资源和废旧材料回收加工从 9.96 亿元增长至 76.92 亿元。如果说在工业化快速扩张时，FDI 大量进入的是包括污染密集产业在内的传统工业，而近十多年的情况则显示 FDI 正越来越多地进入高新技术产业和环保产业。

表 5 - 9　2005—2019 年工业部分行业外商投资企业实收资本情况表（单位：亿元）

行业类型	2005 年	2007 年	2009 年	2011 年	2013 年	2015 年	2017 年	2019 年
医药制造	420.81	549.47	722.63	820.11	990.14	2 380.52	1 249.5	1 411.74
电气机械及器材制造	1 200.84	1 729.75	2 337.14	2 611.02	3 045.58	3 124.13	3 065.91	2 985.31

① 李惠茹，张鹏杨.FDI“碳光环”效应对我国节能减碳影响研究[J]. 现代财经（天津财经大学学报），2015(8)：3 - 12.

② 李剑，栾朔琛.FDI 与我国可持续发展——基于“U”型关系的一个解释[J]. 中国海洋大学学报（社会科学版），2022(1)：103 - 116.

续　表

行业类型	2005 年	2007 年	2009 年	2011 年	2013 年	2015 年	2017 年	2019 年
通信设备、计算机及其他电子设备制造	3 340.16	4 755.68	5 816.06	6 509.22	7 357.97	7 826.09	8 856.73	9 919.1
仪器仪表及文化、办公用机械制造	337.64	433.21	532.79	563.72	460.26	476.58	511.57	426.04
废弃资源和废旧材料回收加工	9.96	19.16	45.94	54.63	81.3	74.82	69.35	76.92

注：含港澳台投资。
资料来源：根据历年《中国统计年鉴》相关数据整理得出。

（三）技术效应的趋势

FDI 对生态环境的技术效应与国家整体的经济发展阶段紧密相关。在工业化快速扩张的时期，在我国的一些地方，其产业发展达到一定的高度之前，FDI 所带来的技术手段和设备往往会加剧污染和资源耗竭。但是随着我国经济总体上转向高质量发展阶段，FDI 的技术效应往往更多地体现为对当地产业绿色低碳转型的促进。例如，一些研究发现，外资进入中间品会产生绿色技术溢出效应，中间品外资进入自由化程度提高对绿色低碳转型的促进作用在低技术行业和低生产率企业中更加显著，外资中间品的绿色技术溢出对内部治污能力弱和外部减排成本低的下游企业作用更大。[①] 虽然我国部分产业领域的技术水平在国际上较为先进，但整体上技术水平还有待进一步提升。在减污、降碳的清洁生产技术和工艺方面，距离欧美发达国家还有相当的水平差距。FDI 进入一些产业领域仍会产生一定的正向的技术效应。

如表 5 - 10 所示，2005—2021 年，信息传输/计算机服务和软件业、科学研究/技术服务和地质勘查业、水利/环境和公共设施管理业等服务业行业实际利用的 FDI，所占比重呈现稳步上升的态势；从金额上看总体是上升的，但中间有波动性。一方面，FDI 近十多年进入我国越来越多地偏向服务业，另一方面进

① 田晴，谢娟娟.中间品外资进入自由化如何影响制造企业绿色低碳转型？[J]. 现代财经（天津财经大学学报），2023(5)：67 - 84.

入与科技、环保相关度较高的服务业行业的比重也在稳步上升。FDI进入服务业的产业流向这个侧面，反映出其对我国生态环境的技术效应有一定的加强趋势。

表5-10 2005—2021年服务业部分行业实际利用FDI情况

—		2005年	2007年	2009年	2011年	2013年	2015年	2017年	2019年	2021年
信息传输/计算机服务和软件业	金额（亿美元）	10.15	14.85	22.47	26.99	28.81	38.36	20.92	14.68	20.10
	占比	1.68%	1.99%	2.50%	2.33%	2.45%	3.04%	15.96%	10.63%	11.59%
科学研究/技术服务和地质勘查业	金额（亿美元）	3.40	9.17	16.74	24.58	27.50	45.29	68.44	11.17	22.75
	占比	0.56%	1.23%	1.86%	2.12%	2.34%	3.59%	5.22%	8.09%	13.12%
水利/环境和公共设施管理业	金额（亿美元）	1.39	2.73	5.56	8.64	10.34	4.33	5.70	5.22	13.24
	占比	0.23%	0.36%	0.62%	0.74%	0.88%	0.34%	0.43%	0.38%	0.76%

数据来源：根据历年《中国统计年鉴》相关数据整理、计算得出。

四、三种效应的总体分析

从理论上说，在我国的外资企业的环境外部效应中，技术效应为正外部效应，表现为外商的生产经营导致工业污染物排放的减少和对产业绿色低碳转型的促进；规模效应为负外部效应，表现为外商的生产经营导致工业污染物排放和资源消耗的增加；结构效应或为正外部效应或为负外部效应，视经济发展水平而定。但随着我国经济结构的变化，这种效应有减弱的趋势。FDI对生态环境的三种效应，哪种效应大，哪种效应小，三种效应综合起来的总效应如何，需要结合实际进行分析。我国工业化快速扩张时期，FDI大量进入我国的污染密集产业，因此规模效应和结构效应显现，甚至一些经济较为落后的地方在引进了国外相对先进的生产技术和设备后，工业生产规模扩大，从而导致污染排放增加。近十多年来，FDI进入的产业领域发生了很大的变化，技术效应逐渐显现，结构效应也逐渐转为正效应，规模效应也有所减弱。

当然，对于 FDI 的环境外部性仍然不能忽视。工业废水、废气和固体废物的排放和资源的消耗与经济结构、经济增速等因素有较高的相关性。尽管我国经济近年来受到新冠疫情冲击，且面临的国际环境日益复杂，要素成本低廉等原来的优势已经逐渐减弱，但是经济发展的着力点仍在实体经济上，制造强国已成为我国工业发展的重大战略目标。推动工业的绿色低碳高质量发展，成为今后的重要方向。要努力发挥 FDI 在其中的积极作用，就要充分了解其环境外部效应。客观上说，相对于工业化快速扩张时期，FDI 的环境外部效应已有相当的改观，但是其在部分地区的负面影响仍不容忽视，并且过去所造成的影响也并非在短时期内能够完全消除，这需要我们在空间和时间两个维度上对 FDI 的环境外部性再进一步分析。

第三节　FDI 环境外部性的空间维度分析

在许多情况下，环境问题是跨越边界的。FDI 的环境外部性具有空间扩散和外溢的特征，所以需要进一步从空间维度出发考察其区域影响。根据第三章的分析，污染密集产业中外资企业比重近些年来虽有所下降，但仍占相当比重，因此还需要结合污染密集产业转移分析 FDI 环境外部性的空间外溢性，及其对公平和效率的损害。

一、FDI 与跨界环境外部性

环境外部性会随着产业要素国际转移而跨越边界，对“真正进行生产”的发展中国家产生影响。① 而污染密集产业转移则是形成这种跨边界影响的重要载体。从环境污染是否对其他国家造成损害的外部性角度来看，当一国（或地区）人为所造成的环境污染对国外居民的利益造成损害，则这种环境污染是跨国界的，其造成的外部性就是跨国环境外部性。② 如果环境污染在本国境内，但是跨越境内的相关区域，其造成的外部性就是跨区域外部性。跨国环境外部性与跨区域环境外部性都属于跨界外部性的范畴。

---

① PERRINGS C，ANSUATEGI A. Transboundary externalities in the environmental transition hypothesis[J]. Environmental & Resource Economics，2000，17(4)：353 - 373.

② 秦鹏，王芳. 跨界环境污染的形成与危害性[J]. 经济问题，2006(8)：40 - 41.

发达国家以FDI为主要方式向我国转移产业，尤其是污染密集产业，所造成的外部性本质上就是一种跨界外部性。具体而言包括这样几种情况：一是产业从国外转移到国内，直接给引资当地造成环境外部性。比如污染密集产业曾经大量集结在东部沿海地区，发达国家将本国限制或淘汰的技术和产业转移进来，加剧了当地的环境污染。二是FDI参与我国区域产业转移，导致其环境外部性的区域扩散。比如外资企业在一些地区环境污染一度十分严重，在当地污染密集产业的比较优势逐渐减弱以后，开始部分向其他地区转移，导致环境污染从一个区域转移到另一个区域。三是产业转移到一定区域后，由跨界污染导致环境外部性的区域外溢，比如流域水污染的问题。这三种情形中，前两种是社会经济活动所造成的，而后一种则是自然因素（如流水、风向等）所造成的原先人为环境损害的空间转移。

FDI所带来的跨界环境外部性，与生态环境本身的公共物品属性相关。与一般公共物品一样，生态环境也具有非排他性、非竞争性的特征，其供求机制往往会发生严重扭曲，从而导致市场失灵。无论是阳光、空气、水源、森林、荒野等纯粹公共物品，还是提供资源、能源和空间服务的混合公共物品，因其公共物品属性特质，生态环境往往会被过度使用和被"搭便车"。[①] 在环境规制不严格的情形下，企业污染环境意味着公益的下降和公害的增加，生态环境的纯公共物品性质使得所有的企业可以在没有代价或者代价很小的情况下，向外界排放污染物；而保护环境或者将污染物处理之后再排放，虽然会增加公益和减少公害，但是一则环保的成本必须由企业承担，二则"搭便车"现象的存在，使得其他企业可以免费享受增加公益和减少公害的好处，而进行环保的企业并不能由此得到收益。这就使得企业失去环保的动力。而环境规制严格了，由于区域之间在经济发展水平和环境规制的差异还比较大，企业就会选择到环境规制较为宽松的区域进行生产，使当地的生态环境受到影响，环境外部性则会发生转移。

在我国环境规制还存在区域差异的背景下，加上生态环境的公共物品性质，工业企业本身缺乏保护环境的内在动力。大量FDI进入工业领域，特别是污染密集产业领域，就容易对许多地区的生态环境形成巨大威胁。从外部性的定义出发，经济主体的经济行为给自然环境带来外部经济或不经济，并由此导致私人收益或成本与社会收益或成本不一致，就产生了环境外部性。伴随FDI的流动所造成的环

---

① 叶海涛.生态环境问题何以成为一个政治问题？——基于生态环境的公共物品属性分析[J].马克思主义与现实，2015(5)：190-195.

境外部性的跨越国界的转移，就是外国投资者将污染企业转移到我国进行生产经营，或者将其从我国某一区域转移到另一个区域，给当地的生态环境造成外部不经济，使私人成本小于社会成本。这个成本差异就是环境损害成本，也就是人们在利用和损害自然环境时所造成的机会成本。这本质上也是一种环境风险在空间上的转移，污染密集产业转移也可以说是转移环境风险的一种重要的策略选择。

二、FDI 环境外部性跨界转移的福利效应

FDI 进入我国以后，其环境外部性会产生两种影响，一种是对引资当地会产生影响，产业不管是直接从国外转移到东部沿海地区的，还是先从国外转移到东部沿海地区之后再转移到中西部地区，都属于此种情况；另一种是污染密集产业转移进来后产生的环境污染发生区域外溢，造成对其他地区的环境影响。这两种情况都会对当地居民或周边区域的居民造成福利上的损失。

（一）区域引入污染密集产业的福利效应

如果没有严格的环境规制，污染密集产业转移对环境造成严重的负外部性，承接污染密集产业的区域虽然能获得一定的经济利益，但如果将环境成本考虑进去，将会给当地居民造成大量的福利损失。

如图 5－3 所示，横轴 P 表示价格，纵轴 Q 表示数量。MPC 表示边际生产

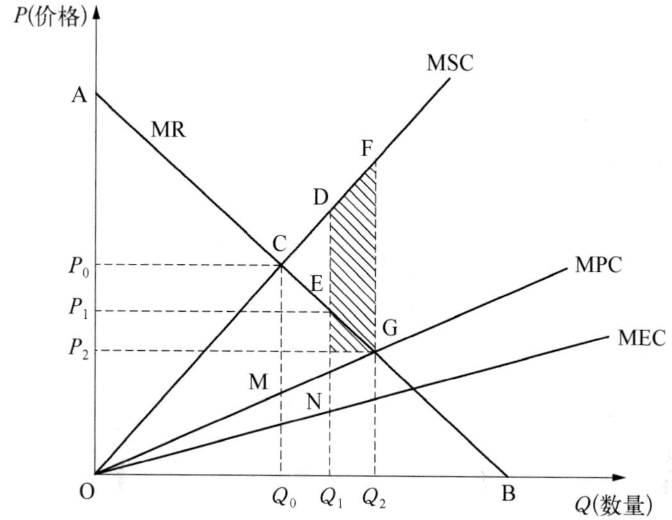

图 5－3 区域承接污染密集产业转移导致的经济福利损失

资料来源：李敦瑞.污染产业转移视角下 FDI 环境外部性的跨界效应[J]. 经济与管理，2012(4)：5－9.

成本，即某污染密集产业增加一单位产品生产所带来的生产成本的增加量。MEC 表示边际环境成本，即该污染密集产业多生产一单位产品而转嫁给外界自然环境的成本；MSC 表示边际社会成本，是 MPC 与 MEC 之和，反映了生产活动的真实成本；AB 是生产的边际收益曲线，即 MR 曲线。在这里，自然环境的自净能力对于工业污染排放来说是微弱的，本文对此忽略不计。图 5－3 中，C 点是 MR 曲线与 MSC 曲线的交点，由 C 点所对应的产量 Q_0 是社会最优的产量，此时生产的边际收益等于边际社会成本。超出 Q_0 这一产量水平将会使社会的资源配置偏离帕累托效率。产量水平为 Q_0 时，总收益是四边形 AOQ_0C 的面积，总成本是三角形 OQ_0C 的面积，创造的社会净福利，即生产者剩余与消费者剩余之和，为三角形 AOC 的面积。

由于环境成本没有得到内部化，在 Q_0 的产量水平上从事污染密集产业产品的生产，所带来的边际收益远远大于边际生产成本，整个产业的生产水平，必然高于 Q_0 水平。假定在没有外资进入之前，引资地区原有的企业在该污染密集产业的生产水平为 E 点所对应的 Q_1 水平（$Q_1>Q_0$）。在 Q_1 产量水平上，总收益是四边形 AOQ_1E 的面积，总成本为三角形 OQ_1D 的面积。相对于 Q_0 的产量水平，总收益增加量为四边形 CEQ_1Q_0 的面积，但总成本增加量为四边形 CDQ_1Q_0 的面积。相比之下，总成本多增加的面积为三角形 CDE 的面积，这就是当地企业扩大生产，并且没有对自身造成的污染进行治理，而给居民造成的不利影响。

但在 Q_1 产量水平上，边际收益依旧大于边际生产成本，这说明该区域在污染密集产业上具有比较优势。一方面，产业配套、基础设施比较健全，加之土地、劳动力等要素成本价格仍然具有一定优势，使 MPC 曲线处于较低的位置；另一方面，环境成本 MEC 没有内部化。所以形成较大的利润空间，吸引着外资进入当地的污染密集产业。随着外资进入，污染密集产业的产量逐渐增大，直到 MPC＝MR。此时，生产水平由均衡点 G 决定，G 点所对应的产量是 Q_2 水平（$Q_2>Q_1$）。较大的产量，使社会的资源配置水平，偏离最优产量水平 Q_0 更远，社会为污染密集产业生产所承担的环境成本大大增加。在 Q_2 产量水平上，总收益是四边形 AOQ_2G 的面积，总成本为三角形 OQ_2F 的面积。相对于 Q_1 的产量水平，总收益增加量为四边形 EGQ_2Q_1 的面积，但总成本增加量为四边形 DFQ_2Q_1 的面积。相比之下，总成本多增加的面积为四边形 DFGE 的面积，这个增加的面积就是因污染密集产业从国外移入给当地居民带来的整体福利净损失，说明了当地为了经济的繁荣，从国外引入污染密集产业之后，使环境污染程度加深，并且没有对污染进行治理，当地居民在经济发展过程中承受了环境污染，影响了他们的福利。

（二）FDI 环境污染的区域外溢效应

通常，一区域的经济活动很可能会对周边区域造成外部性，环境污染就是其中之一。由于自然界的一些客观因素的作用，一个区域进行工业生产，常常会污染其他区域的环境。比如，风向会将空气污染物传向其他地区，流水会将上游排放的污染物带到下游，等等。FDI 带来的环境污染，往往也会因为这些自然因素的作用而形成区域外溢，使其环境外部性在空间上得到扩散。这里以流域污染为例来说明该问题。

假定有一条河流，其流域分成上游地区和下游地区两个区域，上游地区排放的污染物是工业污水，由于环境规制不严格，上游地区没有对污水进行治理，而是直接排入河流中，则上游地区将环境成本完全转嫁给了下游地区，从而造成环境外部性的区域外溢。（如果上游地区将污水治理后再排放，则上游承担了所有的环境成本，没有对下游地区造成损害。）如图 5－4 所示，TEC 为治理环境污染的总成本曲线，环境治理成本与污染物的排放呈正相关关系，随着污染物的增加

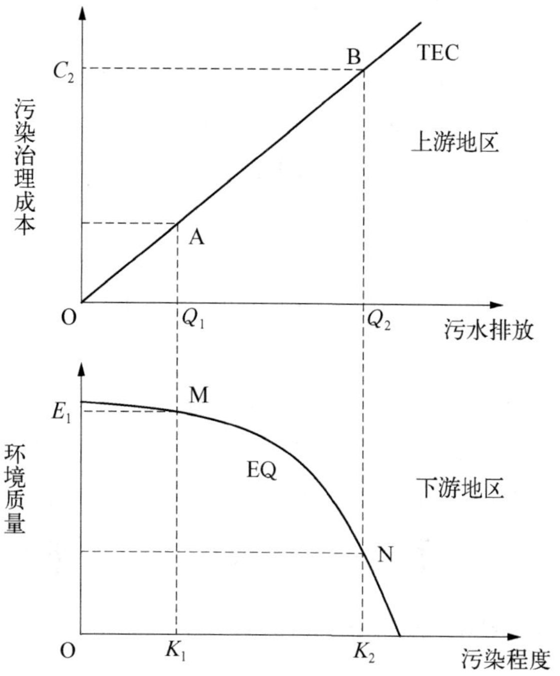

图 5－4　上游引入污染密集产业对下游的影响

总治理成本上升。如果EQ曲线为环境质量曲线，环境质量与污染程度呈负相关关系，随着污染程度的下降，环境质量上升。

假定上游地区初始状态为 A 点，在这一点上，上游地区还没有承接来自国外的污染密集产业，其当地原有企业污水排放量为 Q_1，其所对应的治理成本为 C_1，由于污水没有治理，C_1 被转嫁给了下游，在下游没有治理或者没有能力进行治理的情况下，其所对应的污染程度为 K_1，由于此时环境污染尚不是很严重，故而环境质量较好，为 E_1。

当上游地区承接了来自国外的污染密集产业之后，其污水排放量增至 Q_2，转嫁给下游的环境成本上升为 C_2，此时下游地区的污染程度上升为 K_2；与之相对应，下游地区的环境质量也急剧下降为 E2。上游地区承接了污染密集产业的转移，给下游地区带来了 $C_2 - C_1$ 外部成本（如果用污染程度表示就是 $K_2 - K_1$）。可见，当 FDI 的环境外部性发生区域外溢时，则会给周边地区也造成环境外部性。当然，这是发生在河流的上下游之间情况，如果是湖泊水污染、空气污染、土壤渗透，情况会略微不同，即本地区引入污染密集产业后，给周围地区造成污染的同时，也使自身陷入严重的环境污染中。

三、地方政府环境竞争的福利效应

过去一段时间，引资数量一直都是考核地方政府各级官员政绩的一项重要指标，各地区对 FDI 的竞争日趋激烈，许多地方政府为了大力吸引外资，不惜牺牲生态环境和当地民生利益，并许以过度的优惠措施。[①] 现而今，在经济下行压力增大的背景下，地方政府对于招商引资依然显得十分迫切。对于 FDI 的环境外部性，始终不能放松警惕。这里从污染密集产业的角度来进行分析。污染密集产业在向我国的许多区域转移的过程中，是以 FDI 为主要途径的。各地区通过税收减免、以优惠价格甚至无偿提供土地等外资优惠政策为污染密集产业的转移提供了广阔的空间，有些地区甚至以降低环境和安全标准为代价招商引资，这些对引资当地的环境福利究竟产生怎样的影响，地方政府过度的优惠政策是否会加剧 FDI 对当地环境的负面影响，本书在此借鉴 Pedro 及 Luis[②] 和岳中刚[③]的研究思路与方法，对地方政府为吸引 FDI 降低环境标准的福利效应进行

① 中国外商投资企业协会.2006 年在华外商投资企业白皮书[N]. 南方周末，2006 - 11 - 23.

② PEDRO P B, LUÍS C. Competing for foreign direct investment [J] . Review of International Economics，2000，8(2)：360 - 371.

③ 岳中刚.地区间竞争外商直接投资的福利效应分析[J]. 产业经济研究，2005(1)：17 - 23.

分析。

（一）基本假设

模型中有两个相似的同属于一个国家的地区，地区 1 和地区 2。假设两个地区各有一个企业（也可看作是区内企业的集合体），企业 1 和企业 2，在国外还有一家跨国公司 F。现在进行以下几个假设。

（1）两个企业生产同一种污染密集产业的商品。跨国公司 F 生产的产品与这两个企业的产品也相同。由于母国有着较为严格的环境规制，且污染密集产业在母国不具有比较优势，生产面临较高的成本，故而跨国公司 F 将把生产转移到地区 1 或者地区 2。

（2）由于地区 1 和地区 2 同属于一个国家，因此为一体化市场，地区间不存在关税和价格歧视，运输成本以及其他的一些壁垒都不存在，即产品在两个地区的流通成本为零，市场上的产品价格在两个地区都是一致的。

（3）Q 为市场上的商品总量，地区 1 和地区 2 的市场需求量都为$\frac{Q}{2}$，P 为市场出清价格，P 是Q 的函数。设：

$$P = P(Q) = a - Q \tag{5-1}$$

该污染密集产业产品的生产都无固定成本，企业 1 和企业 2 生产的边际成本为 C，跨国公司生产的边际成本为 C_f，由于其生产技术水平相对要高，所以 $C_f < C$。

（4）跨国公司的选择进入两个地区中的一个地区，跨国公司虽无生产上的固定成本，但其对任何一个地区都有一个初始的投资成本 I（如：为进入一个地区所要支付的一些交易成本等）。跨国公司进入某个地区后，就在地区 1 和地区 2 组成的一体化市场上与企业 1 和企业 2 进行古诺寡头竞争。市场上的总产量为：

$$Q = q_1 + q_2 + q_f \tag{5-2}$$

其中，q_1 为企业 1 的产量，q_2 为企业 2 的产量，q_f 为跨国公司的产量。

（5）由于生产的都是污染密集型产品，故而产品都对环境产生负外部性。企业 1 和企业 2 的边际环境成本是 T，即每生产一单位产品给环境造成的成本是 T，当地政府执行环境规制，使这两个企业每销售一单位产品自身所承担的环境成本都是 t，由于环境规制较松，实际上 $0 < t < T$，也就是说，企业自身承担的环境成本并不足以弥补企业生产所带来的环境外部性。

(6) 地区 1 和地区 2 都具有吸引外资的一些基本条件,如有相应的基础设施、技术人员等。为吸引外商直接投资,两个地区都制定了可置信的优惠政策,分别为 G_1、G_2(G_1 和 G_2 不包括环境政策)。并且政府为了进一步增强对外资的吸引力,在环境政策上给外资以优惠,两地区让跨国公司每销售一单位产品自身所承担的环境成本分别为 t_{f1}、t_{f2},且 t_{f1} 和 t_{f2} 都小于 t。

(7) 尽管跨国公司的生产技术较为先进,但其生产的是污染密集型产品。所以有一个正的边际环境成本 T_f,但是 $T > T_f > t > t_{f1}$ 或 $t_{f2} \geqslant 0$,而且 $(t_{fi}/T_f) < (t/T)$,说明外资企业在环境政策上比内资企业优惠。由于生产的是污染密集产品,外资企业虽然环境成本要低一些,但绝对不会过分的低,否则其本国的环境规制就不会对其产生限制作用,而且发达国家向发展中国家转移污染密集产业,一般都转移相对比较落后的技术、装备,其污染程度也很大,因此我们不妨进一步假定 $T_f > \frac{T}{2}$。外资进入除了扩大市场上产品产量,带来对环境的污染规模效应和市场竞争效应以外,还会带来技术溢出效应。技术溢出效应使企业 1 和企业 2 的边际生产成本和环境成本下降的比率分别是 θ 和 η,$0 < \theta \leqslant 1$,$0 < \eta \leqslant (T - T_f)/T$。当 $\theta = 1$ 以及 $\eta = (T - T_f)/T$ 时,技术溢出效应最强,使企业 1 和企业 2 的生产成本与环境成本都与跨国公司相同。

在本模型中,地区 1 和地区 2 的目标函数为本地区的总福利水平,也就是生产者剩余加消费者剩余,再减去净环境成本(就是生产给生态环境的成本与企业自身承担的环境成本之差)和优惠政策的成本。本模型中,不考虑当地企业与跨国公司合资或者合作的情形。

(二) 模型分析

在分析之前,首先考察一下企业的利润函数(π_i)和两个地区的福利函数(W_i)。如果跨国公司进入某一个地区以后,其利润函数为:

$$\pi_f = [a - (q_1 + q_2 + q_f) - C_f] \cdot q_f \tag{5-3}$$

令 $\frac{\partial \pi_f}{\partial q_f} = 0$,计算可得:

$$q_f^* = \frac{a - q_1^* - q_2^* - C_f}{2} \text{①} \tag{5-4}$$

① q_1^* 表示企业 1 利润最大化时的产量,q_2^* 表示企业 2 利润最大化时的产量。

同理可得：

$$q_1^* = \frac{a - q_f^* - q_2^* - C}{2} \quad (5-5)$$

$$q_2^* = \frac{a - q_f^* - q_1^* - C}{2} \quad (5-6)$$

计算由式(5－4)、式(5－5)和式(5－6)组成的方程组可得：

$$q_f^* = \frac{a + 2C - 3C_f}{4} \quad (5-7)$$

$$q_1^* = q_2^* = \frac{a - 2C + C_f}{4} \quad (5-8)$$

用式(5－7)减去式(5－8)可得：$q_f * - q_i * = C - C_f > 0$，显然，外资企业的产量大于企业1和企业2的产量。

地区1和地区2组成的一体化市场的均衡价格为：

$$P^* = \frac{a + 2C + C_f}{4} \quad (5-9)$$

地区1或地区2的市场均衡产量为：

$$Q_i^* = \frac{a - P^*}{2} = \frac{3a - 2C - C_f}{8} \quad (i = 1, 2) \quad (5-10)$$

跨国公司F和企业1、企业2的利润分别为：

$$\pi_f = \left(\frac{a + 2C + C_f}{4} - C_f\right) \cdot \frac{a + 2C - 3C_f}{4} = \frac{(a + 2C - 3C_f)^2}{16} \quad (5-11)$$

$$\pi_1 = \pi_2 = \left(\frac{a + 2C + C_f}{4} - C\right) \cdot \frac{a - 2C + C_f}{4} = \frac{(a - 2C + C_f)^2}{16} \quad (5-12)$$

地区1和地区2的福利为：

$$\begin{aligned} W_i &= \int_0^{\frac{3a-2C-C_f}{8}} (a - 2Q_i - P^*) dQ_i + \frac{(a - 2C + C_f)^2}{16} \\ &= \int_0^{\frac{3a-2C-C_f}{8}} \left(a - 2Q_i - \frac{a + 2C + C_f}{4}\right) dQ_i + \frac{(a - 2C + C_f)^2}{16} \\ &= \frac{(3a - 2C - C_f)^2}{64} + \frac{(a - 2C + C_f)^2}{16} \quad (i = 1, 2) \end{aligned} \quad (5-13)$$

式(5 - 13)中，第一项为消费者剩余，第二项为生产者剩余。因为跨国公司的利润归国外所有，只有本国企业的利润才算本地区的福利，所以式(5 - 13)中生产者剩余为企业 1 或者企业 2 的利润。

由于地区 i 给跨国公司优惠政策 G_i，并承诺在环境政策上给以优惠使其负担的环境成本为 t_{fi}，同时跨国公司的技术溢出使所投资地区当地企业的生产成本和环境成本下降的比率是 θ(即企业 1 或者企业 2 中只有 1 个得到技术溢出的好处)。由式(5 - 11)、式(5 - 13)可得：

$$\pi_f = \frac{[a + C(2-\theta) + 2t - 3(C_f + t_{fi})]^2}{16} + G_i - I \qquad (5-14)$$

$$\begin{aligned} Wi = & \frac{[3a - C(2-\theta) - 2t - (C_f + t_{fi})]^2}{64} + \frac{[a - C(2-\theta) - 2t + (C_f + t_{fi})]^2}{16} \\ & - \frac{a + C(2-\theta) + 2t - 3(C_f + t_{fi})}{4}(T_f - t_{fi}) \\ & - \frac{a - C(2-\theta) - 2t + (C_f + t_{fi})}{4}[T(1-\eta) - t] - G_i \end{aligned} \qquad (5-15)$$

$$\begin{aligned} W_j = & \frac{[3a - C(2-\theta) - 2t - (C_f + t_{fi})]^2}{64} + \frac{[a - C(2-\theta) - 2t + (C_f + t_{fi})]^2}{16} \\ & - \frac{a - C(2-\theta) - 2t + (C_f + t_{fi})}{4}(T - t) \end{aligned} \qquad (5-16)$$

为了简化分析，令 C_f 为 0，则式(5.14)、式(5.15)、式(5.16)简化为：

$$\pi_f = \frac{[a + C(2-\theta) + 2t - 3t_{fi}]^2}{16} + G_i - I \qquad (5-17)$$

$$\begin{aligned} Wi = & \frac{[3a - C(2-\theta) - 2t - t_{fi}]^2}{64} + \frac{[a - C(2-\theta) - 2t + t_{fi}]^2}{16} \\ & - \frac{a + C(2-\theta) + 2t - 3t_{fi}}{4}(T_f - t_{fi}) \\ & - \frac{a - C(2-\theta) - 2t + t_{fi}}{4}[T(1-\eta) - t] - G_i \end{aligned} \qquad (5-18)$$

$$\begin{aligned} W_j = & \frac{[3a - C(2-\theta) - 2t - t_{fi}]^2}{64} + \frac{[a - C(2-\theta) - 2t + t_{fi}]^2}{16} \\ & - \frac{a - C(2-\theta) - 2t + t_{fi}}{4}(T - t) \end{aligned} \qquad (5-19)$$

式(5-18) 和式(5-19) 的第一项表示消费者剩余,第二项表示生产者剩余即本地公司的利润。跨国公司向地区 1 和地区 2 中的一个进行直接投资,增强了两个地区组成的一体化市场的竞争强度,消费者从较低的均衡价格中获益,企业 1 和企业 2 都因此受到一定损失,但同时被投资地区由于跨国公司的技术溢出而使本地企业得到技术溢出的好处,降低了生产成本。两个地区都受到企业生产过程中环境污染的负面影响,其中引资地区企业的环境成本下降,但是外资企业的进入也将污染留在了当地,这些都对居民的福利产生影响。

根据地区 1 和地区 2 吸引外资的优惠政策和优惠的环境规制,跨国公司决定投资地区 1 还是地区 2。跨国公司决定究竟最终在哪个地区投资主要取决于在两个地区投资利润的对比:

$$
\begin{aligned}
\pi_{f1}-\pi_{f2}&=\frac{[a+C(2-\theta)+2t-3t_{f1}]^2}{16}+G_1-I\\
&\quad-\left\{\frac{[a+C(2-\theta)+2t-3t_{f2}]^2}{16}+G_2-I\right\}\\
&=\frac{9(t_{f1}{}^2-t_{f2}{}^2)-6a(t_{f1}-t_{f2})-6[C(2-\theta)+2t](t_{f1}-t_{f2})}{16}\\
&\quad+(G_1-G_2)\\
&=\frac{9}{16}(t_{f1}-t_{f2})\left[(t_{f1}+t_{f2})-\frac{2a+2C(2-\theta)+4t}{3}\right]+(G_1-G_2)
\end{aligned}
\tag{5-20}
$$

在式(5-20)中,前一项表示因两地区环境规制上优惠的差异带来的利润差额,后一项表示因两地在土地、税收等其他方面优惠政策带来的利润差额。土地、税收等其他方面的优惠政策和环境规制上的优惠政策共同决定跨国公司的投资偏好。如果两个地区在其他方面的优惠政策无差异,即 $G_1=G_2$,则跨国公司的投资偏好取决于两个地区环境规制上优惠政策的差异,由于 $t_{f1}+t_{f2}<\frac{2a+2C(2-\theta)+4t}{3}$,故而当 $t_{f1}<t_{f2}$ 时,跨国公司严格偏好投资地区 1;当 $t_{f1}>t_{f2}$ 时,跨国公司严格偏好投资地区 2。

吸引到外商投资的地区,相对于没有吸引到外资的地区来说,居民的环境福利将会受到影响,用式(5-18)减去式(5-19)可得:

$$
W_i-W_j=-\frac{a+C(2-\theta)+2t-3t_{fi}}{4}(T_f-t_{fi})
$$

$$
\begin{aligned}
& -\frac{a-C(2-\theta)-2t+t_{fi}}{4}[T(1-\eta)-t] \\
& -G_i+\frac{a-C(2-\theta)-2t+t_{fi}}{4}(T-t) \\
= & -\frac{a+C(2-\theta)+2t-3t_{fi}}{4}(T_f-t_{fi}) \\
& +\frac{a-C(2-\theta)-2t+t_{fi}}{4}\cdot T\eta-G_i \\
= & -q_f^*(T_f-t_{fi})+q_i^*\cdot T\eta-G_i
\end{aligned} \tag{5-21}
$$

在式(5－21)中,最后一项是其他优惠政策带来的福利损失。本文这里着重考察环境福利,式中第一项是污染密集产业外资企业进入给当地带来的污染规模效应,即外资企业产量和环境外部成本的乘积;第二项是污染密集产业外资企业进入给当地带来的技术溢出效应,内资企业产量与因技术外溢而减少的环境外部成本的乘积。毫无疑问,$q_f^*>q_i^*$,那么外资企业进入当地的对环境福利的总影响取决于外资企业的环境成本 T_f、对外资企业的环境政策 t_{fi}、内资企业的环境成本 T 和外资企业的技术溢出效应 η。如果我们进一步假定 $\eta=(T-T_f)/T$,即技术溢出效应足够强,使内资企业和外资企业的环境成本一样(现实中一般是很难出现这种情况的,在存在技术溢出的情况下,内资企业的环境成本也很难降低到外资企业的水平),则 $T\eta=T-T_f$,由于 $T_f>\frac{T}{2}$,如果 t_{fi} 足够小(现实中,一些地方政府为常常给予外资企业在环境规制上很大的优惠,使外资企业负担的环境成本很小甚至为0),则 $T_f-t_{fi}>T\eta$,此时污染规模效应超出技术溢出效应,居民总的环境福利因外资的进入而下降。换句话说,只有当环境政策比较严格时,才有可能使外资的环境外部效应总体上为正。

(三) 结论

通过以上分析可知,一些地方政府为吸引外资,引入污染密集产业,对外资企业给以极为优惠的环境政策,甚至在实际操作中不严格执行环境规制,使污染密集产业转移造成当地居民环境福利的下降,破坏了当地的生态环境。只有当外资企业最初的环境成本远远小于内资企业,外资企业的技术溢出效应足够大,地方政府不降低或少降低环境标准,而且外资企业的产量还要小于内资企业(或者技术溢出效应发挥到极致,并且环境成本差距足够大,以抵消产量上差距的影响),外资企业的总的环境外部效应才会为正。但是现实中这些条件都完全具备的可能性很小。近年来，一些学者通过研究环境分权发现，提高环境分权水平有助于吸引 FDI，即随着环境行政分权水平提高，FDI 将逐步向拥有较高环境行政管理权的地区流动。① 而这种环境行政管理权需要地方政府行使得当，避免因环境分权而形成区域上的环境规制落差，从而导致一些区域成为新的“污染天堂”。

第四节　FDI 环境外部性的时间维度分析

外资企业给我国带来的跨界环境外部性并不是个别现象。我国许多区域的生态环境都面临着这种跨界外部性的威胁。Grossman 和 Krueger 认为，从长期来看贸易对环境的作用是正的，短期内的影响将会随着收入的增长慢慢消失。② 本书基于这一认识对 FDI 进行分析，即从长期来看，结构效应将逐渐转化为正效应，它与技术效应的合力将超过规模效应。但实际上，人们不可能坐等生态环境的改善，而且环境的恶化和资源的耗竭也影响着一代人甚至几代人的福利；更何况生态环境破坏造成的影响在许多时候往往是不可逆的，比如物种灭绝以后不可能再生，重要生态系统的很难恢复甚至不能恢复，等等。人们在经济上的许多损失还可以慢慢弥补，但在环境方面的损失常常是无法挽回的。本书这里主要是要运用代际外部性的相关理论分析 FDI 环境外部性在时间维度上的长期效应。

一、污染密集产业转移对代际公平的影响

生态环境的破坏在许多时候是不可逆的，污染密集产业转移导致的代际环境外部性的存在会导致代际主体之间成本或收益的外溢，损害了代际公平，不利于经济的可持续发展。

（一）污染密集产业转移与环境资源代际产权分配

根据本书第二章的分析，与当代人相比，子孙后代并不能参与今天的经济活动和经济决策，因此其环境资源上的权利取决于当代人。因此，环境资源的代际产权分配一直是理论界需要解决的一大难题。我国学者毕秀水以美国哲学家罗

① 李国祥，张伟.环境分权之于外商直接投资区位选择的影响[J]. 现代财经（天津财经大学学报），2019(8)：36－50.

② GROSSMAN G M，KRUEGER A B. Environmental impacts of a North American Free Trade Agreement[M]//GARBER P M. The Mexico－U.S. Free Trade Agreement. Cambridge：MIT Press，1991.

尔斯的代际正议论为伦理基础，提出了自然资本代际产权理论。他认为自然资本配置不仅涉及当代人利益 也涉及后代人利益，所谓自然资本代际产权是指“对于涉及人类，包括后代全体利益的自然资本产权界定的一种制度安排，其内涵是指对自然资本的所有、占有、处置及使用乃至收益等权利，后代人与当代人享有同等权利，处于平等地位。这些权利交易的结果不仅有利于代内，而且有利于代际之间的利益平衡，即不能以损害后代人利益来谋取当代人经济福利”。①从这一理论出发，生态环境质量以及自然界的一切资源都属于自然资本范畴。这种自然资本的产权既涉及代内的也涉及代际的。环境资源产权也属于这种自然资本产权的范畴。就污染密集产业转移而言，污染密集产业从发达国家或地区转移到相对落后的国家和地区，从空间的角度来说，自然资本产权在国家或区域之间界限模糊，发达国家或地区没有对自然资本的使用支付费用或者支付足够的费用。从时间的角度来看，引资到落后国家和地区，为了当代人脱离贫困，乃至实现经济繁荣，承接了来自国外或区外的污染密集产业，引起环境负外部性的发生，造成当地生态环境质量下降、自然资源耗竭甚至是灾难性的后果。实际上，这是环境利益享受和环境保护责任承担的背离，也使代际公平遇到了各种阻力，②不但对当代人造成不利影响，也影响了子孙后代的生存环境，使子孙后代的自然资本大大减少。

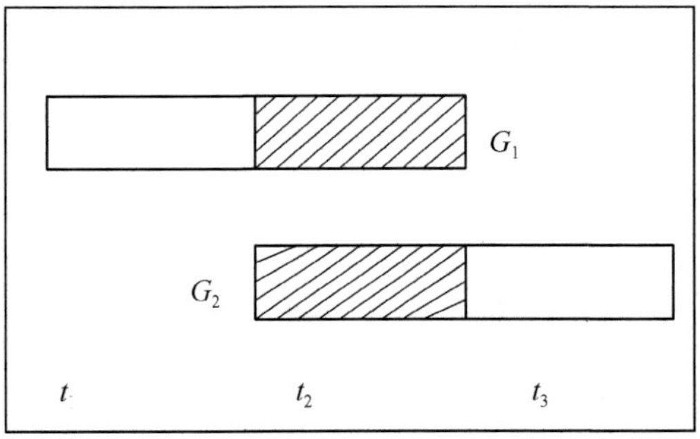

图 5－5　两代三期世代交叠示意图

资料来源：HOWARTH R B, NORGAARD R B. Intergenerational resource rights, efficiency, and social optimality[J]. The Economics of Sustainability, 2002: 181－191.

这实际上忽略了自然资本代际产权，当代人的市场竞争机制直接将后代人的自然资本产权排除在外，或者大大削弱。接下来，我们采用 Howarth 和 Norgaad③ 的两代三期世代交叠模型来进行分析。

如图 5－5 所示，在两代三期世代交叠模型中，假设某一区域中有两代人 G_1 和 G_2（实际中当然不会

① 毕秀水.自然资本代际配置研究—可持续发展的产权制度设计[J]. 中国工业经济，2004(8)：20－25.

② 黑川哲志，王树良，张震.从环境法的角度看国家的作用及对后代人的责任[J]. 财经法学，2016(4)：65－72.

③ HOWARTH R B, NORGAARD R B. Intergenerational resource rights, efficiency, and social optimality[J]. The Economics of Sustainability, 2002: 181－191.

只有两代人，这里只是为了方便分析问题而作的假设），有三个时期 t_1、t_2 和 t_3，当代人 G_1 生活在 t_1 和 t_2 两期，后代人 G_2 生活在 t_2 和 t_3 两期，两代人在 t_2 期发生交叠。两代人都对环境资源拥有一定的产权，他们之间存在着代际分配。

如图 5－6 所示，横轴表示每代人在环境资源代际产权中所获得的份额，假定两代人的总份额为 1，他们之间的份额是此消彼长的。纵轴表示福利，在环境资源代际产权中所获得的份额越大，则福利水平越高，反之则越低。W_1 表示代 G_1 的福利曲线，W_2 表示代 G_2 的福利曲线。代 G_1 在环境资源代际产权分配中居于主导地位。如果其份额为 0，表示代 G_1 没有使用自然资源禀赋，也没有对环境质量构成影响，当然这种情况在现实中一般是不存在的；如果代 G_1 所占份额为 0 与 0.5 之间，说明代 G_1 经济活动规模比较小，对环境资源占用较少，为子孙后代留下了更多的资源；如果代 G_1 和代 G_2 的份额都为 0.5，表示两代人在环境资源产权上公平分配，代 G_1 的经济活动没有超出大自然的承载能力，代 G_2 仍能享受同等的生态环境质量；如果代 G_1 的份额超过 0.5，甚至达到 1，说明其经济活动是不可持续性的，过多地消耗自然资源，并且其对环境的污染也极为严重，代 G_2 在环境资源分配中就处于非常不利的地位。

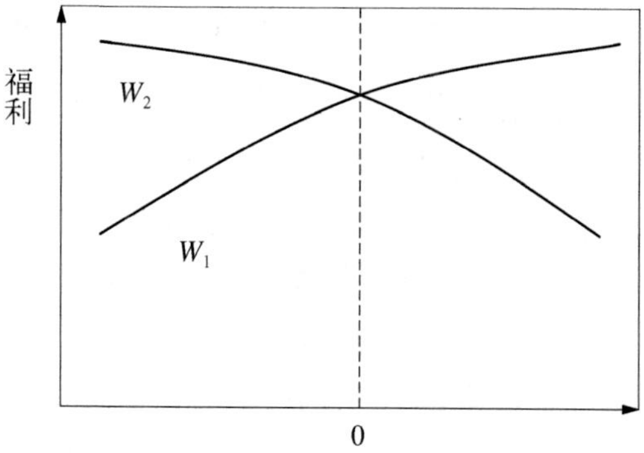

图 5－6 环境资源代际产权结构与福利分配

资料来源：HOWARTH R B，NORGAARD R B. Intergenerational resource rights，efficiency，and social optimality[J]. The Economics of Sustainability，2002：181－191.

对于落后的国家或地区来说，当代人都有谋求经济发展的欲望，一般都会尽可能利用环境资源发展经济，从图 5－6 中可以看出，两代人环境资源产权分配中份额都为 0.5 时最能体现代际公平，并且当代人在尽可能利用自然资源"脱贫致富"的同时，也给后代人留下充足的发展空间。然而在现实中，当代人的许多决策缺乏一种代际的可持续性，即当代人的许多行为是短视的。眼前经济利益的驱动，再加上生态环境也具有公共物品的性质，以及地方政府为了"政绩"更关注当地的经济发展，使当代人很容易忽视对生态环境的保护。也就是说，当代人更倾向于使环境资源代际产权的分配有利于自己，使自己所获得的份额大于 0.5，子孙后代的福利因此而受到损失。对此，落后国家和地区积极引入并发展污染密集产业就是一种明证。当代人的经济发展以过多占用自然资本为代价，使子孙后代的发展空间被大大压缩，这损害了代际的公平。因此，要实现自然资本的循环可持续利用，就需要考虑自然资本具有显著的稀缺属性，还需要综合考虑需求的迫切性、自然资本的总量等因素，科学作出让自然资本进入社会系统或生态系统的政策选择。①

二、污染密集产业转移的生产效率与代际公平

污染密集产业转移对环境造成严重的负外部性，带来严重的生态环境系统破坏，甚至造成不可逆转的后果。这在使当代人获得经济利益的同时，对后代人的生存和发展构成威胁，形成代际不公平，给人类造成经济福利上的损失。

工业化是吸引 FDI 进入污染密集产业的重要因素。当经济的增长主要依靠资源投入时，承接污染密集产业转移就是增加投入的一条重要途径。污染密集产业转移对于不发达国家和地区来说，对于促进工业化，带动经济增长，客观上有一定的效能，但这既占用了大量的资源，也严重破坏了生态环境，从代际的角度上看也存在着公平和效率上的问题。本书在此借用埃奇沃斯盒形图来分析某一区域引入污染密集产业对资源配置和环境利用的影响。由于它在理论上符合主流经济学的“经济人”假设，便于在实践上分析当代人和后代人两个自利的经济主体如何在既定的资源环境约束下，追求利润最大化、实现资源的最优配置，这对于在人类经济发展的资源环境约束将日益彰显的今天，人们着手研究资源的最优配置和环境的最佳利用有着重要的意义。②

在图 5-7 中，OO′表示契约曲线，在这条线上组织生产效率最高；左、右两边纵线分别表示当代人和后代人的生态环境，主要包括空气、水源、生物系统等；上、下横线分别表示当代人和后代人的其他资源；弧线 AB 、A′B′、A″B″表示当代人一组工业品等产量曲线，弧线 CD、C′D′、C″D″表示后代人的一组工业品等产量曲线；L、M、N 都是当代人和后代人等产量曲线的切点；弧线 XY 表示可持续发展边界。工业生产对生态环境是有压力的，这里把生态环境也看作一种生产要素，对其占用的越多，说明环境污染越重，反之则越轻。等产量曲线的形状表明生态环境与其他资源有一定的替代作用，但不是完全的替代，即工业生产需要投入资源，但也会造成环境污染，而治理环境污染又需要投入大量资源，在既定的

① 宋猛，刘伯恩.自然资本价值循环实现：逻辑起点、运行机理与策略选择[J]. 广西社会科学，2021(7)：59-65.

② 张慧芳，陶昆刚.代际可持续发展：基于艾奇沃斯方框图的分析[J]. 经济地理，2005(7)：532-537.

产量条件下，如果生产者愿意投入较多的资源治理环境，则环境污染程度就会小一些，反之环境污染就严重一些，而生产者也会因此节约资源。

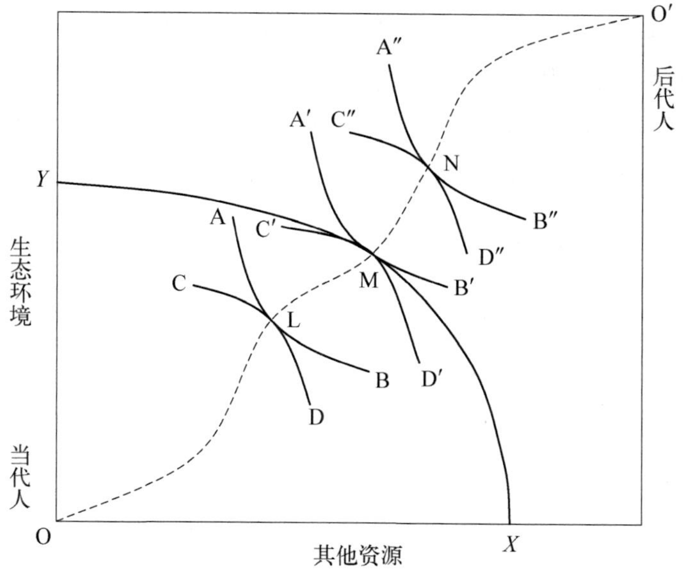

图 5－7　污染密集产业转移与生产的效率

资料来源：李敦瑞.基于污染密集产业转移的 FDI 环境外部性代际效应研究[J].科技进步与对策，2012(6)：70－72.

本书在这里假设该区域内的资源是有限的，生态环境也是一种资源，当地人只有在合理开发的条件下，才有可能永续利用。当代人的生产活动如果控制在可持续发展边界以内，虽然会有一些污染，但是依靠人类的治理和自然环境的自动恢复能力，生态环境会得到恢复，当地的资源才可以持续利用下去，为后代人留下至少不比当代人差的生存发展条件。如果当代人的生产活动突破了可持续发展边界，生态环境将不能恢复，自然环境的恢复能力将会丧失，即使依靠人们的治理和技术的进步也不能恢复，其他资源也将会逐渐枯竭，后代人的利益将受到损害，人们并不能为技术进步提供足够的时间以找到其他新的资源，而外区域的资源毫无疑问不能免费获得，是要依靠本区域的资源进行交换的。

假定区域内当代人初始的等产量线为 AB，这时人们的工业生产尚且控制在可持续发展的范围之内，不过经济发展水平比较低，工业产品产量也比较低，后代人也有足够的生存发展空间。当地人为了经济发展，推进工业化进程，承接了国外的污染密集产业转移，使等产量线右移，工业品产量大大增加，与此同时环境污染越来越严重。如果等产量线不超过 A′B′线与 XY 曲线的切点 M，则经济社会发展的可持续性还可以维持下去，而且到一定阶段之后随着产业结构的升级、技术的进步，对环境的污染会逐渐下降。如果等产量线超过 M 点，比如上升到了 A″B″线，虽然工业产品的产量大幅上升，但环境污染和资源的耗竭已经突破可持续发展的界限，后代人的生存空间大大压缩，等产量线最大限度只能达到 C″D″。可见，过度地引入污染密集产业尽管可以带来工业的发展和暂时的经济利益，可是这种生产上的效率破坏了代际的公平。

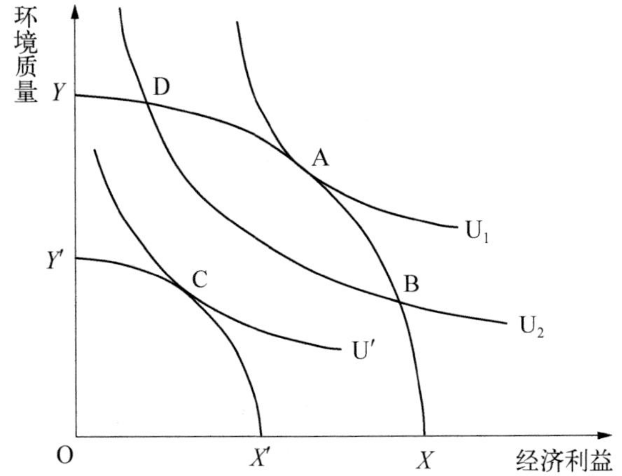

图 5-8　污染密集产业转移对当代人和后代人福利的影响

资料来源：李敦瑞.基于污染密集产业转移的 FDI 环境外部性代际效应研究[J].科技进步与对策，2012(6)：70-72.

承接污染密集产业转移所带来的经济效益经济体现为一种生产上的效率，但是站在社会福利的角度上看，这种效率未必真的有效，因为以这种方式获得经济利益是以牺牲环境质量和资源耗竭为代价的，人们的福利水平不仅用经济利益来衡量，好的生活环境也是必不可少的。在图 5-8 中，横轴表示经济利益，纵轴表示环境质量。XY 表示当代人的生产可能性曲线，X′Y′表示后代人的生产可能性曲线。U_1 和 U_2 表示当代人的效用曲线，U′表示后代人的效用曲线。A 点和 C 点分别为 U_1 和 XY、U′和 X′Y′的切点，B 点和 D 点为 U_2 和 XY 的交点。在满足可持续发展要求时，后代人的生产可能性曲线和效用曲线可以和当代人一样，甚至向外扩展。

这里假定如果实现了可持续发展，当代人和后代人拥有同样的生存发展空间，反之，后代人将处于不利地位。从图中可以看出，如果经济效益太差，即使环境质量很好，人们的效用水平也不高，比如在 D 点，环境质量很高，但经济利益很少，人们的效用只有 U_2 水平；如果经济发展能够兼顾环境效益，满足可持续发展的要求，当代人的效用在 U_1 和 XY 相切的 A 点上，而后代人的效用水平至少在 U_1 水平上，也可能获得更高的效用水平。当然由于产业结构升级和技术进步后代人取得经济利益的方式不同于当代人。而现实的情况是该区域过度地引入了污染密集产业，这固然获得了经济利益，但是环境质量大幅度下降，人们的效用水平也下降到 U_2 水平。对于后代人来说，由于环境的恶化、资源的耗竭，使生产可能性曲线向内由 XY 移动到 $X'Y'$，即使后代人企图依靠产业升级和技术进步来改善自己的生活，但实际的条件已经不允许他们扩展生存空间了，所以他们的效用曲线最大限度只能达到 U'的水平。由此可见，过度的污染密集产业转移虽然会带来暂时的生产效率，但是这种效率牺牲了代际公平，而且过度的污染和资源消耗在使当代人效用水平下降的同时，也损害了后代人的利益，所以实际上还是无效的。

（三）结论和启示

FDI 环境外部性的代际效应体现为环境资源产权代际之间分配极大的不公平，污染密集产业转移则使这种情况更加严峻，当代人对自然资源的过度开发以及生态环境系统的不可恢复，使后代人的生存空间被大幅度挤压，造成巨大的福利损失，当代人虽从经济发展的收益中得到一定补偿，但也蒙受环境污染造成的福利损失。由于后代人不能成为当代市场竞争的主体，所以污染密集产业转移带来的代际问题的解决，并不能仅仅依赖市场机制，政府的监管机构、公众的环保意识、民间的监督机构等各方面的作用都要尽可能发挥。尤其是，环境规制的增强会增加具有“污染光环”效应的 FDI，减少具有“污染天堂”效应的 FDI；各地区应坚持招商引资与污染防治并举，通过提高环境标准，加大对企业排放水平的监管力度，充分发挥 FDI 在环境规制减排过程中的间接作用，进而改善环境质量。①

三、FDI 与代际环境公共物品的供给

生态环境以及各种环境服务具有公共物品的性质，代际环境公共物品描述的是一种代与代之间在环境保护上的紧密联系。FDI 的环境外部性还体现为污染密集产业转移对代际环境公共物品的供给存在负面影响。

---

① 李佳佳，郭雅娟，刘嘉彤. 环境规制、外商直接投资与环境污染——基于中国城市面板数据的实证分析[J]. 经济问题，2022(12)：45－52.

（一）代际环境公共物品的界定

代际公共物品是指一代以上的人分享使用的产品，即一代人提供的产品使得其他各代受益或者受损。① 代际公共品通常与代际溢出相联系，依据溢出产生的方向，代际公共品一般可以被区分为两种基本的形式，向前的代际公共物品和向后的代际公共物品。向前的代际公共物品意味着当前一代向将来各代的一种转移，例如，一些大型基础设施能惠及子孙后代；而向后的代际公共物品则意味着将来各代对当前一代的转移，例如，地方对年老者提供的医疗服务。② 根据这些定义，包括环境质量、环境政策，以及一些环境公共设施在内的环境公共物品也具有代际公共物品的性质。无论是空气、水源、土壤等自然生态资源，还是人工的森林和环保设施，只要使用和保护得当，都能惠及子孙后代。可见，环境公共物品的代际特征往往十分显著。

根据第二章代际环境公共物品的定义和大多数环境公共物品的代际特性，可知代际环境公共物品具有这样的特性：一是具备一般公共物品非排他性和非竞争性的特性。“在自由竞争市场的价格机制作用下，由于公共物品具有公共性往往使得市场缺乏供给动力，实现公共物品的有效配置需要政府部门实施适当的政策手段以合理调节资源配置。”③代际公共物品的有效配置同样离不开政府部门的政策手段。二是代际传承性，由于代际公共物品不止一代人享用，如果当前一代人在享受物品的同时能够有效保护，则后代的福利不受影响，代际公平性就能维持下去；反之，后代人则不能享受到同等质量的环境物品。三是代际环境公共物品中除了环境制度和环境信息这些虚拟的环境物品外，绝大多数都是区域性的，有一定的空间范围，这是由环境物品的物理特性所决定的。④

（二）代际环境公共物品的供给机制分析

公共物品供给机制是从供给主体和运行机理的角度抽象出的公共品供给模式，包括政府供给、市场供给和自愿供给三种机制。公共物品的性质特征、技术进步、政府职能理念、公平效率准则、政府政策倾向、需求状况以及私人资本规模都有可能对公共品供给机制产生影响，其中公共品自身的性质特征是决定公共

① 李项峰.地方政府行为外部性研究[D].广州：暨南大学，2007：99.

② SANDLER T, KERRY S V. Intertemporal and intergenerational Pareto Efficiency[J]. Journal of Environmental Economics and Management, 1976, 2: 151 - 159.

③ 毛紫君.公共物品有效供给的经济学分析与对策研究[J].技术经济与管理研究，2021(4)：68 - 71.

④ 李敦瑞.FDI对代际环境公共物品供给的影响及原因——以污染产业转移为视角[J].经济与管理，2012(10)：10 - 14.

品供给机制的最基本因素。[①] 对于代际环境公共物品来说，其自身的性质特征决定了其供给机制不能依赖于包括自愿供给和市场供给在内的私人供给。

首先，包括生态环境、环境制度、环保设施在内的绝大多数代际环境公共物品，具备完全的消费上的非竞争性和非排他性，属于纯公共物品。对于这种纯公共物品而言，当代的需求者并不愿意让别人了解自己的环境公共品的真实需求状况，“搭便车”的行为难以杜绝；对于未来的需求者来说，他们只是一些虚拟的主体，并不能参与现在的市场交易，更不可能为自己对代际环境公共物品的消费作现时的偿付，其需求意愿只能由当代人基于伦理和责任为其“着想”。对于供给者来说，并不能通过私有产权的界定排除他人的消费，而通过市场交易机制，则因为需求信息的难以获得甚至无法获得而不能进行。这样代际环境公共物品的需求曲线无法测定，市场手段不能通过价格机制实现这种公共物品的有效供给，市场失灵产生。而自愿供给主要是在社会舆论压力、伦理道德、历史责任感等软约束机制的作用下形成的，或是因为其本身缺乏长远的利益驱动机制，或是因为民间私人的力量相对薄弱，所以也不能成为供给代际环境公共物品的主导力量，充其量只能成为一种补充。

其次，从公平与效率的辩证关系出发，代际环境公共物品的供给更多的是从代际公平的角度出发的。当代人为后代人提供环境公共品，并不能直接为其带来经济效益，即从经济上也许是无效的。如果将代际效率考虑进来，未来各代人的收益对于今天的人来说是没有效用的，如果用成本—收益的方法衡量代际效率，则存在一个贴现率的问题，而在现实中人们往往倾向于对未来的收益给予较高的贴现率，或者说用较低的贴现因子进行折算，折算后未来各代人的收益对于今天的人来说就显得微不足道。这种对于未来各代人收益的折算，会使代际公共物品的供给即使对后代人有效在今天也不会被重视。今天的当代人更重视现实中经济利益的攫取。由于私人供给更看重今天的效率，所以代际环境公共物品的供给不应该主要依靠私人的力量。

再者，对代际公共物品的需求和偏好的共性也决定了不能依赖私人供给。“相对于政府的供给能力而言，公民对公共品的需求越是旺盛，供不应求的缺口越大，越为非政府部门供给公共品提供了空间。”[②]但是对于代际环境公共物品

---

① 樊丽明，石绍宾.公共品供给机制：作用边界变迁及影响因素[J]. 当代经济科学，2006(1)：63-68.

② 同①。

而言，后代人对于公共物品的需求不能在今天得到展现，与一般的公共物品相比，供不应求的缺口不再存在，非政府部门供给公共物品的空间自然也就被压缩。况且，人们对良好的生态环境质量、合理的环境制度、充分的环境信息、先进环保设施等代际环境公共物品的偏好差异性非常小，私人在供给时难以发挥规模经济的好处，达不到降低供给成本和提高经济效率的目的。因此，政府的作用更加凸显。当然，"公共物品供给过程中，不能完全依靠政府官员的职业道德约束使其将为公众谋福利作为工作目标，而应建立完善的监督机制，以避免政府官员利用手中的权力谋取个人利益、出现寻租腐败等现象"。①

（三）污染密集产业转移对代际环境公共物品供给的影响②

代际环境公共物品既然不能依赖私人供给，那就需要以政府部门的供给为主导，这就要求政府要有长远的目光，不仅考虑当代人的利益，还要考虑后代人的生存和发展空间。然而在现实中，政府的行为特别是一些地方政府的行为也时常存在短视的可能性。改革开放后，随着 FDI 的大批进入，污染密集产业也大量从国外转移到我国，并且在区域上有扩散的趋势，这也带来了环境负外部性的转移和扩散，从时间维度上说，影响了代际的公平；而地方政府为了寻求经济利益，也倾向于接纳污染密集产业。③ 这种政府行为毫无疑问会影响代际公平，从代际效率的角度来说，也会使代际环境公共物品的供给处于低效状态。

本书以环境质量为例来说明污染密集产业转移对政府代际环境公共物品供给的影响。如前所述，环境质量是可以为一代以上的人所享用的代际纯公共物品，也是代际环境公共物品中对居民来说最为重要的部分。如图 5-9 所示，纵轴 P 为价格，横轴 Q 为数量；d_1 和 d_2 分别为当代人和后代人对环境质量的需求曲线，TD 是环境质量的总需求曲线，因为环境质量是纯公共物品，所以 TD 由 d_1 和 d_2 垂直加总而成；④假定环境质量对后代人和当代人的效用是一样的，但是后代人的效用在今天需要用一个折现因子进行折现，所以后代人的需求曲线

① 毛紫君.公共物品有效供给的经济学分析与对策研究[J].技术经济与管理研究，2021(4)：68-71.

② 李敦瑞.FDI 对代际环境公共物品供给的影响及原因——以污染产业转移为视角[J].经济与管理，2012(10)：10-14.

③ 虽然已经有个别地区制定措施开始限制污染密集产业，但一则这只是个别现象，二则即使这样的个别地区在早期经济不发达时也是欢迎污染密集产业进入的，只是后来环境污染到极其严重的地步时，才出台措施加以限制的。

④ 在现实中，很难获得消费者对纯公共物品的真实需求信息。这里实际上隐含了一个假定，即采用支付意愿法，政府获得了当代人为得到不等量的环境产品意愿支付多少金额的信息，后代人的支付意愿按照当代人的支付意愿进行折现。政府得到这两个信息只是为了确定需求曲线，以便最终确定环境质量的供给数量；供给环境质量的全部花费由政府承担，政府并不要求公众真的为自己消费的环境质量付费，否则公众是不愿意告诉政府自己真实的支付意愿的，当然后代人也不可能向今天的政府支付环境费用。

低于当代人的需求曲线；假定给出了环境质量的总供给曲线 TS（或者是供给环境质量的边际成本曲线），环境质量作为纯公共物品由政府供给，政府供给的数量受供给的成本影响，这个成本包括治理污染的成本、执行环境规制的成本、对生态环境实时监控和保护的成本，以及相关的一些机会成本等。

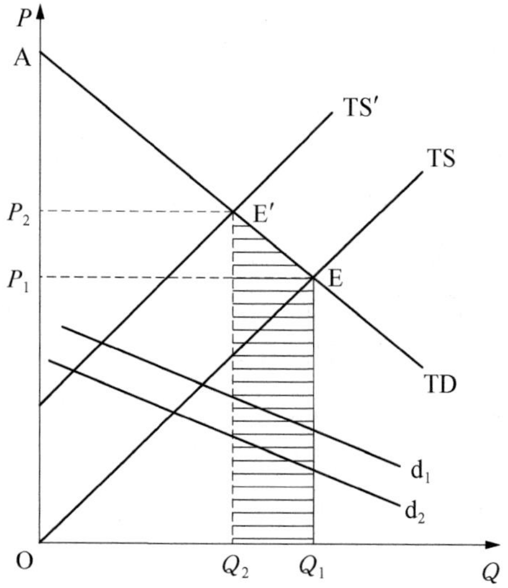

图 5－9　污染密集产业转移与“环境质量”的供给

资料来源：李敦瑞.FDI 对代际环境公共物品供给的影响及原因——以污染产业转移为视角[J]. 经济与管理，2012(10)：10－14.

假定在污染密集产业转移之前，环境质量的均衡价格和均衡数量由 TS 曲线和 TD 曲线的交点 E 决定，其对应的价格和数量分别为 P_1 和 Q_1，当代人和后代人的福利水平为四边形 AOQ_1E 的面积（因为不需要为自己消费的环境质量付费，所以其福利水平不仅仅只是三角形 AP_1E 的面积，而是三角形 AP_1E 与四边形 P_1OQ_1E 面积之和）。当存在国外污染密集产业转移时，政府面临着一个巨大的机会成本，即如果不采取措施吸引污染密集产业进入自己的辖区内，那么本区域将失去一个促进经济增长的好机会，政府当政者也因此失去一个促进经济增长而给自己带来显著政绩的好机会；而且当代人中潜在的与外资企业的合资者或合作者、潜在的就业者、潜在的原材料供应商、潜在的污染密集产业产品的需求者就有可能形成利益集团，对政府施加压力，使政府拒绝外来污染密集产业而确保环境质量供给的成本增加。这个巨大的机会成本使政府供给同等数量的环境质量的成本大大增加，促使供给曲线由 TS 向左上方移动至 TS′。这时均衡点为 E′点，所对应的环境质量的均衡价格和均衡数量分别为 P_2 和 Q_2。当代人和后代人的福利为四边形 AOQ_2E'的面积（即三角形 AP_2E'与四边形 P_2OQ_2E'的面积之和），相对于污染密集产业转移之前，福利净减少为四边形 $E'EQ_1Q_2$ 的面积。可见，地方政府采取措施引入来自国外的污染密集产业，导致代际环境公共物品供给不足，使之处于低效状态，不仅对当代人的福利有所损害，更对后代人的福利造成损失。

（四）结论和启示

公共物品是社会发展的基础，其有政府直接供给、市场供给、非营利组织供给、多主体合作供给等多种方式。[①] 而代际环境公共物品是一代以上人共同享用的环境公共物品，其自身的特性决定了其供给机制应当采用以政府供给为主导、其他供给机制为调节的模式。

但是由于代际公众利益的分散、现实利益的驱动，加上在我国现行的公共物品供给制度下，代际公共品容易出现供给不足，污染密集产业的转移加剧了地方政府的短视行为，造成代际环境公共物品供给上的无效或低效。污染密集产业转移对我国代际环境公共物品供给的不利影响，很大程度上是地方政府竞争FDI 环境外部性空间影响在代际上的延续。这实际上就要求设计一个有效的机制或者采取相关的措施，来克服地方政府在代际环境公共物品供给上存在的“缺陷”，如立法保护、树立科学发展观、设立一些相关机构专门用于关心后代人的利益、对地方政府政绩考核的标准重新设定等。

① 段绪柱.公共物品的供给方式及其选择[J]. 黑龙江社会科学，2020(3)：48 - 53.

第六章

FDI 环境外部效应的原因解析

关于环境外部性产生的根源，一般认为主要有公共物品性质、经济活动的分散性、市场失灵、政府失灵、贫困、生产率的不完全性、时空转移、良心效应、“囚徒困境”等原因造成。① 再进一步划分，主要是三个方面的原因，即产权模糊导致外部性特别是负外部性，“市场缺陷”导致负外部性，以及“利益分散”产生外部性问题。② 在我国，FDI 环境外部性的产生除了这些原因之外，也有着自然、经济、社会等方面的多种原因。本章的目的就是在前面几章分析的基础上，结合环境外部性起源的一般性理论，并从我国现实的国情出发，特别是我国融入国际分工体系、推进工业化进程的情况，进一步分析 FDI 特别是污染密集产业转移环境外部性产生的原因，为提出合理的应对措施提供相应的依据。

第一节　全球价值链模式的产业转移

过去，通过吸收 FDI，中国承接了大量的国际产业转移，推进了自身的工业化进程，这对于改善国际分工地位，，并维持长时间的高速增长，发挥了重要作用，但“低端锁定”和整体经济“大而不强”的情况值得警惕。③ 而与之相伴随的，则是 FDI 的环境外部性，特别是国外污染密集产业转移对我国的生态环境造成严重的负外部性。

---

① 李寿德，柯大纲.环境外部性起源理论研究述评[J]. 经济理论与经济管理，2000(5)：63 - 66.
② 陈玉玲.生态环境的外部性与环境经济政策[J]. 经济研究导刊，2014(16)：291 - 292.
③ 李敦瑞.国内外产业转移对我国产业迈向全球价值链中高端的影响及对策[J]. 经济纵横，2018(1)：123 - 128.

一、国内国际的经济差异

从前面第三章第三节污染密集产业向我国转移的机制分析中，可知污染密集产业转移通常发生在经济发展水平差异较大、产业分布梯度层次不同的国家和地区。产业结构的演化经历着从低级到高级的过程，这一过程也是经济发展水平不断提升的过程。不同经济发展水平的国家和地区在产业结构上存在着巨大的差异，这使得两类国家和地区之间存在着产业级差，即产业发展水平和结构上的差异。根据“边际产业论”，对外直接投资应发生在投资国处于或即将处于比较劣势的行业，即所谓的“边际产业”，而这些产业在东道国是具有比较优势或潜在比较优势的行业；对外直接投资应选择在国际分工中处于更低阶梯的国家或地区，在向这类发展中国家投资时，要随着比较成本的变化，从技术差距小、容易转移的行业开始按序进行，才能发挥投资国和东道国的比较优势。① 因此，一方面，经济发达的国家和地区会将一些逐渐失去比较优势的边际产业向经济相对落后的国家和地区转移；另一方面，落后国家和地区的企业由于技术基础薄弱、资本匮乏、自主创新能力欠佳等原因，需要通过吸收 FDI 以承接来自发达国家和地区的产业转移，以获取自身发展所需的技术、资金和管理经验。

在改革开放早期，我国提出了以工业化为核心的经济发展理念，并逐渐形成了以重工业为中心，以劳动密集型产业为主导，以高能耗、高污染为主要特征的产业结构。这种基于传统经济增长理论的粗放式经济发展模式，导致了严重的经济发展与生态环境失衡的问题，严重危害了社会经济的可持续发展。② 正是在这一背景下，大量 FDI 随着污染密集产业转移进入我国。由于环境规制较宽松、劳动力成本相对低廉、经济开放度日益提高，经济总量不断增加、市场规模不断扩大、粗放式的经济增长方式等原因，当时污染密集产业在我国是具有比较优势的产业。对于发达的国家和地区来说，传统要素成本压力和环境成本压力的合力，使污染密集产业逐渐丧失比较优势，逐渐沦为边际产业。这种因比较优势差异而引起的产业成长利益格局的不一致，推动了发达国家和新兴工业化国家和地区通过 FDI 形式向我国转移污染密集产业，使我国一度成为这些国家和地区的“污染天堂”。

党的十八大以后，生态文明建设被提到前所未有的高度，同时我国经济发展

---

① 吴铭.以日本对华直接投资检验边际产业扩张理论[J].国际经济合作，2012(2)：64 - 69.

② 刘贇.基于自组织的产业结构演化机制研究[D].哈尔滨：哈尔滨工程大学，2020：1 - 2.

逐步进入高质量发展阶段，无论是经济总量还是经济结构相对于过去都发生了巨大的变化。尤其是绿色发展成效显著。例如，新时代十年来，能耗强度累计下降 26.4%，煤炭在一次能源消费中的占比下降 12.5 个百分点，2014—2021 年年均下降 1.4 个百分点，是历史上下降最快的时期；2021 年，全国地级及以上城市空气质量优良天数比率提高到 87.5%，$PM_{2.5}$平均浓度比 2015 年下降 34.8%；淘汰落后和化解过剩产能钢铁 3 亿吨、水泥 4 亿吨、平板玻璃 1.5 亿重量箱，为降低能耗和排放打下了坚实基础。[①] 降碳、减污、扩绿的任务依然艰巨，FDI 的环境负外部性相对于过去有所减少，但仍然存在。我国经济发展水平虽然相对于过去大大提高，但在全球价值链中地位偏低，经济增长质量还不够高、引领性原创成果匮缺、经济创新力和竞争力不足等问题逐渐显露。与之相对应，FDI 的环境外部性问题仍不容忽视，一是粗放式的经济增长方式虽大大改观，但尚未从根本上完全改变，过去招商引资所带来的负环境外部性仍然存在，污染防治攻坚战也需要继续深入；二是中国数十年来深度参与国际分工的大量外资企业深耕中国市场，并把化工、汽车、电子产品等产业的重要生产环节转移进来，相应的供应链污染等问题，[②]以及二氧化碳排放等环境问题仍需高度关注。

二、发达国家减排对中国的价值链依赖

借助国际产业转移，发达国家将高耗能、高污染的产业或者产业环节转移到发展中国家，这使得发展中东道国成为发达国家污染物减排的“依赖”。中国经历了长时间的工业化扩张之后，工业增加值目前已超过美国、德国、日本之和，为全世界供应了最多的质优价廉的工业产品，使得发达国家在节能减排上形成了对中国的价值链依赖。这种情况在二氧化碳排放上表现得尤为突出。

清洁能源的发展是发达国家二氧化碳排放逐年下降的原因之一。德国自 20 世纪 90 年代就将清洁能源作为能源战略的重点任务，在 2011 年正式推出“能源转型计划”，力争在 2050 年实现以清洁能源为主的格局。英国则持续推动无煤炭发电目标，并于 2016 年在苏格兰地区实现无煤炭发电。美国则更多地致力于页岩气、煤炭清洁利用等非常规化石能源的清洁发展，以及清洁能源的发展。日本也致力于风电、光伏、氢能等清洁能源的技术开发，并不断加大清洁能源投资力度。应该说，发达国家对清洁能源的重视，客观上促进了二氧化碳的减

① 刘元春.全面建设社会主义现代化国家的物质基础更坚实[N]. 人民日报，2022 - 11 - 11.
② 胡巍.外企为何替一家污染企业“求情”？[J]. 中国经济周刊，2017(10)：42 - 45.

排。除此之外，碳排放还与一个国家的产业结构以及该国产业在全球价值链中的位置高度相关。发达国家实现“碳减排”的另一个重要原因在于其产业结构的变化，即服务业占比高，且制造业占据了全球价值链的中高端。以 2015 年为例，全球二氧化碳排放工业占 48.1%，其中水泥占 8.3%，钢铁占 8.0%，化工占 5.8%。[①] 发达国家之所以累计排放量较高，一个重要原因在于它们在工业化时期钢铁、化工等行业排放了大量二氧化碳。例如，1979 年全球粗钢产量为 7.48 亿吨，其中美国产量为 1.23 亿吨，日本产量为 1.12 亿吨，包含英国、法国、德国、意大利在内的西欧产量为 1.40 亿吨，发达国家占一半以上。[②]

然而，从 20 世纪八九十年代开始延续至 21 世纪初，自发达国家和亚洲“四小龙”向中国、马来西亚等发展中国家进行了一次以跨国公司为主导、以全球价值链为特征的产业转移，将低附加值的产品生产工序外包给其他国家或借助投资转移到其他国家，本国保留研发、设计、营销等高附加值环节。[③] 凭借低廉的要素成本尤其是劳动力成本，中国成为此次产业转移最大的目的国，由此中国也逐渐融入发达国家主导的全球价值链中，其中突出的表现就是逐渐扮演了“世界工厂”的角色，通过引进 FDI 承接了大量的低附加值产业环节，在对外贸易中工业制造品出口占据主要地位。[④] 以全球价值链为特征的产业转移，加之中国等发展中国家自身的工业化进程的快速推进，全球产业格局发生了巨大的变化，与之相应地，二氧化碳的排放格局也发生相应的变化。

表 6-1　1997—2019 年世界主要经济体工业增加值和二氧化碳排放

国家	指　标	1997 年	2001 年	2005 年	2009 年	2014 年	2019 年
中国	工业增加值（亿美元）	4 529.06	5 999.61	10 749.20	23 445.97	45 135.08	55 102.57
	占比	5.10%	6.67%	8.31%	14.56%	20.57%	23.82%
	二氧化碳排放（百万吨）	3 128.65	3 526.75	5 819.12	7 715.11	9 894.94	9 806.040
	占比	13.97%	14.88%	21.30%	26.37%	29.91%	28.81%

① 左前明.碳达峰和碳中和：内涵、趋势与投资机会[N]. 投资快报，2021-03-17.

② 数据来源：根据国际钢铁协会《钢铁统计年鉴 1980》相关数据整理得出。

③ 张少军.全球价值链模式的产业转移与区域协调发展[J]. 财经科学，2009(2)：65-72.

④ 李敦瑞.国内外产业转移对我国产业迈向全球价值链中高端的影响及对策[J]. 经济纵横，2018(1)：123-128.

续　表

国家	指　标	1997 年	2001 年	2005 年	2009 年	2014 年	2019 年
欧盟	工业增加值(亿美元)	20 092.55	18 531.28	28 796.26	33 410.73	34 986.69	35 226.13
	占比	22.62%	20.65%	22.26%	20.75%	15.94%	15.22%
	二氧化碳排放(百万吨)	3 418.59	3 418.14	3 489.30	3 129.34	2 838.99	2 935.54
	占比	15.27%	14.42%	12.77%	10.70%	8.58%	8.62%
美国	工业增加值(亿美元)	19 841.69	22 723.39	27 668.30	27 921.12	33 877.96	38 914.96
	占比	22.34%	25.32%	21.39%	17.34%	15.44%	16.82%
	二氧化碳排放(百万吨)	5 547.99	5 749.25	5 756.08	5 159.55	5 102.58	4 994.49
	占比	24.77%	24.25%	21.07%	17.64%	15.42%	14.67%
日本	工业增加值(亿美元)	15 058.71	13 457.12	14 361.05	14 267.27	13 429.85	14 404.62 (2018)
	占比	16.96%	14.99%	11.10%	8.86%	6.12%	6.23%
	二氧化碳排放(百万吨)	1 173.99	1 170.62	1 213.82	1 101.21	1 219.82	1 117.61
	占比	5.24%	4.94%	4.44%	3.76%	3.69%	3.28%
世界	工业增加值(亿美元)	88 810.11	89 733.34	129 371.63	161 028.19	219 450.71	231 377.45
	占比	100%	100%	100%	100%	100%	100%
	二氧化碳排放(百万吨)	22 394.05	23 707.26	27 325.26	29 253.76	33 085.19	34 039.79
	占比	100%	100%	100%	100%	100%	100%

注：日本 2019 年工业增加值使用的是 2018 年数据。
数据来源：根据世界银行数据库和 Wind 数据库数据整理得出。

如表 6－1 所示，随着中国工业增加值及占世界比重的上升，二氧化碳排放量及占世界比重相应上升，而美国、欧盟、日本占世界的比重则出现了相反的趋势。而早在1979年，中国二氧化碳排放量仅占世界的7.3%，美国则占23.96%，今天的欧盟国家在当时占20.11%。① 全球数十年间所出现的产业和"碳排放"格局的巨变，反映了发达国家"碳减排"的价值链依赖，中国在高度参与全球价值链的过程中，成长为"世界工厂"，同时也承担了巨量的"碳排放"。

其一，中国在参与全球价值链中，"助力"了发达国家的清洁能源生产，同时为发达国家承担了大量的"碳排放"。例如，2021年，中国的硅片产量占世界的97.3%，光伏产品（硅片、电池片和光伏组件）出口额高达284.3亿美元，其中硅片出口量达到22.6 GW。② 荷兰、日本、西班牙等发达国家都是中国光伏产品的重要进口国。这些国家运用这些产品大大提升了清洁能源的比重，荷兰甚至宣布到2030年将禁止煤炭发电，但是硅片等产品高耗能、高碳排放的生产环节却放在中国。同时，大量的FDI也进入中国的光伏产业中。

其二，中国承接了大量的国际产业转移，包括大量高耗能高污染的产业或生产环节转移进来，"碳排放"也随之被承接。早在20世纪90年代，外商投资企业或是通过易耗能、易产生污染的生产环节和有害技术设备及产品直接破坏引资地区的生态环境，并增加了废水、废气和固体废物的排放量。③ 纺织、服装、化学、造纸、皮革、塑料、机械、矿物、金属制品等高污染高耗能行业，曾一度是FDI进入的重要领域。例如，2012年包括化工、冶金、造纸在内的13个污染密集产业中，外资企业的数量达到15 171个，工业销售产值达64 474.1亿元。④ 鉴于工业废物与二氧化碳排放的高度同源性，实际上这些领域承接了产业转移的同时也承接了大量的"碳排放"。2019年，中国工业领域外资企业营业收入234 409.8亿元，占全国的近22%，其中化学原料和化学制品制造业、黑色金属冶炼和压延加工业、有色金属冶炼和压延加工业、非金属矿物制品业等高碳排放行业的营业收入分别为15 624.0亿元、5 600.7亿元、6 214.8亿元、4 627.3亿元，分别占全国的23.6%、7.9%、11.5%、8.2%。⑤ 近年来，虽然引入的FDI在工业领域有所减少，主要是中国人力、环境等成本的上升，但是很多产业环节转移到了成本更低的发展中国家，但从中也可看出，发达国家实现"碳减排"的全球价值链依赖。

其三，中国自身的快速工业化，工业生产规模迅速扩大，向世界生产并出口

---

① 数据来源：根据世界银行数据计算得出。

② 中国光伏行业协会.2021—2022年中国光伏产业年度报告[R].北京：中国光伏行业协会，2022年：1-20.

③ 夏有富.外商投资中国污染密集产业现状、后果及其对策研究[J].管理世界，1999(3)：109-123.

④ 李敦瑞.我国区际产业梯度转移的生态效应及对策研究[M].上海：同济大学出版社，2018：176-178.

⑤ 数据来源：根据《中国统计年鉴2020》数据整理和计算得出。

了大量工业品，承担了大量的“碳排放”。不可否认，中国作为最大的工业生产国，生产并提供国内市场大量的工业品，这是中国二氧化碳排放提高的原因之一，但这毕竟是中国发展经济、提高人民生活水平的需要，发达国家也都经历过这样的阶段。但同时也要看到，中国生产并出口了大量的工业产品，为世界提供了质优价廉商品的同时，也承担了大量的“碳排放”。从进出口结构来看，中国主要的出口产品是机电产品和纺织服装等七大类劳动密集型产品，进口产品主要是农产品、石油、天然气、矿石和集成电路。例如，2019 年，中国机电产品出口 10.06 万亿元，占出口总值的 58.4%，其中，电器及电子产品出口 4.63 万亿元，机械设备 2.87 万亿元；中国进口排名前三的集成电路、石油原油、铁矿砂及其精矿占进口总额的 14.79%、11.54%、4.83%，其中集成电路进口额达 2.1 万亿元。[①]从中可以看出，中国出口的产品多在制造加工方面，属于碳排放水平较高的领域，而进口的产品多在矿产和高科技产品，碳排放水平相对较低。而前者，恰恰是 FDI 大量进入的领域。

三、全球价值链里中国碳排放的路径追溯

全球价值链下，分段式生产支撑了覆盖世界各国和地区的庞大生产网络。一个国家的某个产业在创造 GDP 时所产生的碳排放会被隐含在其产业链上下游的各行业，通过复杂的国际贸易后用来满足本国或国外的最终需求；其中，本国碳排放在满足国外需求时，分别可以通过最终产品贸易、中间产品贸易和经由第三国的中间产品贸易实现。[②] 在日益复杂的分工贸易系统中，跨国重复的中间品贸易增速很快，全球价值链也因此变得日益复杂多样。要弄清楚中国二氧化碳排放与参与全球价值链程度之间关系，前提是要明确国家之间通过全球价值链生产贸易品并排放二氧化碳的路径。

以中美货物贸易为例，2019 年美国对中国出口 1 066.3 亿美元货物，美国自中国进口 4 522.4 亿美元货物，[③]总体上看，中国是主要贸易品生产国，美国为主要的贸易品进口国。这里借鉴孟渤等[④]的分析方法，用来追溯中国碳排放的路径。如图 6－1 所示，中美之间的价值链路径包括：① 中国制造并向美国出口最

① 数据来源：根据中国海关总署公布数据整理得出。
② 孟渤，格林・皮特斯，王直.追溯全球价值链里的中国二氧化碳排放[J]. 环境经济研究，2016(1)：10－25.
③ 数据来源：根据商务部公布数据整理得出。
④ 同②。

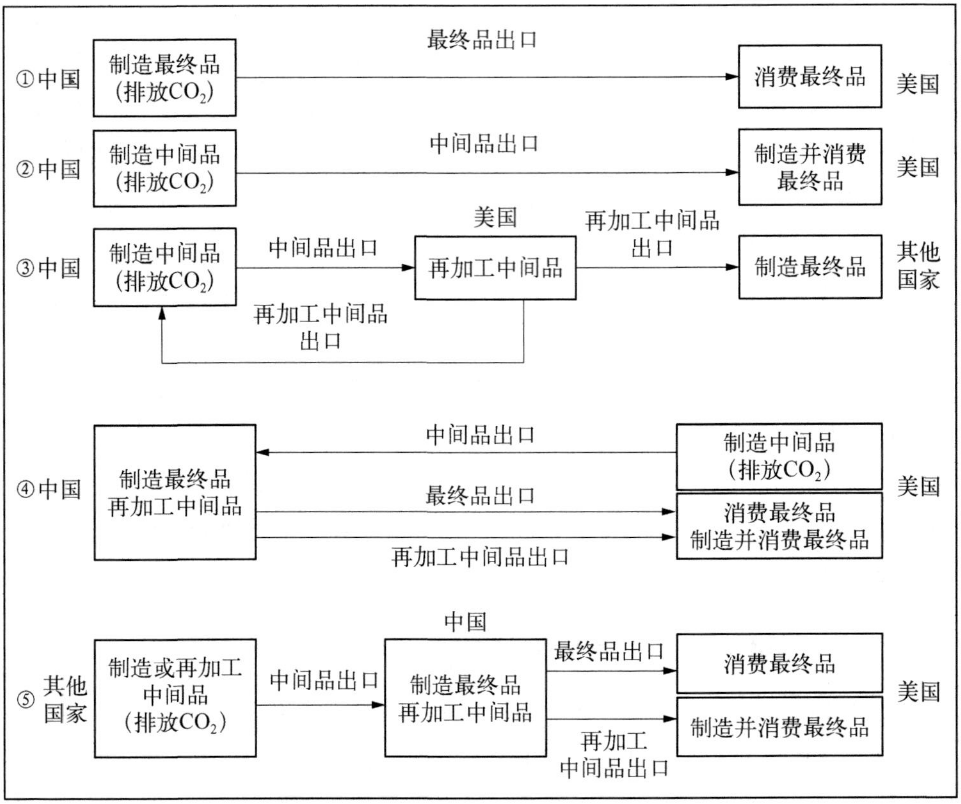

图 6-1 中美贸易中基于全球价值链的碳排放路径

终产品,由此产生碳排放;② 中国制造中间产品并产生碳排放,这些中间产品被美国进口后用来生产满足自身需求的最终产品;③ 中国制造中间产品并产生碳排放,被美国进口后进一步加工,然后出口给中国或其他国家;④ 美国制造中间品并产生碳排放,在中国用来生产最终产品出口给美国,或在中国进一步加工后出口给美国用于生产其自身需求的最终产品;⑤ 其他国家制造或进一步加工中间产品并产生碳排放,这些中间产品被用来生产最终产品出口到美国,或者被中国进一步加工后出口给美国用于生产其自身需求的最终产品。

这五条路径中,第一条路径和第二条路径明显是中国替美国承担了"碳排放";第三条路径中除了中间品被美国进一步加工后"再出口给中国",其余是中国为美国或其他国家承担了碳排放;第四条路径中美国也没有替中国承担碳排放,中国将进口自美国的中间品再加工或制造最终品并出口到美国,最终是美国替自己承担了碳排放;第五条路径中虽然中国向美国出口了最终品或中间品,但实际上是其他国家替美国承担了碳排放，也就是其他国家的碳排放隐含到中国出口给美国的产品里了。这里仅仅是追溯源头的二氧化碳排放，实际上在这些路径中，加工中间品或者将中间品进一步组装加工成最终产品，也会产生碳排放；而且在国际贸易中运输中间产品或最终产品也会消耗能源，尤其是在垂直分工体系下，全球生产网络日益复杂，其过程中自然也会产生大量的碳排放；若将这些碳排放考虑进来，则中国替美国承担的碳排放量就更大。

可见，表面上看，中国是全球最大"碳排放国"，但正是在现有的国际分工——贸易体系下，中国充当了"世界工厂"的角色，为世界供应了大量价廉物美的工业品，同时能耗在中国，污染治理的重担也在中国。正是参与全球价值链时的垂直专业化分工和分段式生产，造成了生产国为消费国承担污染排放的局面。更何况，大量的中间品和最终产品的生产，原本也由跨国公司进行组织。也就是通过国际产业转移，以 FDI 的方式使中国这样的发展中大国在发展经济的同时，也承担了排放者的角色。弄清楚这个问题，就为环境治理的责任划分提供了依据。

第二节 经济发展与污染减排的"两难"

"由于工业文明建立在'高物质资源消耗、高碳排放、高生态环境破坏'的基础之上，经济发展不可避免地带来了全球不可持续的危机。这种危机表现为经济发展和环境之间的冲突、国与国之间竞争资源的冲突、当代人和后代人利益之间的冲突。"①实际上，FDI 的环境外部性是这种冲突的一种体现。过去，在工业化快速扩张的时期，FDI 的进入加速了工业的发展和经济的增长，但同时生态环境也受到破坏。经济发展与环境保护的两难成为 FDI 环境外部性产生的一大原因。而区域之间的经济差距则使得 FDI 的环境外部性得以持续。当前，全面建成小康社会的战略任务已经完成，但养老、教育、医疗、就业等问题的应对，以及人民生活水平的持续改善仍需要经济保持一定的增长速度，欠发达地区尤其是如此。但是我国经济增长的下行压力持续增大，特别是生产向绿色低碳转型尚在途中，经济发展方式的彻底改变不可能一蹴而就，工业化仍是区域经济发

① 张永生.引领永续繁荣的人类文明新形态——党的十八大以来中国生态文明建设的伟大成就及其世界性意义[J]. 国外社会科学，2022(6)：4－14.

展不可逾越的阶段。对于大多数欠发达地区而言，一方面需要借助工业化推动地方经济发展，另一方面也面对“污染防治”的硬约束。确保经济增长能够维持一定的速度并非易事，但如果放松“污染防治”，显然不符合高质量发展的要求和广大人民群众的根本利益，这种“两难困境”使得如何利用好 FDI 并防止其负的环境外部性变得更加困难。

一、产业转移的两面性

产业转移有着积极的经济意义。四川、河南、安徽和江西等省都是在大量承接产业转移的条件下，工业快速发展，经济迅速崛起；而转出产业的上海、北京、广东、浙江等省市，创新发展始终保持良好势头，这与在产业转移中进行结构调整密不可分。但是，产业转移的生态问题不容忽视。一方面，中西部地区工业占全国的比重越来越高；但是另一方面，越来越多的工业废弃物甚至危险物在中西部地区产生。许多欠发达地区仍然面临着沦为“污染天堂”的风险。

根据《2017 中国生态环境状况公报》，2017 年我国的 $PM_{2.5}$ 和 PM_{10} 实现双降；但是全国 5 100 个水质监测点位中，地下水“较差级”和“极差级”占比近七成；生态环境质量“优”和“良”的县域面积仅占国土面积的 42%。针对产业转移对经济和生态的两方面作用，必须要使这一经济趋势与生态文明建设相适应。但在现实中，常常陷入“两难困境”，即经济目标与生态目标常常只能确保一个。站在广大欠发达地区的角度，包括养老、教育、医疗、扶贫等许多民生问题都需要通过发展来解决问题，所以经济发展仍然是大多数地方的首要目标。在此背景下，产业转移带来的经济发展机遇，成为促进地方发展，解决就业、税收的有效途径。这也就是过去环境问题很难引起重视的主要原因，产业转移的经济功能被强调和突出，但相伴随的生态风险没有得到足够的重视。

党的十八大以后，中央对生态环境问题的重视提到前所未有的高度，而且伴随着居民生活水平的提高和全面建成小康社会的需要，防治污染的力度越来越大。但是，在当前宏观经济下行压力增大、实体经济增长乏力的形势下，就业、财政等方面的压力与日俱增，“防治污染”与“经济发展”两个目标的兼顾变得越来越困难。在产业转移中扮演重要角色的 FDI，其负的环境外部性往往就很难得到妥善应对。主要表现为：① 部分地区为了确保经济目标，放松环境要求，对迁移来的工业企业的污染排放采取“姑息”的态度。比如，应对上级检查时，要求企业环保设备开足马力，平时对于企业关闭环保设备等行为听之任之。一些地区对污染排放治理还存在避重就轻现象，对居民污染诸如春节燃放烟花爆竹严格管理，对常年存在的工业污染的监管更多地停留在口头或文件上。② 也有部分地区在防治污染攻坚战中，方式相对“简单粗暴”，经济发展目标难以兼顾。比如，为了确保环境指标，直接将一些工业企业“一关了之”；或者无视工业企业成本上升的实际情况，把环保负担完全甩给企业，这样固然有利于生态保护，但经济和民生势必受到影响。③ 还有部分地区在“经济”和“生态”之间存在“摇摆”的情况。环保压力较大时，以生态目标为重，但是当地方经济难见起色时，又回到以往以牺牲生态环境为代价换取经济发展的老路，对迁移来的工业企业（尤其是企业比较集中的园区）的污染防治再次“放水”。

尤其需要注意的是，我国是一个区域经济发展极不平衡的发展中大国，区域协调发展的任务非常艰巨。随着东部沿海地区产业结构的升级，污染密集产业在这些地区的比较优势也会逐渐减弱，部分 FDI 将会撤离，或是转移到经济发展水平相对落后的国家，或是转移到我国的中西部地区。从我们得到的数据可知，转移到中西部地区污染密集产业的外资已达到相当的规模，并呈现出上升的趋势，[①]这造成了 FDI 环境外部性更大空间范围的影响。

尤其是对于我国的西部地区来说，土壤侵蚀、森林减少和水资源枯竭等环境退化问题是贫困加剧的原因之一，而经济的贫困又会使当地人通过损害环境作为重要的收入补充来源，这很可能导致贫困、环境退化以协同方式相互影响，使环境问题雪上加霜，甚至有可能导致环境的不可逆。[②] 由于生态环境系统更加脆弱，FDI 的环境外部性在西部地区的负面影响可能会更严重。

二、经济发展与碳减排的“两难”

绝大部分二氧化碳排放由能源消费产生，与经济快速发展相伴随的是中国能源需求的激增。2001 年，中国每年的能源需求量为 15.6 亿吨标准煤，到 2020 年则增至 49.8 亿吨标准煤。而且从能源消费的结构来看，化石能源占一次能源比重一直在 80％以上，尤其是煤炭所占比重始终居于高位，2007 年时高达 72.5％；近年来虽然通过能源消费结构的持续优化改善，煤炭所占比重有所下降，但 2020 年仍达到 56.8％。[③] 根据全球能源互联网发展合作组织的研究，预计“十四五”和“十五五”中国 GDP 年均增长 5％以上，到 2035 年 GDP 相比 2020

① 李敦瑞.我国区际产业转移的生态效应及对策研究[M]. 上海：同济大学出版社，2018：171－196.
② 李寿德，柯大纲.环境外部性起源理论研究述评[J]. 经济理论与经济管理，2000(5)：63－66.
③ 数据来源：根据各年《中国统计年鉴》数据整理得出。

年翻一番，与经济增长的需要相适应，预计到2030年，一次能源需求将增至60亿吨标准煤，年均增速为2%左右，人均能源需求量将从2019年的3.4吨标准煤，增至4.1吨标准煤。[①] 与之相对应的是中国碳排放总量的上升。2019年，中国二氧化碳排放总量为98.06亿吨，是2000年排放量的近三倍，同年世界二氧化碳总排放量为340.40亿吨，美国为49.94亿吨，欧盟为29.36亿吨，经济合作与发展组织(Organization for Economic Co-operation and Development，OECD，中文简称“经合组织”)国家为120.84亿吨。[②] 中国的碳排放总量已经占世界的28.80%，分别是美国的1.96倍、欧盟的3.34倍。如果延续现有能源结构和经济增长方式，中国相应的全社会碳排放将在2030年达到121亿吨。[③] 由于经合组织国家绝大多数已经实现“碳达峰”，按此趋势，中国碳排放量很有可能会超过经合组织国家的总和，不仅“碳达峰”目标难以按期实现，后续的“碳中和”任务将更加艰巨，“碳中和”的路径也将愈发陡峭。

但是我们也要看到，中国仍处于社会主义初级阶段的基本国情没有变，作为世界最大发展中国家的国际地位没有变。虽然刚刚取得了全面建成小康社会、打赢脱贫攻坚战的伟大成就，但是人均GDP直至2022年还不到1.3万美元，发展中一些不充分不平衡的突出问题还需要应对，满足人民日益增长的美好生活需要仍是当前的首要任务，就业、养老、教育、住房 、医疗等民生问题的最终解决，都需要一定的经济发展予以支撑。在当前阶段，我国科技创新能力还有待增强，实体经济水平也有待提高，发展的质量和效益尚需进一步提升。在经济建设面临的国际环境更加复杂的形势下，兼顾经济发展与二氧化碳减排两个目标并非易事。

其一，能源消费结构调整短期内带来的成本上升，遭遇企业利润率水平整体不高的障碍。工业是中国能源消费的主要领域，2018年工业消费能源为31.12亿吨标准煤，占比达65.93%。同年，中国煤炭消费总量为39.75亿吨，工业则消费了38.07亿吨。[④] 但工业企业的利润率仍然偏低。2019年规模以上工业企业营业收入利润率仅为5.86%；2020年时虽有所上升，但也只有6.08%，大大低于发达国家8%左右的水平。[⑤] 从长期来看，尽管调整能源结构有利于提高企业效

---

① 全球能源互联网发展合作组织.中国2030年前碳达峰研究[R]. 北京：全球能源互联网发展合作组织，2021：1－30.

② 数据来源：根据Wind数据库数据整理得出。

③ 同①。

④ 数据来源：根据2018年《中国统计年鉴》公布数据整理得出。

⑤ 数据来源：根据各年《中国统计年鉴》公布数据整理得出。

益，但是短期内需要改变产品结构、生产设备改造升级、更新生产技术、建设辅助配套设施等需要投入大量成本。例如，钢铁行业碳排放量占全国六分之一以上，采用基于废钢的短流程炼钢每吨钢的碳排放量将下降一半以上，但是新建一座 80 吨连续生产的康斯迪水平加料的超高功率电炉，总成本基本上在 5 000 万元左右，其利润也远低于传统的长流程炼钢。在企业利润率普遍不高的情况下，推进能源消费结构调整面临巨大阻力。

其二，构建以低碳产业为主导的产业体系，需应对新基建带来的新的碳排放压力。随着太阳能、风能等绿色新能源成本的不断下降，逐渐替代"以煤为主"的能源格局在经济上变得越来越可行。但是构建以低碳产业为主导的产业体系，需要推动现有产业结构的调整升级。以信息、生物、高端装备制造、新材料、新能源汽车为代表的新兴产业正在快速发展，绿色低碳的发展路径正在得到新兴产业的加持。但是新兴产业发展所需要的以 5G 基站建设、特高压、城际高速铁路和城市轨道交通、新能源汽车充电桩、大数据中心、人工智能、工业互联网七大领域为代表的新基建，客观上也存在巨量的能源需求，涉及包括水泥、钢铁、化工在内的多个高碳排放产业。例如，2019 年，钢铁产业碳排放占全国的 17%，化工占 6%。[①] 规模高达数十万亿元的新基建布局，无疑是未来经济发展的重要支撑，但所带来的新的碳排放压力同样不可忽视。

其三，能源供给侧结构调整，面临区域发展不平衡的难题。当前，中国的区域发展不平衡，除了传统意义上的东中西差距以外，一个突出的难题在于"南北差距"。2019 年经济增速慢于全国平均速度的省份中，七个位于北方。2020 年，全国经济体量前十位的城市中，仅北京位于北方，其余九个城市均在南方。而中国煤炭主要产自北方地区，2014—2018 年，内蒙古、山西、陕西三省区的原煤总产量为 24.44 亿吨、24.02 亿吨、21.92 亿吨、23.49 亿吨、25.47 亿吨，各年均占全国产量的六成以上。[②] 并且，石油、天然气等化石能源多产自北方。化石能源产业在北方许多地区仍然扮演着支柱产业的角色。例如，山西的经济结构过去长期"以煤为基"，近几年煤炭行业增加值仍占地区经济的六分之一左右。可见，改变"以煤为主"的能源供给结构，需要充分考虑北方能源生产大省的经济转型问题，以避免南北区域发展差距过大的问题。

---

① 全球能源互联网发展合作组织.中国 2030 年前碳达峰研究[R].北京：全球能源互联网发展合作组织，2021：1－30.

② 数据来源：根据《中国能源统计年鉴 2019》相关数据整理、计算得出。

第三节　市场失灵与政府缺陷

公共物品、产权缺失等市场失灵情况以及政府本身存在的缺陷都有可能带来外部性。这里从生态环境的公共物品性质、环境产权问题以及政府缺陷三个方面，分析 FDI 环境外部性的原因。

一、生态环境的公共物品性质

众所周知，生态环境通常可以被看作一种在消费上具有非排他性和非竞争性的纯公共物品。生态环境的非排他性在于它对于人的生命健康和生活福利至关重要，但是其产权难以界定，排他的成本非常高昂，人们在自己消费生态环境时通常难以排除他人的享用。生态环境的非竞争性在于其供给成本（主要体现在维护环境质量的成本上）是既定的，并不会因为消费者的增加而使成本增加，人们不付费或者少付费就可以使用这种资源。在这种情况下，对于当代人来说，需求者并不愿意让别人了解自己的环境公共品的真实需求状况，“搭便车”的行为难以杜绝；市场上供给者也因为供给成本的难以回收而拒绝供给。对于后代人来说，生态环境同时也是一种代际公共物品，但他们只是一些虚拟的主体，既不可能参与当代公共物品的供给，也不可能为自己对代际环境公共物品的消费作现时的偿付，所以当代人的市场交易不会为以后的受益者提供一个有效的供给机制。所以在生态环境这种纯公共物品的供给上一般会出现“市场失灵”。这种“市场失灵”的结果就是，在没有外界强有力的干预（如政府干预或民间环保团体干预）和有效界定环境产权的条件下，生态环境这种公共物品会供给不足，也就是说人们只顾着利用生态环境资源，而并不肯花费代价去保护环境。

FDI 环境外部性产生的一个重要原因就在于生态环境的公共物品性质。虽然，FDI 是从国外转移而来，但是一旦进入我国境内之后，就和我国本土的企业一样可以自由地享用我国的生态环境，而且在优惠的招商引资政策下，甚至可以更优先地利用。内资企业在对自然环境进行污染时，外资企业也可以进行污染，二者并不冲突，而且二者都没有自发地去改善环境质量的动力，从而使我国的生态环境酿成“公共地的悲剧”。生态环境的纯公共物品性质并不能排除来自国外的环境污染，所以有大量的外资进入污染密集产业，使其在国外的环境外部性随着产业的转移跨越国界后又转移到我国，并进而在区域之间进行转移，不仅在空间上产生影响，也对子孙后代的福利构成威胁。

二、环境产权问题

产权制度是规范人与人之间、市场经济主体之间利益关系的重要制度安排。将产权概念引入环境科学领域就形成了环境产权概念。一般认为，环境产权是将产权的概念引入资源环境范畴，指的是经济主体对生态环境的所有权、占有权、使用权、支配权和收益权等。在许多情况下，环境污染这种外部性的产生就是因为环境产权的不明晰，同样，FDI 环境外部性产生的根本原因在于环境产权（包括代内环境产权和代际环境产权）的缺失。

（一）环境产权难以界定

从市场失灵的角度来说，生态环境的公共物品性质固然是 FDI 环境外部性得以形成的前提条件，但环境产权的难以界定才是根源。从空间意义上说，环境产权相对于其他产权具有很强的非排他性，生态环境的公共物品性质决定了其产权边界容易模糊，比其他类型的产权更加难以明晰化。虽然名义上环境产权归属于一定空间范围内（国家、地区，甚至跨越国界由几个国家的地域构成）的公民，但是消费的非排他性、非竞争性和供给的不可分割性是使环境产权可以为这一空间范围内的所有主体享用，只要存在于该空间范围内即可享用该区域内的环境质量，如清新的空气、洁净的水源等，即使是暂时存在于该区域的主体（如过路人）也可以部分地享有环境产权。只有当生态环境资源变得稀缺的时候，如空气、水源受到污染，安全健康的生存条件受到破坏，人们的经济活动超出环境的自净能力，生态承载阈值面临被突破的危险的时候，环境产权的排他性和竞争性就会体现出来。从时间意义上说，当代人与后代人应当平等地享有环境产权。但是由于当代人的行为对后代人的权益会产生影响，时间上的代际阻隔造成现期主体的未来权益产权的缺失或者未来主体的现期产权缺失，作为“交易内部人”的当代人和作为“交易外部人”后代人，都不可能通过产权机制来主张自己的权益，从而导致代际产权缺失。[①] 反映在环境产权上，这种代际产权的缺失就会引起环境代际产权的不完备性，使环境产权在代际主体之间的配置上“失灵”。

（二）环境产权的缺失与在华 FDI 环境外部性的产生

长期以来，我国在环境产权上存在着产权不明晰或多重产权的情况。环境

---

① 郭骁，夏洪胜.解决代际外部性问题有效途径的理论探讨[J]. 中国工业经济，2006(12)：60－66.

产权制度具有典型的模糊化的特征。[①] 实际上，由于缺乏明确的认识和有效的管理，国家或集体的环境产权很大程度上被“虚置”了，任何人都可以无代价或者低代价地进入和使用。

FDI 大量进入我国以后，外资企业自然而然参与对我国的生态环境资源的使用。优惠的引资政策以及各地方为竞争 FDI 给外商开出的种种优惠条件，使外资企业甚至比内资企业享有更多的生态环境利益。而真正的环境产权主体——我国公民的生态环境权益并未受到有效保护。由于技术上、制度上、思想观念上的原因，生态环境资源缺乏明晰的产权，外资企业尤其是污染密集产业的外资企业可以相对自由地将污染物排放到自然界中，给环境带来负面的外部性。而且，即便外资企业对于环境污染进行了相应的补偿，但是由污染所指的健康损失、生态系统的破坏甚至不可逆等在价值形式上难以弥补，这在一定程度上也造成了产权交易的非等价性。[②] 从代际的角度来看，许多地方引进污染密集产业，当代人获取经济效益的同时，对生态环境的破坏听之任之；代际关系的特殊性质使代际权益主体之间存在着不可逾越的时间阻隔，代际环境产权的不完备性决定了代际主体之间依据产权制度而进行直接协议交易的交易成本无限大；[③]这种交易上不可跨越的障碍，使子孙后代的环境权益得不到保障，生态环境资源被过度使用却得不到充足的补偿性投入，以致退化甚至衰竭，从而使 FDI 的环境外部性产生代际上的影响。

三、政府缺陷问题

生态环境的公共物品性质以及环境产权界定上的困难使市场机制在配置环境资源时容易“失灵”。而对于生态环境这种公共物品，正如本书第五章第四节所分析的，其供给只有软约束，却缺乏内在持久的利益驱动力，因而只能是一种补充方式。故而，一般情况下，政府可以用来弥补市场和自愿供给的缺陷，作为公众的代理人，对生态环境资源进行管理、配置，并加以保护以确保其可持续利用。但在实际中，政府提供生态环境公共物品，虽然有利于弥补市场失灵，但是政府提供公共物品时由于缺少价格机制、约束机制、竞争机制以及存在信息不对称，常常导致政府提供的公共物品的数量过多或者过少、质量不一定满足公众的

---

① 王茹.基于生态产品价值理论的“两山”转化机制研究[J]. 学术交流，2020(7)：112－120.

② 李瑞娥.环境产权界定与环境资源保护的理性思考[J]. 当代经济科学，1999(3)：5.

③ 郭骁，夏洪胜.解决代际外部性问题有效途径的理论探讨[J]. 中国工业经济，2006(12)：60－66.

要求、存在浪费现象和效率低下问题。

也就是说,政府也是有缺陷的,一般体现为政府未干预、政府政策失灵、政府干预政策的低效率或高成本等。[①] 在我国,政府在对 FDI 环境外部性问题上还存在一些缺陷的原因主要有以下几点。

其一,公众利益的分散性。这使得地方政府缺少确保代际环境公共物品供给的压力。公众利益是一切公共政策的出发点。由于环境公共物品具有一个广泛的收益,不仅对当代的一般公众产生收益,也对以后各代人产生持续性的收益。一方面,代内公众利益是分散的,"搭便车"行为屡见不鲜。在许多地方,公众往往难以形成合力,无法向政府合理表达诉求。另一方面,代与代之间的利益也是分散的。作为代际环境公共物品的主要受益者,公众应当对地方政府的决策施加影响。但是现实的情况是,后代人因为存在时间上不能跨越的障碍,所以不可能对当代的政府产生影响。FDI 带来环境上的负外部性,往往会因为公众利益的分散性而影响到地方政府的处置和决策。

其二,政绩观的问题。对于经济相对落后的地区而言,发展经济成为首要任务。这会促使地方政府更注重积极引进,甚至竞争 FDI,促进污染密集产业的进入,而忽视其环境外部性。一些地方政府的当政者往往更看重眼前的经济利益,这也能使其政治上受益。特别是当公职人员的任期较短时,这种短视行为会更加严重。况且,污染密集产业进入所带来的经济利益,往往也会使企业雇员、原材料供应商等群体成为利益相关者,他们也是政府考虑地方利益时所不能忽视的因素。正因为关系到多方的利益,使环境公共物品的供给"在政治市场上将被产业的集中利益所挫败"[②]。

其三,环境公共物品供给成本的集中性。正如第二章所分析的,生态环境公共物品的供给成本由当代人承担,而收益却是当代人与子孙后代共享,这就会形成当代人在成本与收益上的不匹配。更何况,未来后代人的收益仍具有很大的不确定性。因为生态环境也许在今天没有被破坏,但是将来也有可能被破坏。这些都使得政府的行为可能会出现短视的情形。在现阶段政治、经济利益的驱动下,许多地方的政府倾向于积极引入污染密集产业,但如果同时政府要确保环境质量以满足后代人的生存需要的话,即对外资企业的污染进行治理,则需要大量的投入成本,而现阶段所能得到的收益却与成本不对称,这也促使政府虽然引

① 苏常禄.从市场失灵到政府失灵——基于产权的视角[J]. 商业经济,2020(12):89-90.

② JONATHAN B, WEINER. On the political economy of global environmental regulation[J]. Georgetown Law Journal, 1999, 87: 749-794.

入了污染密集产业，但很多时候不愿意过多投资治理环境，这也是 FDI 环境外部性得以存在的一个重要原因。

其四，环境保护起步较晚，环境规制不完善。我国环境保护方面起步较晚，环境规制尚不完善，为污染密集产业的转移以及环境外部性的产生留下了制度上的空隙。长期以来，我国都还是一个发展中国家，不仅经济发展水平上与发达国家有差距，而且在环境保护上起步也较晚。尽管随着生态文明体制改革的深入，环境保障的规制越来越完善，但还存在许多短板有待补足。一是环境标准还比较低。受制于我国产业技术水平的现状和经济发展的需要，环境标准不可能直接照搬发达国家。比如碳排放标准。二是部分地方政府为吸引外资，竞相降低环境标准。三是在环境标准上存在区域间的明显差异。我国的环境标准分为国家和地方两级，国家标准具有普适性，而省级人民政府对国家环境质量标准和国家排放标准中未作规定的项目，可以制定地方环境质量标准和地方污染物排放标准；对国家污染物排放标准中已作规定的项目，可以制定严于国家排放标准的地方排放标准。[①] 这样，区域之间就存在环境标准的明显不一致。例如，在京津冀城市群，北京已经建立了严于国家标准的地方环境标准体系，但河北制定的地方环境标准相对较少，天津只颁布实施了几项地方标准。[②] 东部沿海部分地区在经济发展到一定阶段后，开始制定较为严格的地方环境法规，而其他地区仍采用国家的环境标准或相对较低的地方环境标准。这些情况使 FDI 中的许多污染项目得以进入我国，并且到一定阶段后还向其他地区扩散，使环境外部性产生跨界的效应，外资企业的环境成本难以得到内部化。当然，在现实中还有一些政府公职人员的寻租行为，弱化了环境规制的约束力，这也是导致 FDI 的环境外部性难以消除的重要原因之一。

第四节 其 他 原 因

人类社会经济活动是造成生态问题的主要和根本原因，生态问题本质上是社会经济问题，需要从社会、经济、政治的角度去认识。[③] 除了上述的原因之外，实际上 FDI 的环境外部性还有跨国公司双重标准、公民环保意识等方面的原因。

---

① 杨昌举，蒋腾，苗青.关注西部：产业转移与污染转移[J]. 环境保护，2006(3)：34 - 38.
② 王玉明.论城市群区域内环境标准的统一[J]. 哈尔滨工业大学学报(社会科学版)，2021(4)：121 - 129.
③ 蔡运龙.生态问题的社会经济检视[J]. 地球科学进展，2020(7)：742 - 749.

一、跨国公司的双重环境标准

目前，在我国尚有一些跨国公司在环境管理方面采用双重标准。从实践中看，FDI 首先流入高污染、高耗能的制造业，因为其母国有着严格的环境标准致使成本较高，企业经营存在阻碍。① 这说明，跨国公司在引资当地采用的并非母国标准，而是当地的标准。这也是造成 FDI 环境外部性的重要原因之一。

早在 2008 年 1 月，环境保护部（现生态环境部）根据对 2004 年至 2007 年间存在环境违法行为的跨国公司进行专项督察的结果，公布了 130 家曾经存在环境违法行为的跨国公司名单。这些跨国企业遍及河北、吉林、黑龙江、江苏、浙江、上海、山东等 19 个省、自治区、直辖市，包括食品、发酵、化工、机械制造、电子、造纸等行业，其中大部分属于污染密集产业。这 130 家跨国公司多数来自欧美日等发达国家，既有世界知名品牌，也有“世界 500 强”，拥有较好的环保口碑。② 这些跨国公司的主要违法行为包括排放超标、建设项目违反环保规定、违反排污申报登记管理制度等方面。③ 时至今日，跨国公司的环境问题仍为人们所关注。

近年来，劳动力等要素成本的上升，使得我国在一些产业上的比较优势正在减弱，加上以美国为首的西方国家针对我国所进行的“贸易战”“科技战”“金融战”，FDI 的进入受到一定的影响，但是它带来的环境污染问题依然不容小觑。有研究表明，从跨国公司类型来看，入华投资的跨国公司大多为加工制造型，占到所有跨国公司的 66.3%，其次是资源开发型跨国公司和服务提供型跨国公司；从行业结构来看，我国吸收的跨国直接投资主要集中在制造业，而制造业是产生污染物最为严重的行业，很多属于污染密集型产业，尤其是废气污染；这些污染物对人类以及动植物生命健康造成严重的损害，使环境恶化，影响生态质量。④

可见，跨国公司的环境污染问题和环保违规问题已经不是个别现象，而是比较普遍的情况。在环境污染已成为中国经济运行中一个突出问题的今天，跨国公司的环境污染无疑加剧了我国生态环境质量的恶化。形成鲜明对比的是，这些跨国公司在其本国或其他许多国家都有着严格的环境管理体系，都有良好的

---

① 张卫彬，陈计.跨国公司污染转移的法律问题研究[J]. 黑河学院学报，2021(5)：24－26.

② 国家环保总局.国家环保总局公布 130 家跨国公司环保后督查结果[EB/OL].(2008－01－09). https://www.gov.cn/gzdt/2008-01/09/content_853788.htm.

③ 资料来源：根据生态环境部公布资料整理得出。

④ 吕邦皓，王兴.跨国公司在华投资环境污染问题及对策研究[J]. 今日财富（中国知识产权），2020(11)：8－9.

环保口碑，但是一到中国就发生了变化。这说明跨国公司实行的是双重的环境标准，即在其本国或者其他环境规制较为严格的国家，采用严格的环境标准，但是一到中国就采用中国本土的环境标准，而且在我国一些地区相对比较宽松的环境下还时常违反环境规制。

国际法强制效力欠缺、国内专门性立法不足、环境违法处罚力度过轻、我国环境标准体系不健全、环境信息公开制度不完善等都是形成环境违规的原因。[①]例如，我国至今还没有关于产业转移环保管理的专门法规。除了这些之外，至少还有以下几个因素需要注意。

第一，跨国公司的利润动机。跨国公司进入世界各国生产，从根本上说是基于企业的利润动机。利润的多寡决定了跨国公司的经营决策。虽然这些公司在其本国都有着良好的环保口碑，都有着承担社会责任的美好形象。但这是在严格制度监督下的产物，如果制度监督较为薄弱，企业进行污染治理、承担环保责任的成本影响其减少利润，就会出现跨国公司实行双重环境标准这种企业社会责任缺失现象，这根源于厂商的"经济人"行为动机。

第二，许多跨国公司进入中国是采取与中方企业合资的方式进行的，跨国公司更注重利润的分成，通常会将环保的责任推卸给中方企业。如果这些合资企业不采取双重标准，而采取环境保护的高标准，那么许多中方企业由于历史负债比较多、无力承受环保成本、环保设施滞后等原因，往往难以进行有效的污染治理。这就出现了一方面期待跨国公司实施环境高标准，另一方面，又因为现实中是由合资中的中方企业承担环保责任而不得不采取低环境标准的情况。

第三，关于 FDI 的国际协议中没有严格的环境条款。例如，目前对于污染产业的跨境转移国际上还没有公约限制，1989 年的《巴塞尔公约》只是对国际贸易中的危险废弃物品的跨境转移进行限制，并未涉及污染密集产业的转移。WTO 也制定了商品和服务的国际贸易规则，但仅仅只是与投资相关的贸易协议，对于跨国投资中的污染行为并没有什么约束力。在 OECD 国家参与谈判的投资多边协议（Multilateral Agreement on Investment，MAI）中，虽然有些部分涉及环境保护，并禁止通过降低环境标准来吸引外商投资，但是没有明确界定跨国公司的环境保护行为，也没有要求发达国家投资者采用与其母国一样的环境标准，这就为跨国公司"双重环境标准"问题的产生预留了制度空间，跨国公司的环境责任并没有得到确认。

---

① 张卫彬，陈计.跨国公司污染转移的法律问题研究[J].黑河学院学报，2021(5)：24-26.

第四，在我国总体上环境监管相对薄弱，对违规行为处罚力度较小的情况下，由于公众环保意识也比较淡薄，跨国公司并没有感受到强大的外部压力，反倒是守法成本比较高，违法成本低，这也是促成跨国公司实行双重环境标准的重要因素。

通常许多大型的跨国公司都有良好的环境保护口碑，许多人甚至会认为跨国公司良好的社会责任感以及其内部完善的环境管理体系、雄厚的财力、先进的技术装备会消除其自身的环境外部性。但是实际上，遍布各地的跨国公司并没有承担足够的环保责任。尽管按照我国现有的环保法规，跨国公司应当履行“从严标准”，不能实行双重标准，即与其本国的环境标准相比，如果其本国的更严格则实施其本国的标准，反之则实施我国的标准。很显然，现实中一些跨国公司的双重环境标准是违反这一原则的。跨国公司的环境污染问题是以 FDI 为途径的污染密集产业转移的环境外部性问题的重要体现，违反环境规制，实行较低的环境标准是跨国公司产生环境问题的重要原因，也是在华 FDI 环境外部性如此严重的重要原因之一。

二、公民的环保意识问题

环保意识的增强有助于提高公众对环境保护的认知，引导人们广泛地参与环境保护的相关社会活动，并启发人们在日常生活和工作中自觉地维护生态环境。在发达国家和地区，经济发展水平高使公民在没有生存压力的前提下更加关注环境质量，公民受教育程度也相对较高，往往都有较高的环保意识，各种民间的环保机构、环保团体层出不穷，许多环境保护主义盛行。民众的环保意识可以促成生态环境公共物品的自愿供给，强大的民间环保力量给政府在环境保护上施加压力，而且政府人员自身环保意识的增强还促进了科学、合理、严格环境规制的制订和执行。

相比之下，我国国民的环保意识还不强。环境公共物品的自愿供给和民间环保力量明显不足，甚至许多政府公务人员的环保意识也比较薄弱。有研究表明，公民生态环境意识综合得分均值仅为 39.35 分，说明公民生态环境意识总体处于较低水平，而年龄、受教育年限、家庭总收入等因素对公民生态环境意识有显著影响。[①] 近几年，公民的环保意识虽然有所提高，但在具体的实际行为中仍有不足。

---

① 刘志娟，李傲，李楚瑛，等.公民生态环境意识测评及其影响因素研究[J]. 生态经济，2018(6)：217－222.

根据生态环境部环境与经济政策研究中心发布的《公民生态环境行为调查报告(2021)》,半数以上的受访者认为自己具备践行环境行为的基本能力、资源和机会,但对如何更多地采取环境保护行为缺乏了解。[①] 其中,72.3%的受访者认同"我希望采取更多环保行为,但是不知该做什么";多数人能在食品、服装、电子产品方面做到适度消费,但也存在不同程度的浪费现象,如 17.3%的受访者"家中食品经常因为过期而被丢弃",12.6%的受访者"经常购买很多衣服、鞋子却不常穿",8.2%的受访者在旧的电子产品还能正常使用的情况下就会更换新款,月收入 20 000 元以上的高收入群体浪费现象更为严重;半数公众已经养成按要求分类投放垃圾的习惯,但不同类型垃圾投放行为表现存在差异,例如,厨余垃圾的投放表现相对较差。[②] 这表明,我国公民的环境保护意识已经有所提升,但还存在很多薄弱环节,公民对待环境问题的理性程度还有待提高。在一些地方,只有当生态问题相当严重时才会引起社会的关注,而在有些地方甚至出现了极端的"邻避效应"。可见,公民的环保意识问题也是 FDI 环境负外部性得以产生和扩散的重要原因之一。

① 王仁宏,高雷.《公民生态环境行为调查报告(2021 年)》发布[EB/OL].(2021-12-27)http://finance.people.com.cn/BIG5/n1/2021/1227/c1004-32318306.html.

② 同①。

第七章

FDI 环境外部效应的治理思路与对策

“20 世纪 90 年代人类社会开始意识到环境灾难的现实危险性，它威胁着人类文明本身的存在。对环境问题的讨论已经超出了科学讨论的范围，变成了世界政治进程的一个重要组成部分，它吸引着各国政府、国际组织、大公司和金融机构加强对克服环境危机战略的研究……这一问题涉及的范围要广泛得多，包括政治、经济、道德和文化等社会生活的主要方面。”①“在新自由主义生产全球化背景下，发达资本主义国家还以‘低碳经济’为借口，把环境污染、生态破坏的责任推给第三世界发展中国家。”②今天，FDI 在经济全球化的进程中扮演着十分重要的角色，尤其是对于发展中国家来说，吸收 FDI 成为它们谋求技术更新和产业升级的重要而有效的途径；然而 FDI 所带来的负效应也是显而易见的，其中就包括人们日益关注的环境问题，特别是通过 FDI 途径的污染密集产业转移更是使这些发展中东道国面临的日益严峻的生态环境恶化问题雪上加霜。党的二十大报告明确指出，“大自然是人类赖以生存发展的基本条件。尊重自然、顺应自然、保护自然，是全面建设社会主义现代化国家的内在要求。必须牢固树立和践行绿水青山就是金山银山的理念，站在人与自然和谐共生的高度谋划发展”③。作为世界上吸收 FDI 最多的发展中大国，中国也面临着同样的考验。如何在有效利用 FDI 积极作用的同时，尽可能限制其在环境方面的负面影响成为摆在人们面前的一项重大课题。本书在参与该问题的研究中，在习近平生态文

① 李新.经济全球化的发展及其矛盾[J]. 学术月刊，2001(6)：33 - 38.

② 马慎萧，段雨晨，金梦迪，等.当代资本主义经济研究[J]. 政治经济学评论，2019(3)：122 - 154.

③ 习近平.高举中国特色社会主义伟大旗帜 为全面建设社会主义现代化国家而团结奋斗——在中国共产党第二十次全国代表大会上的报告[EB/OL].（2022 - 10 - 25）. https://www.gov.cn/xinwen/2022 - 10/25/content_5721685.htm.

明思想的指引下，探索 FDI 环境外部效应的治理思路与对策，从而“促进人与自然和谐共生”。

第一节 治理的目标和原则

我国的生态环境恶化的程度曾经相当惊人。近十多年来，随着生态文明建设的深入，生态环境状况明显改善，但是深入推进污染防治攻坚战的任务依旧艰巨。根据生态环境部的资料，2021 年，全国共发生突发环境事件 199 起，其中，重大事件 2 起(嘉陵江甘陕川交界断面“1・20”铊污染事件、河南省三门峡市五里川河“11・8”锑污染事件)，较大事件 9 起，一般事件 188 起；2021 年，全国重点调查工业企业 165 190 家，其中，有废水污染物产生或排放的企业 75 276 家，有废气污染物产生或排放的企业 146 771 家，有一般工业固体废物产生的企业 114 886 家，有工业危险废物产生的企业 87 928 家。[①] 而 FDI 在我国工业生产中，特别是污染密集产业仍占相当比重。通过前面几章的分析，可知它对我国的生态环境造成严重的负外部性，不仅在空间上产生负面影响，而且在时间上也损害了代际公平和效率，影响了可持续发展，所以有必要积极采取措施对 FDI 的环境负外部性进行有效治理。本书在此对 FDI 环境外部性治理的目标和原则进行探讨。

一、治理的目标

经过多年的发展，我国的经济建设取得了举世瞩目的成就。然而就整体水平而言，我国仍旧是一个发展中国家，仍然处于社会主义初级阶段，而且区域发展极不平衡。所以经济建设仍然是党和政府的中心工作。经济发展的实践证明，FDI 已经并且仍在贸易、就业、产业发展、技术进步和财政税收等多个方面对我国经济作出贡献，而且随着经济开放程度的日益提高，还将继续发挥重要的作用。随着我国对外开放水平的提高，还要“合理缩减外资准入负面清单，依法保护外商投资权益，营造市场化、法治化、国际化一流营商环境”[②]。

① 生态环境部.2021 年中国生态环境统计年报[EB/OL].(2023 - 01 - 18).https://www.mee.gov.cn/hjzl/sthjzk/sthjtjnb/202301/t20230118_1013682.shtml.

② 习近平.高举中国特色社会主义伟大旗帜 为全面建设社会主义现代化国家而团结奋斗——在中国共产党第二十次全国代表大会上的报告[EB/OL].(2022 - 10 - 25).https://www.gov.cn/xinwen/2022-10/25/content_5721685.htm.

但是也应当看到，FDI 对于东道国来说也存在着一定的负面效应，其中对发展中东道国的环境负效应这些年来一直备受瞩目。本书的分析表明，污染密集产业转移是 FDI 对我国造成环境负外部性的重要途径，对我国的生态环境产生了严重的破坏作用，而且不仅对当代人产生影响，还会影响后代人的福利。综合这正、反两方面的因素，本书所提出的治理在我国 FDI 环境外部性的目标是：① 生态保护与 FDI 利用相适应。外资经济作为非公有制经济仍然是社会主义市场经济的重要组成部分，根据前面的分析可知，我国的经济发展尚需要 FDI 发挥重要作用，也就是说必须在确保生态环境不受威胁的前提下，不能因为一时的经济利益而忽略长久的社会效益和生态环境效益，当代经济的发展不能以牺牲未来生存空间为代价，利用 FDI 的积极作用必须纳入绿色低碳可持续发展的框架内。② 一方面将有可能未来进入的“脏”的 FDI 尽可能加以限制，尽可能挡在国门之外，另一方面对已经从国外转移进来的污染密集产业外资企业最大限度地实现环境成本内部化，提高其环境治理的水平，将其环境外部性降低到最低水平，以实现对 FDI 的利用与我国经济、社会的绿色低碳可持续发展战略相协调。

二、治理的原则

根据上述目标和我国现阶段经济社会发展和绿色低碳转型的实际情况，FDI 环境外部性的治理应遵循如下原则。

第一，可持续发展原则。该原则包括确保生态环境资源的代内公平、代际公平、国民经济特别是工业与生态环境的协调发展。治理 FDI 的环境外部性是为了实现绿色低碳可持续发展的需要，利用 FDI 积极作用的同时，尽可能消除一切只顾眼前利益，而不管今后长久发展的引资行为。

第二，区别对待原则。进入我国的 FDI 相当一部分集中在第二产业，处在不同产业的外资企业的环境影响是不相同的，而且随着时间的推移，外资进入的产业也在发生变化。污染密集产业转移虽然只是一定历史阶段的现象，但是一则对于我国来说污染密集产业转移已经持续一段时期，二则其对环境的影响在许多时候是长远的(例如，有些地区的地下水受污染后至今难以恢复)，所以必须要采取措施以减少其环境外部性，FDI 环境外部性的治理手段针对污染密集产业转移造成的外部性应有别于其他产业。这就意味着利用 FDI 时，要注重外资的“质”。

第三，扬长避短原则。FDI 对东道国的作用有正负之分，其环境外部性也有正负之分。对于其正面的作用应采取支持鼓励的态度，对于其负面的影响应采取限制规避的态度，以实现“取其长”而“避其短”的目的。

第四，积极主动原则。虽然我国的外资政策已经有所调整，局部地区已经针对 FDI 的环境外部性开始了治理，但是还需要完善防范机制并增强意识。尽管 FDI 进入制造业的比重开始有减少的趋势，伴随着中国产业结构的高级化，投资于第三产业的 FDI 会越来越多，但是第二产业占相当比重的情况还将持续相当长一段时期，FDI 对中国生态环境的负效应也将持续很长时期，对中国环境的破坏作用在一定领域内仍将是长期的，所以不能坐等经济发展到环境库兹涅茨曲线的右侧，要采取措施尽可能地减小当期的影响。毕竟中国环境污染一度十分严重，很多负的影响至今没有消除。尽管从相对量上来说，FDI 流入第二产业甚至污染密集产业的比重会越来越小，但从绝对量上来说，FDI 在污染密集产业或者第二产业会长期保持较大的数量，也就是说，其对环境的污染程度仍然需要重视。所以，对待 FDI 特别是污染密集产业转移的环境外部性，应积极主动地采取相应的措施。

第二节　贯彻绿色发展理念

高质量发展就是要贯彻新的发展理念。绿色发展是新发展理念的重要组成部分，就是“要推进美丽中国建设，坚持山水林田湖草沙一体化保护和系统治理，统筹产业结构调整、污染治理、生态保护、应对气候变化，协同推进降碳、减污、扩绿、增长，推进生态优先、节约集约、绿色低碳发展”①。具体到对 FDI 的利用上，就是要贯彻绿色发展理念，充分认识到招商引资与绿色低碳发展之间的辩证统一关系。

一、“竭泽而渔”的发展方式已经走到尽头

工业是技术创新和财富创造的重要载体，工业化的本身当然是人类生产力发展的体现。但是传统的工业化道路是以物质消耗和污染排放为代价换取经济发展。层出不穷的环境事件、屡屡发生的生态危机，都表明人类可持续发展所需要的生态和资源基础，正受到传统工业生产的严重侵蚀。值得注意的是，与工业

① 习近平.高举中国特色社会主义伟大旗帜 为全面建设社会主义现代化国家而团结奋斗——在中国共产党第二十次全国代表大会上的报告[EB/OL].（2022－10－25）.https://www.gov.cn/xinwen/2022－10/25/content_5721685.htm.

生产如影随形，现代社会中人类消费也带来了巨大的物质消耗和生活污染物排放。这些都已经给生态环境造成了严重后果。例如，根据世界自然基金会发布的《地球生命力报告 2018》，全球野生动物 44 年间消亡 60%，人类活动直接构成了对生物多样性的最大威胁。[①]

西方学者曾经提出过著名的“环境库兹涅茨曲线”理论，即随着经济增长和人均收入的提高，生态环境会先恶化，待到一定拐点之后再改善，从而呈现出经济与生态之间的倒“U”型关系。从美国、德国、英国等许多曾经工业污染严重的发达国家的情况来看，它们今天良好的生态环境似乎也验证了这一理论。然而，发达国家生态环境“先恶化、后改善”的轨迹是建立在国际产业转移的基础之上的，它们保留了研发、设计等高附加值环节，而附加值较低的承担主要资源消耗和污染排放的加工制造环节逐渐转移到发展中国家。在国际贸易和分工体系中，发达国家所需的中低端工业品主要依靠从工业化进程较快的发展中国家进口，而这些发展中国家日益沦为从事高耗能、重污染产业并出口相关产品的“污染天堂”。应该说，生态破坏和资源耗竭这些年只是发生了“位移”，并没有从根本上得到解决。全球生态保护的态势依旧十分严峻。

二、绿色低碳发展是利用 FDI 的生态前提

习近平总书记指出：“顺应自然、保护生态的绿色发展昭示着未来。”[②]绿色发展就是要正确处理好绿水青山和金山银山的关系，构建绿色的经济体系和产业布局，在生产、分配、交换、消费等全部经济环节中体现生态保护和资源节约的要求。经济全球化以及现代的通信、交通条件，使各国经济互联互通愈益便利。各种经贸往来以商品和要素的跨国流动为条件，无论是产能合作，抑或贸易分工，都必须深度融入绿色发展理念。过去与污染扩散相伴随的产业转移，以环境破坏和资源耗竭为代价的传统工业化道路，在生态文明被广泛认同的今天将越来越难以持续。今天，经济正逐渐摆脱对生态的“野蛮”破坏，而不断被注入绿色的内涵。以资源节约、环境保护、生活改善、创新驱动为特征的新的发展方式将成为经济建设的未来方向。

我国不仅着力保护本国生态环境，也从全人类共同利益出发，致力于共建全

① 世界自然基金会，动物学研究所（伦敦动物学会）.地球生命力报告 2018［R］. 瑞士朗格：世界自然基金会，2018：2－18.

② 习近平.共谋绿色生活，共建美丽家园——在 2019 年中国北京世界园艺博览会开幕式上的讲话［EB/OL］.（2019－04－28）. https://www.12371.cn/2019/04/29/ARTI1556491432263930.shtml.

球生态文明，体现了负责任大国的担当。[①] 包括我国发起的“一带一路”倡议，既是共谋发展之路，也是生态之路，其打造互信、融合、包容的“利益共同体、命运共同体和责任共同体”的目标，与绿色发展所蕴含的生态、经济、社会协调发展的含义相吻合。利用 FDI 是我国对外经济合作的一种方式，在其中践行绿色发展理念昭示了合作共赢、开放包容、永续发展的生态底蕴。首先，国际经济合作中绿色发展空间广阔，各国既有广阔的市场需求，也有丰富的要素禀赋，可以在资本、技术、人力等方面互通有无、相互合作，可以引导 FDI 参与绿色生产、绿色消费和绿色流通，在生态化的经济发展中实现共同的利益。其次，生态环境是人类的共同家园，节约、循环、低碳的生产和生活方式可以在广阔的地域范围和庞大的人口当中逐渐达成共识，FDI 的进入不仅要发挥其经济上的积极作用，也要使外资企业实现绿色低碳发展，体现出在生态环境保护方面的人类共同需要。最后，绿色发展强调人与自然的和谐统一，利用好 FDI，推动外资企业在发展中注重保护，在保护的基础上谋求更长远的发展，在不断增进当代人福利的同时，也要为子孙后代留下充足的生存和发展空间，这是各类企业共同的责任。

第三节 完善绿色发展制度体系

自 2012 年党的十八大提出生态文明建设以来，随着中国对绿色发展的重视与日俱增，大气污染防治、流域生态保护、土壤污染防治等方面一系列法律和政策的出台，使绿色发展取得了实质性的政策效果。但在我国的许多区域，工业化的深入推进，难免会给生态环境带来压力。例如，在长江经济带通过运用生态足迹模型测度 2010—2018 年工业发展的生态压力，并深入分析相关因素可知，无论是长江下游地区还是中游地区和上游地区，可持续发展所面临的挑战依旧是严峻的，工业发展巨大的生态压力仍然需要高度警惕。[②] 针对 FDI 的环境外部性，制度建设是工业发展生态效益提升的关键，必须把制度建设作为重中之重。“要加快制度创新，增加制度供给，完善制度配套，强化制度执行……”[③]通过完

① 人民日报评论部.共谋全球生态文明建设之路（人民观点）——新时代推进美丽中国建设的根本遵循[N]. 人民日报，2022－10－10.

② LI D，ZHANG J. Measurement and analysis of ecological pressure due to industrial development in the Yangtze River economic belt from 2010 to 2018[J]. Journal of Cleaner Production，2022(353)：1－15.

③ 中共中央宣传部，生态环境部.习近平生态文明思想学习纲要[M]. 北京：学习出版社，人民出版社，2022：85.

善绿色发展制度体系，实现经济效益与生态效益相统一，夯实可持续发展的经济基础。

一、完善政府制度体系

绿色发展的政府制度体系一般包括激励制度、约束制度、政府监管制度、问责制度等方面。例如，政府监管制度包括自然资源管理体制、省以下环保机构监测监察执法垂直管理体制、国家公园体制、资源环境承载能力监测预警机制、国土空间开发许可制度、污染物排放许可制度、企业环境信用记录和违法排污黑名单制度、突发生态环境事件信息报告和公开机制等。①

针对 FDI 环境外部性的治理，当然需要落实上述各项制度，甚至还可以强化相关制度。比如，可以强化运用税收金融工具。运用税收工具防治污染是“庇古手段”的体现。在我国，征收排污费对防治污染起到了一定的作用。但是由于排污费制度在执行中本身存在的一些缺陷，比如易受地方政府或行政部门的干扰，因而用征收环境保护税的方式替代排污费制度不失为一种可行的方式。借助环境保护税制度，税务机关依法征税，环保部门依法对污染物监测管理，对包括外资企业在内的各类工业企业排放的废水、废气、固体废物以及噪声等，按照一定的标准征税，便于依法进行环境保护。在国际、区际发生转移的企业，只要涉及环境污染，就应依法纳入环境保护税制度之下。但是，要防范各地区对制度执行程度的差异，比如在纳税申报、涉税信息共享平台建设等方面，由于各地发展水平和管理水平的差异可能会对征税的效果产生影响，因而要加强对制度落实情况的监督。此外，金融工具也可以运用到对 FDI 生态问题的治理中。绿色金融在我国逐渐兴起，越来越多地调动资源用于各种绿色投资。针对工业的“大迁移”，可以考虑针对重点区域、重点产业、重点企业，运用绿色信贷等绿色金融工具加强支持，帮助它们在污染治理、环保设施建设、技术设备改进等方面获得更多低成本的可靠资金来源。

当然，最为关键的是依托这些制度的逐步完善，逐步提高环境规制水平，从而起到限制 FDI 环境外部性的作用，特别是污染密集产业转移的环境外部性。

第一，政府要制定科学合理的环境标准。在确定造纸及纸制品业、农副食品加工业、化学原料及化学制品制造业、纺织业、黑色金属冶炼及压延加工业、食品制造业、电力/热力的生产和供应业、皮革/毛皮/羽毛(绒)及其制品业、石油加工/炼焦

---

① 李佐军.中国生态文明建设迈向新时代[N].上海证券报，2018-01-11.

及核燃料加工业、有色金属冶炼及压延加工业、煤炭开采和洗选业、黑色金属矿采选业、有色金属矿采选业、非金属矿采选业、化学纤维制造业、非金属矿物制品业、燃气生产和供应业这些污染密集产业的 FDI 准入条件时，充分考虑环境保护要求，新建项目必须符合国家规定的准入条件和排放标准，而对于生态系统比较脆弱或者环境容量已近极限的区域，禁止外商新建污染密集产业项目。各地区应当按照国家发改委和商务部 2022 年共同修订的《外商投资产业指导目录》，既要用好外资，为 FDI 创造好的营商环境，又要严格地限制高耗能、高污染和低水平的外资。

第二，政府要采用合理科学的污染防治手段和措施，严格落实《中华人民共和国环境保护税法》，并不断完善环境税收制度。环境保护税自 2018 年开征以来，实现了“费改税”的平稳过渡，还在激励降污减排、促进技术创新方面取得了较好政策效应，但仍然可以完善环境保护税征税客体的规定，适度扩大征税范围；逐步提高环境保护税税率标准，优化减免税政策；完善环境保护税共治共管机制，提升基层合作征管效能。① 通过制度的严格执行和不断完善，使 FDI 环境外部性成本的内部化程度大大提高。各级政府都要加大对污染防治、生态保护和环境公共设施建设的投资，保证环保机构经费供应，以满足环境公共物品的供给，还可以考虑适当对民间环保机构给予一定资金支持。

第三，政府的环境监管职能要强化。一是要保证环保机构的经费供给，确保环境执法人员执法时有足够的资源可以调动。二是要协调好各级政府之间、外资企业与政府之间的关系，以求建立科学、高效的环境监管体系。如中央政府主要是制定全国范围内的环境政策、法规，对全国环境保护进行宏观指导和监督，地方政府要在中央政府的领导、协调、监督下，对辖区内的 FDI 进行监管。

第四，完善环境法律法规标准体系，强化执法监督体系。对已有的法律法规如《中华人民共和国环境保护法》《中华人民共和国水污染防治法》《中华人民共和国大气污染防治法》实行区域限批制度，以及不断完善有关土壤污染、化学物质污染、生态保护、生物安全、遗传资源、臭氧层保护、核安全、循环经济、绿色转型、环境监测、环境损害赔偿、温室气体排放等方面的法律。实行最严格的生态环境保护制度，全面建立资源高效利用制度，健全生态保护和修复制度，严明生态环境保护责任制度，并抓好落实，坚决杜绝腐败行为，牢固树立制度的刚性和权威。②

第五，要调整政府人员业绩考核机制。目前，我国地方政府仍是外资引进的

---

① 周志波，胡江峰.环境保护税的制度省察与优化改进[J]. 税务研究，2023(1)：38－42.

② 中共中央宣传部，生态环境部.习近平生态文明思想学习纲要[M]. 北京：学习出版社，人民出版社，2022：86－88.

重要推动力量，要将环境保护与地方政府吸引外资的积极性结合起来，一方面要建立与用科学发展观相配套的干部政绩考核和惩戒机制，倡导绿色 GDP，克服过去单纯地以经济指标衡量政府人员政绩的做法；另一方面，可以用引进高质量、低污染的外资数量来衡量政府人员引资业绩，促使其在招商引资时注重经济效益与环境效益相结合。

二、完善市场制度体系

促进绿色发展的市场制度体系主要涵盖资源与环境产权制度、交易制度、价格形成制度三个方面，例如，资源与环境产权制度主要包括用能权、用水权、碳排放权初始分配制度，自然资源资产和环境产权制度，矿产资源国家权益金制度，资源有偿使用制度，生态价值评估制度，自然资源资产负债表制度等。① 由于产权制度是市场经济的基石，产权制度决定了什么能买、什么能卖，并产生有效的价格体系，所有的市场定价机制背后都是产权，②因而环境和自然资源的产权制度对于 FDI 环境外部性的治理尤为重要。

只有资源环境产权明晰，才能界定权利的归属，并实施交易。建立现代环境产权制度，一要做好环境产权的贡献界定和损害界定工作，凡是为创造良好的生态环境作出贡献的地区、企业或个人，应获得环境产权的收益，把其权益明确界定下来；凡是对环境造成损害的地区、企业或个人也应把其责任明确界定下来。二要促进环境产权的公平交易。三要落实环境成本的科学还原，建立企业环境治理和生态恢复的责任机制，逐步使企业合理负担其开发过程中实际发生的各种成本。四要严格保护环境产权。③ 与环境产权一样，自然资源产权界定清晰且可流转能直接促进自然资源和生态环境保护，要遵循自然资源资产产权演变规律，健全中国特色自然资源资产产权制度，完善我国自然资源资产产权行使机制、构建符合要求的自然资源资产产权制度体系。④ 通过严格的资源环境产权制度的建立，为 FDI 环境外部性的治理提供必要的前提条件。此外，为了防范 FDI 环境外部性的代际影响，还要保护后代人的资源环境产权，关键在于约束当代人的行为，这主要依靠政府在当代对外资企业的环境外部性实施严格的监管，以便为后

---

① 李佐军.中国生态文明建设迈向新时代[N].上海证券报，2018-01-11.

② 卢现祥，李慧.自然资源资产产权制度改革：理论依据、基本特征与制度效应[J].改革，2021(2)：14-28.

③ 常修泽.环境产权制度不能再延后[J].瞭望，2007(47)：64.

④ 同②。

代人留下美好的生存环境，而社会力量则可以成为政府机制的有益补充。

以资源环境产权制度为前提，就可以进一步完善环境外部性的相关治理机制。比如，排污权交易机制。环境税收制度更多地体现政府的职能，而排污权交易机制则是以市场为导向的环境保护手段，即在确定污染物的排放总量的前提下，然后再让市场确定一定数量排污权的价格，治理污染成果达到排放标准以下的企业拥有可以出售的排污权，不能达标的企业就成为排污权交易的需求者，这样就形成了排污权交易的市场，通过供求双方的相互作用最终形成排污权的市场均衡价格。排污权交易机制是我国今后环境保护手段改进的方向之一。《中华人民共和国国民经济和社会发展第十四个五年规划和 2035 年远景目标纲要》明确提出，“全面实行排污许可制，实现所有固定污染源排污许可证核发，推动工业污染源限期达标排放，推进排污权、用能权、用水权、碳排放权市场化交易”①。这就为治理 FDI 的环境外部性提供了另一种启示，即可以尝试将外资企业纳入排污权交易体系中，通过市场手段来促进 FDI 环境成本的内部化，用利益机制诱使外资企业减少排污，以提高环境污染治理效果。

第四节 在高水平对外开放中推动绿色发展

党的二十大指出要“合理缩减外资准入负面清单，依法保护外商投资权益，营造市场化、法治化、国际化一流营商环境。推动共建‘一带一路’高质量发展。优化区域开放布局，巩固东部沿海地区开放先导地位，提高中西部和东北地区开放水平”②。基于污染密集产业的空间转移机制和 FDI 环境外部性在空间上的影响，要在高水平对外开放的前提下，充分利用 FDI 对国民经济的重要作用，并推进绿色发展，使 FDI 的环境外部性得到有效防范和治理。

一、在“一带一路”经济合作中促进绿色发展

习近平总书记强调“良好生态本身蕴含着无穷的经济价值”③。生态环境保

---

① 国务院.中华人民共和国国民经济和社会发展第十四个五年规划和 2035 年远景目标纲要[EB/OL].(2021-03-13). https://www.gov.cn/xinwen/2021-03/13/content_5592681.htm.

② 习近平.高举中国特色社会主义伟大旗帜 为全面建设社会主义现代化国家而团结奋斗——在中国共产党第二十次全国代表大会上的报告[EB/OL].(2022-10-16)[2022-10-25]. https://www.gov.cn/xinwen/2022-10/25/content_5721685.htm.

③ 习近平.共谋绿色生活，共建美丽家园——在 2019 年中国北京世界园艺博览会开幕式上的讲话[EB/OL].(2019-04-28). https://www.12371.cn/2019/04/29/ARTI1556491432263930.shtml.

护和经济发展并不是矛盾对立的关系，经济合作与绿色发展理念同样是辩证统一的，在“一带一路”倡议下创造 FDI 融入绿色发展的条件。

其一，在贸易和产业合作中融入绿色发展理念。在投资便利化的条件下，突出生态文明理念，优化产业链分工布局。沿线各国共同制定推进绿色产业合作的规划和措施，围绕节能产业、资源综合利用产业、新能源产业，以及环保产业的发展达成合作新共识。传统产业也可以根据生态承载的约束在更大的地域范围内合理布局并改造升级。针对沿线国家和区域间的产业转移，沿线各国也可以依据各自的生态承载力和经济发展阶段的特征，选择适合本国的产业项目或生产环节。在此基础上，尽力消除贸易壁垒，促进多种形式的贸易合作，与产业合作相配套，形成沿线绿色、合理的贸易分工体系，并进行充分的沟通交流，深化利益融合。

其二，在基础设施合作中体现绿色发展理念。基础设施的互联互通需充分考虑相关国家的生态安全。按照绿色环保的要求加强沿线共建国家基础设施建设的规划、技术标准体系的对接。同时，加强沿线各国在绿色基础设施领域的合作，采用包括经验互鉴、资源互助等方式，促进沿线水道、绿道、湿地、公园、森林、农场的保护与建设，使一个又一个富有生机的绿色空间密布“一带一路”沿线，为产业的绿色发展塑造好的环境。

其三，借助金融合作促进绿色发展。金融是现代经济的核心，金融工具也可以运用到生态问题的治理中。随着绿色金融的兴起，沿线国家可以携手将越来越多的资金用于各种绿色投资。开展多边绿色金融合作，借助银行授信、债券发行等多种方式，丰富绿色金融工具，针对重点区域、重点产业、重点企业，帮助它们在污染治理、环保设施建设、技术设备改进等方面获得更多低成本的可靠资金来源。

其四，依托科技合作贯彻绿色发展理念。加快共建各国在科技领域的互通有无，强化沿线关于生态保护的科学研究和技术交流，推动交通和通信设施的改进以及生产技术装备的升级，提升产品和服务的供给效率，在改善生活水平的同时，减少物质消耗，增进物质循环，促进污染物的处理，不断降低经济对生态的“野蛮”程度，提高经济对生态的“文明”程度。

二、推动外资企业践行“双碳”目标

中国一直是全球气候治理的重要参与者。2020 年 9 月 22 日，习近平主席在第 75 届联合国大会一般性辩论上的重要讲话中郑重承诺：“中国将提高国家自主贡献力度，采取更加有力的政策和措施，二氧化碳排放力争于2030年前达到峰值，努力争取2060年前实现碳中和。”①如今，“碳达峰”和“碳中和”已经列入国家“十四五”规划中，全国各地各行业也正积极制定计划、采取行动，推进相关工作。应该说，“碳达峰”和“碳中和”目标的提出，彰显了中国走绿色低碳发展之路的决心，体现了应对全球气候变化、推动构建人类命运共同体的中国担当。

然而，全球气候治理毕竟需要坚持以公平正义为要旨，各国携手采取有效行动方能达成目标，“共同但有区别的责任原则”是其基石。作为最大的发展中国家，中国过去的经济发展和积极参与全球价值链密不可分。只有厘清全球价值链与气候治理责任的内在联系，中国才能在积极参与全球气候治理中更好地协调与贸易伙伴国的关系，才能在国内国际双循环相互促进的新发展格局中更好地将“碳达峰”“碳中和”纳入推进生态文明建设整体布局，从而在切实维护本国利益的同时合理承担国际责任。

中国作为碳排放大国承受了巨大压力。但中国也是全球价值链的重要参与者。界定和履行气候治理责任，必须厘清碳排放与全球价值链之间的关系。由于目前还没有形成与高质量发展要求相适应的现代化产业链，在全球价值链上的增值能力较弱，才导致中国为世界制造产品的同时，也充当了最大碳排放国的角色。因此，履行气候治理责任应强化产业链思维，要加强对产业链的研究，为中国“碳外交”争取更大斡旋空间提供科学依据。

在合理界定气候治理责任的基础上，为我国实现“双碳”目标赢得更大的“腾挪”空间，并推动外资企业践行“双碳”目标。这关键在于提高利用外资的质量，使FDI参与到我国产业链现代化的进程中。高质量利用外资，实现资金、技术与国内市场环境的更好匹配，推动我国产业链的完善与升级，从而推进我国供应链产业链体系的现代化发展与自主自强。② 在立足高水平自立自强的前提下，利用好FDI，加快推进产业链现代化，借助全球价值链位置的改善，逐步摆脱高碳制约，实现“碳达峰”“碳中和”。

三、调整外资政策

对外开放和生态文明建设是我国的两项基本国策，若协调得当，二者可以相辅相成、相互促进，吸引FDI时必须要考虑生态环境的保护。盲目追求外资规

① 习近平.在第七十五届联合国大会一般性辩论上的讲话[N]. 人民日报，2020-09-23.

② 金瑞庭，郝碧榕.我国“十四五”时期高质量利用外资的基本思路[J]. 发展研究，2022(11)：49-57.

模和数量而忽视环境问题的做法，会使经济发展与环境保护难以协调。[①] 改革开放之后，为了吸引外资，我国一直给予外资企业种种优惠政策，各地方也竞相在土地、税收等各方面给出种种特殊待遇，许多地方甚至降低环境标准，以牺牲生态环境质量为代价。在改革开放初期，百业待兴，国民经济发展在本国资本匮乏的情况下，急需引进国外的资本、技术，所以采取种种吸引 FDI 的优惠政策。近些年来，随着经济的持续快速增长，我国的资本存量相对以前来说已经是大为改观，至少不再是资本极度匮乏的国家，比如外汇储备、居民存款都位居世界前列，我国这些年来累计所吸收的 FDI 也已达到相当的规模和数量，长期位居发展中国家之首。所以，政府对待外资的政策上已经从单纯的引资政策，向“引资”与“选资”并重的政策模式过渡，即在积极引进外资的同时，不但要注重 FDI 的数量，还要注重其质量，尤其是要确保环境保护优先，力争通过环境标准、税收、土地政策等手段限制污染密集产业的转移。

当前，我国经济增长的下行压力逐渐增大。受美联储政策变化等因素的影响，而新冠疫情的后续影响还在，导致世界经济复苏乏力，外部需求收缩。除此之外，我国还面临以美国为首的西方国家在贸易、金融、科技等领域的打压。因此，要格外重视外资对于经济发展的积极作用，同时需要构建高质量利用外资政策制度的环境，持续推进投资自由化，扩大开放领域；简化投资程序，推进外商投资便利化进程；着力营造市场化、法制化、国际化的营商环境，破除外商经营障碍；切实优化企业服务保障，增强投资促进与保护。[②] 同时，在确保外资企业国民待遇的基础上，提高外资质量，让外资企业与内资企业在环境标准上“一视同仁”，还要注重对外资的产业导向，鼓励外资进入环保产业，鼓励在引进 FDI 的同时引进先进的管理方式、技术和理念，鼓励外资企业提供或引进环保设备和技术，进行企业环保培训和信息指导，加强环境管理。

四、注重 FDI 利用的区域差异

在国家区域协调发展战略框架下，东部地区应成为 FDI 环境外部性治理的重点区域，要利用已有的经济基础和区位优势，加快经济增长方式的转变，逐渐淘汰外资企业中重污染、高耗能的部分，并强化污染治理，控制外资企业污染排放总量；中部地区要慎重对待来自国外和东部沿海地区的外资污染企业，在加强

① 夏有富.外商转移污染密集产业的对策研究[J]. 管理世界，1995(2)：112－120.
② 金瑞庭，郝碧榕.我国“十四五”时期高质量利用外资的基本思路[J]. 发展研究，2022(11)：49－57.

环境基础设施建设和加大污染治理力度的同时，尽可能引进低污染的清洁产业，以便有效维护区域资源环境承载能力；西部地区应致力于维护比较脆弱的生态系统，可在一些生态环境状况较好的区域适度引进外资，或者引入外资进入当地优势特色产业中，但要防范以牺牲资源环境为代价来换取外商投资的行为。按照全国主体功能区划的要求，针对四类主体功能区制定分类的 FDI 环境管理政策。[①] 在优化开发区域、坚持环境保护优先、积极引进外资的同时，注重外资的质量，尽可能引导外资进入高新技术产业、服务业等比较清洁的产业，力求不断改善环境质量。对于重点开发区域，在环境承载能力范围内，积极引入 FDI 推动工业化进程，同时加快建设环境保护基础设施，严格限制包括外资企业在内的各类企业污染排放量，以避免 FDI 的进入加剧生态环境恶化。在限制开发区域，合理选择外资，鼓励外资进入特色优势产业，尝试利用外资加快建设重点生态功能保护区，避免外资的进入使生态平衡难以恢复。在禁止开发区域，依据法律法规和相关规划严格监管，严禁不合理的引资开发行为，坚决杜绝污染密集产业的进入，力保生态环境系统不受招商引资这种人为因素的干扰。此外，还要同时加强跨区域合作与协调，共同采取措施限制 FDI 项目中污染密集产业的跨区域转移，并针对外资企业已有的跨界污染问题，实行联合治理。

第五节　将对 FDI 的利用纳入工业的绿色发展中

FDI 是推动工业高质量发展的重要因素。治理 FDI 的环境外部性当从源头上尽可能阻止国外污染密集产业的进入，并坚持生态环境保护与工业发展协调推进，依据国家产业政策和环保法规，推动产业结构优化升级，加大淘汰污染严重的落后工艺、设备和企业的力度，推动高新技术产业和金融服务业的发展，将 FDI 的利用纳入工业的绿色发展之中。

---

① 国务院办公厅的资料显示，主体功能区指基于不同区域的资源环境承载能力、现有开发密度和发展潜力等，将特定区域确定为特定主体功能定位类型的一种空间单元。划分主体功能区主要应考虑自然生态状况、水土资源承载能力、区位特征、环境容量、现有开发密度、经济结构特征、人口集聚状况、参与国际分工的程度等多种因素。编制全国主体功能区规划，就是要根据不同区域的资源环境承载能力、现有开发密度和发展潜力，统筹谋划未来人口分布、经济布局、国土利用和城镇化格局，将国土空间划分为优化开发、重点开发、限制开发和禁止开发四类，确定主体功能定位，明确开发方向，控制开发强度，规范开发秩序，完善开发政策，逐步形成人口、经济、资源环境相协调的空间开发格局。

一、正视工业和生态文明的关系

就发达地区而言，要适应工业化与信息化融合的世界潮流，形成以智能制造为主导方向的高端制造能力，并结合创新驱动发展战略，提高我国工业企业的自主创新能力，逐步向外有序引导工业的迁移。就欠发达地区而言，需要继续在承接产业转移中推动工业化进程，为吸引迁移的企业提供合理的软硬件环境。

这里需要明确两个问题。一个是生态文明建设中工业本身的价值所在。广大中西部地区工业化远未完成，一切物质生产活动和服务都要以工业技术和工业产品为基础和工具。生态文明建设并不是要回归到原始文明和自然经济状态。没有一定的物质基础和产业技术基础，现代意义上的体现广大人民福祉的生态文明建设根本无从谈起。在工业化继续深入的基础上，使 FDI 进入更加有利于生态环保的产业领域。另一个是重化工业是否有生存的空间，以及外资是否可以进入重化工业。由于与高能耗、高污染相伴随，因此重化工业往往被视为与生态文明相对立，FDI 进入重化工业往往也被视为产生负环境外部性的重要原因。但重化工业在现代经济体系中仍然无可替代，在经济增长下行压力增大情况下，避免“产业空心化”，继续维持国际竞争力，仍需要重化工业的支撑作用。当然，重化工业在布局上要科学合理，即不与人口密集的城市相结合，只在某一些区域存在，节点定位就是人口少，并综合考虑交通、港口等因素；要确保产值增加与环境治理投入增加相结合，只要治理能够跟上，重化工业也能生存，FDI 也可以进入重化工业，其转移所带来的生态环境效应就会降到最低；并依靠科技创新，带动产业升级转型，以尽可能小的物质消耗和污染排放创造尽可能多的产值。

二、为提高利用外资质量创造良好的产业基础

应当重视产业转移对经济发展的积极作用和对生态环境的客观影响，为优化工业结构和推动科技创新留足空间。就发达地区而言，要适应工业化与信息化融合的世界潮流，形成以智能制造为主导方向的高端制造能力，逐步向外有序引导工业的转移。就欠发达地区而言，需要继续在承接产业转移中推动工业化进程，工业在布局上要科学合理，并确保产值增加与环境治理投入增加相结合。在工业化继续深入推进的基础上，为提高利用外资质量创造良好的产业基础。

一方面，在区域合理分工的基础上，培育区域产业综合体，推进产业集群绿色化发展。以长江经济带为例，过去五年，在长江经济带已经形成电子信息产业

集群、高端装备产业集群、汽车产业集群、家电产业集群、纺织服装产业集群五大世界级制造业集群。应当依托这些产业集群在长江经济带的各个省的产业集聚区，培育区域产业综合体，即以经营类工业企业为核心，各类产业依照它们之间的关联程度，依次呈圈层分布。除了运输、仓储、供水、民宅、社会福利、医疗卫生等生产性和社会性基础设施要与之配套以外，还要重点发展包括垃圾、废水、废气、废渣处理厂在内的环保设施，并布局相关的科研、环境监测等机构，使原材料、副产品、废弃物能够在一个区域内循环处理，推进产业集群的绿色化发展，达到资源的最有效利用和生态环境的有效保护。①

另一方面，构建产业转移生态补偿机制。无论是国际产业转移，还是国内的区际产业转移，FDI 都在其中扮演着重要角色，因此要从产业转移的角度探索环境外部性的治理途径。产业转移使区域间的利益关系面临协调。由于各个区域的生态条件和功能、经济发展水平、人口和社会发展等情况差异很大，在产业转移中不同区域之间的收益差异较大，为了实现协调发展和打好污染防治攻坚战，需要构建产业转移生态补偿机制。目前，我国的生态补偿机制已经在探索之中，比如，由财政部和生态环境部牵头一些流域通过安排财政资金的方式，进行跨省生态补偿。鉴于产业转移是全国范围的经济现象，这一财政补偿机制可以进一步推广，特别是针对限制开发区域和禁止开发区域在产业转移中所受的限制，以及这些区域对提供农业产品和生态产品的贡献。生态补偿机制应以“谁受益、谁补偿”为原则，包括清洁空气供给费用补偿、洁净水源费用补偿等。对重点生态功能区的补偿机制要不断完善，不仅要有中央层面的生态补偿，还要有省级以及省内区域间的横向补偿机制。

三、加强生态工业园区的建设并改善工业企业生存状况

工业园区是工业生产的主要承载区，我国的工业园区也吸纳了大量的 FDI。因此，要治理 FDI 的环境外部性，需要加强生态工业园区的建设，探索“从摇篮到摇篮”理念。例如，我国仅长江经济带拥有超过 100 个国家级和省级产业园区。实现工业绿色发展首先就要考虑将这些园区建设成生态工业园区。应遵从循环经济的减量化、再利用、再循环的 3R 原则，探索“从摇篮到摇篮”理念，塑造绿色供应链，推进绿色生产，实现绿色回收，尽量通过循环利用、清洁生产等手

① LI D, ZHANG J. Measurement and analysis of ecological pressure due to industrial development in the Yangtze River economic belt from 2010 to 2018[J]. Journal of Cleaner Production, 2022(353): 1-15.

段，实现企业之间的废物交换、副产品再利用，使资源得到高效集约利用，使污染物排放逐渐趋零。[①] 园区内的企业，无论是内资企业，还是外资企业，都应公平地获得绿色信贷、绿色债券等绿色金融工具以加强支持，帮助它们在污染治理、环保设施建设、技术设备改进等方面获得更多低成本的可靠资金来源。

加强对工业园区的环境监察也是势必不可少的。产业园区企业比较集中，加强环境监察可以起到“事半功倍”的效果。首先，对产业园区的企业要执行统一的环境标准，防止因“招商引资”需要而对外来企业放松标准，或者出现名义上有环境标准实际工作中并不认真执行的情况。其次，要建立专业化的环境执法监察队伍，从人力上保障监察工作的有效推进，并对产业园区以及园内企业的环保设施进行严格的监察，比如定期检查设备的完善程度和运行情况等。再者，要打破地方“保护主义”，避免因地方保护而造成环境监察“形同虚设”的情况，为此要加强对园区管委会和上级主管部门的环境绩效评估与考核，并不断改进行政架构以适应生态发展的需要。最后，还要尽可能鼓励生态园区建设，鼓励园区企业采用新技术和先进环保设施，并对生态园区的标准和生态文明水平进行严格的评估和监察。

此外，还应坚持改善工业企业生存状况，为企业技术创新和承担环境责任创造有利条件。近几年，劳动力、土地、物流、融资等各项成本快速上升，是中国企业普遍面临的难题，这制约了企业在生态环保方面的投入。为此，政府对重化工业的技术创新和产品开发应当有明确的政策支持。政府需要充分考虑污染防治成本的分摊和消化，多种形式保障治理污染的资金来源，而不是把负担简单地“甩”给企业。当然，对于今天的工业企业而言，无论是外资企业还是内资企业，环境成本只是诸多成本的一种，一个可行的思路就是通过降低其他成本的方式，使企业的总成本降低，以此缓解环境成本给企业的压力。从外资工业企业的实际情况来看，物流成本、融资成本、政府成本完全有下降的空间。通过降低这些成本，可以增加企业利润，增强企业活力，进而提高我国市场对FDI的吸引力，使外资企业有条件承担更多的环境责任。

四、动员社会力量助力FDI环境外部性治理

国民环保意识强，则会对那些高污染项目产生强烈反对意见，使国外污染密集产业向我国转移的阻力变大。根据第六章的分析，随着经济发展，人们的环保

① 苗绘，李海申.建设生态工业园区的政策研究[J].金融教学与研究，2011(2)：49－52.

意识有所增强，但仍存在薄弱环节。因而还需要开展各类环境宣传教育活动，充分发挥舆论引导和监督作用，在增强公众环保意识的基础上，强化政府人员特别是环保机构和招商引资机构人员对 FDI 环境外部性的认识，并让公众及时了解包括外资企业在内的各类企业的环境绩效评估和环境信息公告。

习近平总书记指出："生态文明是人民群众共同参与共同建设共同享有的事业。"[①]"每个人都是生态环境的保护者、建设者、受益者，没有哪个人是旁观者、局外人、批评家，谁也不能只说不做、置身事外。要增强全民节约意识、环保意识、生态意识，培育生态道德和行为准则，开展全民绿色行动，动员全社会都以实际行动减少能源资源消耗和污染排放，为生态环境保护作出贡献。"[②]FDI 环境外部性的治理关系到生产方式和生活方式的转变，因此要引导公众和社会组织共同参与。

根据第二章分析，FDI 的环境外部性主要属于生产的外部性。动员社会力量参与治理，主要是从生产方式上发挥作用。绿色生产方式不仅有集约、节能、循环、创新等特性，还有一个重要的特性就是公众参与性。要强化外资企业生产过程中公众的参与和监督，要动员社会各界力量参与 FDI 环境外部性的治理中来，拓宽和畅通公众举报投诉渠道，并完善公众参与的规则和程序；充分发挥各类社团组织、民间环保团体、环保志愿者的作用，以增强公众对绿色生产的认知和支持，促进绿色生产的推广和应用。当然，还要从生活方式上，推进绿色生活创建，鼓励绿色出行、绿色消费、绿色居住，并在环保观念、节约观念逐步深入人心的条件下，使之成为人们的自觉行动，逐渐使人民群众享受到绿色发展所带来的便利和舒适，让自然、环保、节俭、健康的生活方式成为新的风尚，使包括外资企业在内的所有企业的绿色生产能够获得人民群众绿色消费的支撑，为 FDI 环境外部性的治理打造更坚实的社会基础。

---

① 中共中央宣传部，生态环境部. 习近平生态文明思想学习纲要[M]. 北京：学习出版社，人民出版社，2022：96－98.

② 习近平. 推动我国生态文明迈上新台阶[EB/OL].（2019－01－31）. https://www.12371.cn/2019/01/31/ARTI1548918623585399.shtml.

参 考 文 献

[1] ANTWEILER W, COPELAND B R, TAYLOR M S. Is free trade good for the environment? [J]. American Economic Review, 2001, 91(4): 877-908.

[2] BANDARA J S, COXHEAD I. Can trade liberalization have environmental benefits in developing countries? A Sri Lankan case study[J]. Journal of Policy Modeling, 1999, 21(3): 349-374.

[3] BEGHIN J C, DAVID R-H, DOMINIQUE M. Trade and the environment in general equilibrium: evidence from developing economies[J]. Staff General Research Papers 4090, Iowa State University, 2002: 251-258.

[4] BHUJABAL P, SETHI N, PADHAN P C. ICT, foreign direct investment and environmental pollution in major Asia Pacific countries[J]. Environmental Science and Pollution Research, 2021, 28,(31): 42649-42669.

[5] BORREGAARD A N, DUFEY A. Environmental effects of foreign investment versus domestic investment in the mining sector in Latin-America[J]. World Resources Institute and CIPMA, 2002: 55-79.

[6] COPELAND B R, TAYLOR M S. North-South trade and the environment[J]. Quarterly Journal of Economics, 1994(109): 755-787.

[7] DANISH, KHAN S U D, AHMAD A. Testing the pollution haven hypothesis on the pathway of sustainable development: accounting the role of nuclear energy consumption [J]. Nuclear Engineering and Technology, 2021(53): 2746-2752.

[8] DEAN J M. Trade and the environment: a survey of the literature[C]. Washington: World Bank, 1992.

[9] ERIKSEN J, HANSEN M W. Environmental aspects of Danish foreign direct investment in developing countries: managing the environment in an open economy[M]. Copenhagen: Business School, Cross Border Environmental Management Project, 1999.

[10] EVEREST L. Behind the poison cloud: Union Carbide's Bhopal Massacre [M]. Chicago: Banner Press, 1986.

[11] GRAY H, WALTER I. Investment-related trade distortions in petrochemicals[J]. Journal of World Trade Law, 1983(17): 283-307.

[12] GRETHER J M, MELO J D. Globalization and dirty industries: do pollution havens

matter? [J]. Challenges to Globalization: Analyzing the Economics, 2004: 167 - 206.

[13] GROSSMAN G M, KRUEGER A B. Environmental impacts of a North American Free Trade Agreement[M]// GARBER P M. The Mexico-U. S. Free Trade Agreement. Cambridge: MIT Press, 1991.

[14] GENTRY B. Foreign direct investment and the environment: boon or bane? [J]. OECD Foreign Direct Investment and the Environment, 1999: 21 - 45.

[15] HADDAD M, HARRISON A E. Are there positive spillovers from direct foreign investment? Evidence from panel data for Morocco[J]. Journal of Development Economics, 1993(42): 51 - 74.

[16] HOWARTH R B, NORGAARD R B. Intergenerational resource rights, efficiency, and social optimality[J]. The Economics of Sustainability, 2002: 181 - 191.

[17] HUYNH C M, HOANG H H. Foreign direct investment and air pollution in Asian countries: does institutional quality matter? [J]. Applied Economics Letters, 2019, 26 (17): 1388 - 1392.

[18] JAFFER A E. Environmental regulations and international competitiveness: what does the evidence tell us? [J]. Journal of Economic Literature, 1995, 33(1): 132 - 163.

[19] JONATHAN B W. On the political economy of global environmental regulation[J]. Georgetown Law Journal, 1999, 87: 749 - 794.

[20] JUDITH M, MARY E, WANG H. Are foreign investors attracted to weak environmental regulations? [R]. World Bank Policy Research Working Paper, 2005.

[21] KOLSTAD C D, XING Y Q. Do Lax environmental regulations attract foreign investment? [R]. Los Angeles: University of California Santa Barbara -Department of Economics, 2002.

[22] LAN J, KAKINAKA M, HUANG X G. Foreign direct investment, human capital and environmental pollution in China[J]. Environmental & Resource Economics, 2012, 51 (2): 255 - 275.

[23] LONG N, SIEBERT H. Institutional competition versus ex-ante harmonization: the case of environmental policy[J]. Journal of Institutional and Theoretical Economics, 1991 (147): 296 - 311.

[24] LI D, ZHANG J. Measurement and analysis of ecological pressure due to industrial development in the Yangtze River economic belt from 2010 to 2018[J]. Journal of Cleaner Production, 2022(353): 1 - 15.

[25] MANI M, WHEELER D. In search of pollution havens? Dirty industry in the world economy, 1960—1995[J]. The Journal of Environment & Development, 1998, 7(3): 215 - 247.

[26] MARKUSEN J R, MOREY E R, OLEWILER N D. Competition in regional environmental policies when plant locations are endogenous[J]. Journal of Public Economics, 1995, 56(1): 55 - 77.

[27] MARKUSEN J R, MOREY E R, OLEWILER N D. Environmental policy when market

structure and plant locations are endogenous [J]. Journal of Environmental Economics and Management, 1993(24): 69 - 86.

[28] MILLIMET D L, ROY J. Empirical tests of the pollution haven hypothesis when environmental regulation is endogenous [J]. Journal of Applied Econometrics, 2016(6): 652 - 677.

[29] MONICA S, NEHA S. Demystifying pollution haven hypothesis: role of FDI [J]. Journal of Business Research, 2021(123): 516 - 528.

[30] NADEEM A M, ALI T, KHAN M T I, et al. Relationship between inward FDI and environmental degradation for Pakistan: an exploration of pollution haven hypothesis through ARDL approach[J]. Environmental Science and Pollution Research, 2020, 27(13): 15407 - 15425.

[31] PANAYOTOU T. Demystifying the environmental Kuznets Curve: turning a black box into a policy tool[J]. Environmental and Development Economics, 1997, 2(4): 465 - 486.

[32] PEDRO P B, LUÍS C. Competing for foreign direct investment [J]. Review of International Economics, 2000, 8(2): 360 - 371.

[33] PENG W, TIAN K, XIANG G C. A VAR analysis of FDI and environmental regulation: China's case[J]. Business & Economic Horizons, 2011(5): 13 - 22.

[34] PEDRO P B, LUÍS C. Competing for foreign direct investment [J]. Review of International Economics, 2000, 8(2): 360 - 371.

[35] PERRINGS C, ANSUATEGI A. Transboundary externalities in the environmental transition hypothesis[J]. Environmental & Resource Economics, 2000, 17(4): 353 - 373.

[36] REES W E. Ecological footprint and appropriated carrying capacity: what urban economics leaves out[J]. Environment and Urbanization, 1992, 4(2): 121 - 130.

[37] ROBINSON H D. International pollution abatement the impact on the balance of trade [J]. Canadian Journal of Economics, 1988(21): 187 - 199.

[38] RUNGE C F. Trade liberalization and environmental quality in agriculture[J]. International Environmental Affairs, 1993(5): 95 - 128.

[39] SANDLER T, KERRY S V. Intertemporal and intergenerational pareto efficiency [J]. Journal of Environmental Economics and Management, 1977, 4(3): 252 - 257.

[40] SMARZYNSKA B, WEI S. Pollution havens and foreign direct investment: dirty secret or popular myth? [J]. Contributions in Economic Analysis & Policy, 2004, 3(2): 1 - 32.

[41] STRUTT A, ANDERSON K. Will trade liberalizat domestic environmental policies on patterns of world trade: an empirical teion harm the environment? The case of Indonesia to 2020[J]. Environmental and Resource Economics, 2000, 17(3): 203 - 232.

[42] TOBEY J. The effects OFSTED[J]. KYKLOS, 1990, 43(2): 191 - 209.

[43] WACKENAGEL M, WILLIAM E R. Our ecological footprint: reducing human impact on the earth[M]. Gabriola Island: New Society Publishers, 1996.

[44] WACKERNAGEL M, ONISTO L, BELLO P, et al. National natural capital accounting with the ecological footprint concept[J]. Ecological Economics, 1999, 29(3): 375 - 390.

[45] WALTER I, UGELOW J L. Environmental policies in developing countries [J]. AMBIO, 1979, 8(2/3): 102 - 109.
[46] WHEELER D.Racing to the bottom? Foreign investment and air pollution in developing countries [J]. Journal of Environment and Development, 2001, 10(3): 225 - 245.
[47] WEINER J B. On the political economy of global environmental regulation [J]. Georgetown Law Journal, 1999(87): 749 - 794.
[48] XING YQ, KOLSTAD C D. Environment and trade a review of theory and issues [R]. Los Angeles: University of Califonia, Santa Barbara, 1995.
[49] 阿尔佛雷德·马歇尔.经济学原理[M]. 北京：商务印书馆，1964.
[50] 白雪洁，刘莹莹.生产性服务业外商直接投资对中国制造业生产率的影响检验——基于体现型技术进步视角[J]. 软科学，2021(12)：29 - 35.
[51] 本报评论部.共谋全球生态文明建设之路(人民观点)——新时代推进美丽中国建设的根本遵循[N]. 人民日报，2022 - 10 - 10.
[52] 毕秀水.自然资本代际配置研究——可持续发展的产权制度设计[J]. 中国工业经济，2004(8)：20 - 25.
[53] 蔡运龙.生态问题的社会经济检视[J]. 地球科学进展，2020(7)：742 - 749.
[54] 青翔，马莉，董保民.自由贸易试验区的环境效应及其作用机制[J]. 西安交通大学学报(社会科学版)，2021(3)：105 - 112.
[55] 常修泽.环境产权制度不能再延后[J]. 瞭望，2007(47)：64.
[56] 车维汉."雁行形态"理论研究评述[J]. 世界经济与政治论坛，2004(3)：88 - 92.
[57] 陈美球，洪土林，许兵杰.试析农户耕地保护的外部性[J].江西农业大学学报(社会科学版)，2010，9(1)：71 - 75.
[58] 陈西芷，陈立泰.FDI、产业集聚与生态效率[J]. 统计与决策，2021(18)：108 - 112.
[59] 陈玉玲.生态环境的外部性与环境经济政策[J]. 经济研究导刊，2014(16)：291 - 292.
[60] 陈钊，陆铭.以外部性理论看国有企业改革历程与方向[J]. 甘肃社会科学，1997(4)：10 - 14.
[61] 程雁，郑玉刚.我国贸易自由化的环境效应分析——基于"污染避难所"假说与要素禀赋比较优势的检验[J]. 山东大学学报(哲学社会科学版)，2009(2)：65 - 70.
[62] 崔宇明，常云昆.环境经济外部性的内部化路径比较分析[J]. 开发研究，2007(3)：40 - 43.
[63] 戴国强.货币金融学[M]. 上海：上海财经大学出版社，2006.
[64] 戴荔珠，马丽，刘卫东.FDI 对地区资源环境影响的研究进展评述[J]. 地球科学进展，2008(1)：55 - 62.
[65] 翟超颖，汪磊群. 外商直接投资的绿色环境效应分析——以中部五省为例[J]. 华北金融，2022(12)：54 - 61.
[66] 翟东升，宁南山，赵云龙.欧盟产业发展停滞的结构主义政治经济学分析[J]. 世界经济与政治，2018(8)：128 - 155.
[67] 董小君.通过国际转移化解过剩产能：全球五次浪潮、两种模式及中国探索[J]. 经济研究参考，2014(55)：3 - 18.
[68] 杜传忠，刘英基.区际产业分工与产业转移研究[M]. 北京：经济科学出版社，2013.
[69] 段绪柱.公共物品的供给方式及其选择[J]. 黑龙江社会科学，2020(3)：48 - 53.

[70] 樊丽明,石绍宾.公共品供给机制：作用边界变迁及影响因素[J]. 当代经济科学,2006(1)：63 - 68.
[71] 冯丽妃.我国生态环境领域法律法规体系基本形成[N]. 中国科学报,2021 - 11 - 29.
[72] 付国梅,唐加福.美国再工业化祸兮福兮：双向 FDI 能否促进中国经济高质量发展?——基于产业结构和技术创新的中介作用[J]. 系统管理学报,2022(6)：1137 - 1149.
[73] 傅京燕,张珊珊.中美贸易与污染避难所假说的实证研究——基于内含污染的视角[J]. 中国人口·资源与环境,2011(2)：11 - 17.
[74] 高文新,宋一弘.引资竞争、FDI 流动与居民经济福利[J]. 暨南学报(哲学社会科学版),2016(10)：103 - 111.
[75] 郭骁,夏洪胜.解决代际外部性问题有效途径的理论探讨[J]. 中国工业经济,2006(12)：60 - 66.
[76] 国家环保总局.国家环保总局公布 130 家跨国公司环保后督查结果[EB/OL].(2008 - 01 - 09). https://www.gov.cn/gzdt/2008 - 01/09/content_853788.htm.
[77] 国务院.中华人民共和国国民经济和社会发展第十四个五年规划和 2035 年远景目标纲要[EB/OL]. (2021 - 03 - 13). http://www.npc.gov.cn/npc/kgfb/202103/bf13037b5d2d4a398652ed253cea8eb1.shtml.
[78] 韩永辉,李子文,张帆,等.中国双向 FDI 的环境效应[J]. 资源科学,2019(11)：2043 - 2058.
[79] 何洁.国际贸易对环境的影响：中国各省的二氧化硫(SO_2)工业排放[J]. 经济学,2010(2)：415 - 446.
[80] 何雄浪,郑长德.新经济地理学的反思与展望[J].上海财经大学学报,2013(6):48 - 55.
[81] 何玉麟,刘传哲.环保庇古手段的绩效评价研究[J]. 财会月刊,2011(10)：89 - 91.
[82] 黑川哲志,王树良,张震.从环境法的角度看国家的作用及对后代人的责任[J]. 财经法学,2016(4)：65 - 72.
[83] 洪源远,聂辰璨."雁行模式"——中国的产业转移与政策扩散滞后[J]. 国外社会科学,2018(6)：153 - 155.
[84] 胡彩娟.美国排污权交易的演进历程、基本经验及对中国的启示[J]. 经济体制改革,2017(3)：164 - 169.
[85] 胡巍.舍弗勒、苹果、通用汽车等外企的共同麻烦：供应链污染 外企为何替一家污染企业"求情"? [J]. 中国经济周刊,2017(39)：42 - 45.
[86] 胡巍.外企为何替一家污染企业"求情"? [J]. 中国经济周刊,2017(10)：42 - 45.
[87] 环境保护部.2013 年中国环境状况公报[EB/OL]. (2014 - 06 - 05).https://www.mee.gov.cn/gkml/sthjbgw/qt/201407/t20140707_278320.htm.
[88] 黄飞雪.生态补偿的科斯与庇古手段效率分析——以园林与绿地资源为例[J]. 农业经济问题,2011(3)：92 - 97.
[89] 黄永红.从利益失衡看环境污染对社会公平的扭曲[J]. 甘肃社会科学,2007(4)：205 - 207.
[90] 霍伟东,李杰锋,陈若愚.绿色发展与 FDI 环境效应——从"污染天堂"到"污染光环"的数据实证[J]. 财经科学,2019(4)：106 - 119.
[91] 金瑞庭,郝碧榕.我国"十四五"时期高质量利用外资的基本思路[J]. 发展研究,2022(11)49 - 57.

[92] 柯美高.贸易自由化对中国消费污染的影响及机制研究[J]. 中南财经政法大学学报，2020(5)：125－136.
[93] 李翀.论外商直接投资对我国经济的影响[J]. 中山大学学报(社会科学版)，2008(2)：166－176.
[94] 李敦瑞，王绪龙，王代敬.排污权交易制度资源配置功能分析及政策设计[J]. 科技进步与对策，2006(2)：61－63.
[95] 李敦瑞."一带一路"背景下的产业转移与中国全球价值链地位提升[J]. 西安财经学院学报，2018(5)：78－84.
[96] 李敦瑞.FDI对代际环境公共物品供给的影响及原因——以污染产业转移为视角[J]. 经济与管理，2012(10)：10－14.
[97] 李敦瑞.地缘经济视域下的对外开放：大格局与新境界[J]. 兰州学刊，2020(2)：102－109.
[98] 李敦瑞.国内外产业转移对我国产业迈向全球价值链中高端的影响及对策[J]. 经济纵横，2018(1)：123－128.
[99] 李敦瑞.基于污染密集产业转移的FDI环境外部性代际效应研究[J]. 科技进步与对策，2012(6)：70－72.
[100] 李敦瑞.外商投资我国污染密集产业环境效应的实证检验[J]. 统计与决策，2009(5)：77－79.
[101] 李敦瑞.我国区际产业梯度转移的生态效应及对策研究[M]. 上海：同济大学出版社，2018.
[102] 李敦瑞.污染产业转移视角下FDI环境外部性的跨界效应[J]. 经济与管理，2012(4)：5－9.
[103] 李敦瑞.新冠肺炎疫情下经济全球化与中国地缘经济利益的维护[J]. 上海市经济管理干部学院学报，2020(7)：7－13.
[104] 李国祥，张伟.环境分权之于外商直接投资区位选择的影响[J]. 现代财经(天津财经大学学报)，2019(8)：36－50.
[105] 李华友，冯东方.我国进口废物污染控制的制度困局[J]. 环境经济，2007(5)：48－52.
[106] 李惠茹，张鹏杨.FDI"碳光环"效应对我国节能减碳影响研究[J]. 现代财经(天津财经大学学报)，2015(8)：3－12.
[107] 李佳佳，郭雅娟，刘嘉彤. 环境规制、外商直接投资与环境污染——基于中国城市面板数据的实证分析[J]. 经济问题，2022(12)：45－52.
[108] 李剑，栾朔琛. FDI与我国可持续发展——基于"U"型关系的一个解释[J]. 中国海洋大学学报(社会科学版)，2022(1)：103－116.
[109] 李金城，王林辉，国胜铁.高质量FDI的技术进步偏向：经验证据与政策建议[J]. 哈尔滨商业大学学报(社会科学版)，2021(2)：82－90.
[110] 李灵稚.FDI对环境福利的影响及对策[J]. 国际经济合作，2007(6)：54－57.
[111] 李瑞娥.环境产权界定与环境资源保护的理性思考[J]. 当代经济科学，1999(3)：5.
[112] 李寿德，柯大纲.环境外部性起源理论研究述评[J]. 经济理论与经济管理，2000(5)：63－66.
[113] 李伟，杨诗源.重庆市工业生产的生态足迹分析[J]. 地域研究与开发，2008(8)：108－112.

[114] 李项峰.地方政府行为外部性研究[D]. 广州：暨南大学，2007.
[115] 刘贇.基于自组织的产业结构演化机制研究[D]. 哈尔滨：哈尔滨工程大学，2020.
[116] 李晓华.国际产业分工格局与中国分工地位发展趋势[J]. 国际经贸探索，2015(6)：4-17.
[117] 李新.经济全球化的发展及其矛盾[J]. 学术月刊，2001(0)：33-38.
[118] 李旭鹏，崔莹.外商直接投资(FDI)与中国东、西部经济增长的研究[J]. 甘肃社会科学，2005(03)：197-202.
[119] 李佐军.中国生态文明建设迈向新时代[N].上海证券报，2018-01-11.
[120] 厉以宁.西方经济学[M]. 3版.北京：高等教育出版社，2010.
[121] 林季红，刘莹.内生的环境规制："污染天堂"假说在中国的再检验[J]. 中国人口·资源与环境，2013(1)：13-18.
[122] 刘瑾.排污权交易的反效激励缺陷[J]. 中国矿业，2009(5)：19-21.
[123] 刘坤.2018：中国工业的步子怎么走[N]. 光明日报，2018-01-23.
[124] 刘然，褚章正.中国现行环境保护政策评述及国际比较[J]. 江汉论坛，2013(1)：28-32.
[125] 刘信恒，林熙.贸易自由化的环境效应——来自中国制造业企业的证据[J]. 国际商务(对外经济贸易大学学报)，2022(1)：18-33.
[126] 刘艳.西部地区承接产业梯度转移研究[J]. 改革，2004(6)：54-58.
[127] 刘耀彬，熊瑶.环境规制对区域经济发展质量的差异影响——基于HDI分区的比较[J]. 经济经纬，2020(3)：1-10.
[128] 刘渝琳，曹华.防范"贫困化增长"的FDI甄别机制与评价指数的构建——论我国引资政策的合理设计[J]. 数量经济技术经济研究，2007(5)：70-79.
[129] 刘元春.全面建设社会主义现代化国家的物质基础更坚实[N]. 人民日报，2022-11-11.
[130] 刘志娟，李傲，李楚瑛，等.公民生态环境意识测评及其影响因素研究[J]. 生态经济，2018(0)：217-222.
[131] 卢现祥，李慧.自然资源资产产权制度改革：理论依据、基本特征与制度效应[J]. 改革，2021(2)：14-28.
[132] 陆明涛.基于雁行模式的中国经济开放新体制构建[J]. 国家行政学院学报，2017(5)：138-143.
[133] 罗俊，贾天明.我国生态化视角下的FDI环境效应研究[J]. 改革与战略，2014(10)：43-46.
[134] 罗良文，雷鹏飞，孟科学.企业环境寻求、污染密集型生产区际转移与环境监管[J]. 中国人口·资源与环境，2016(1)：113-120.
[135] 吕邦皓，王兴.跨国公司在华投资环境污染问题及对策研究[J]. 今日财富(中国知识产权)，2020(11)：8-9.
[136] 马慎萧，段雨晨，金梦迪，等.当代资本主义经济研究[J]. 政治经济学评论，2019(10)：122-154.
[137] 毛紫君.公共物品有效供给的经济学分析与对策研究[J]. 技术经济与管理研究，2021(4)：68-71.
[138] 孟渤，格林·皮特斯，王直.追溯全球价值链里的中国二氧化碳排放[J]. 环境经济研究，2016(1)：10-25.

[139] 苗绘，李海申.建设生态工业园区的政策研究[J].金融教学与研究，2011(2)：49 - 52.
[140] 潘家华.持续发展途径的经济学分析[M]. 北京：社会科学文献出版社，2007.
[141] 彭文斌，邝嫦娥.基于环境规制和公众参与的污染产业转移问题研究[M]. 上海：上海三联书店，2014.
[142] 钱学锋，高婉.中国是否"过早去工业化"：判断标准、基本事实与影响因素[J]. 武汉大学学报(哲学社会科学版)，2023(1)：127 - 138.
[143] 乔晓，刘宏.外商直接投资对经济增长的影响[J]. 统计与决策，2020(15)：124 - 127.
[144] 秦鹏，王芳.跨界环境污染的形成与危害性[J]. 经济问题，2006(8)：40 - 41.
[145] 全球能源互联网发展合作组织.中国2030年前碳达峰研究[R]. 北京：全球能源互联网发展合作组织，2021.
[146] 沙文兵，石涛.外商直接投资的环境效应——基于中国省际面板数据的实证分析[J]. 世界经济研究，2006(6)：76 - 81.
[147] 沈百鑫.德国环境法治的经验和对我国的启示——以空气污染治理为重点比较领域[J]. 德国研究，2021(1)：97 - 118.
[148] 沈满洪，何灵巧.外部性的分类及外部性理论的演化[J]. 浙江大学学报(人文社会科学版)，2002(1)152 - 160.
[149] 生态环境部.2021年中国生态环境统计年报[EB/OL]. (2023 - 01 - 08).https://www.mee.gov.cn/hjzl/sthjzk/sthjtjnb/.
[150] 生态环境部.奋力谱写新时代生态文明建设新华章[J]. 求是，2022(11)：23 - 28.
[151] 史丹，王俊杰.基于生态足迹的中国生态压力与生态效率测度与评价[J]. 中国工业经济，2016(5)：5 - 21.
[152] 世界自然基金会，动物学研究所(伦敦动物学会).地球生命力报告2018[R]. 瑞士朗格：世界自然基金会，2018.
[153] 宋猛，刘伯恩.自然资本价值循环实现：逻辑起点、运行机理与策略选择[J]. 广西社会科学，2021(7)：59 - 65.
[154] 苏常禄.从市场失灵到政府失灵——基于产权的视角[J]. 商业经济，2020(12)：89 - 90.
[155] 苏梽芳，廖迎，李颖.是什么导致了"污染天堂"：贸易还是FDI？——来自中国省级面板数据的证据[J]. 经济评论，2011(3)：97 - 104.
[156] 天津市生态环境保护综合行政执法总队.西门子歌美飒可再生能源科技(中国)有限公司津市环罚字〔2021〕49号[EB/OL]. (2021 - 06 - 25). https://sthj.tj.gov.cn/ZWGK4828/ZFXXGK8438/FDZDGK27/XZCFQZX ZCFXX7581/202106/t20210625_5487273.html.
[157] 田晴，谢娟娟.中间品外资进入自由化如何影响制造企业绿色低碳转型？[J]. 现代财经(天津财经大学学报)，2023(5)：67 - 84.
[158] 田素，华王璇.全球FDI集聚化：客观趋势、治理及中国政策效应[J]. 上海经济研究，2018(3)：108 - 115.
[159] 王葆青.跨国公司对全球生态环境与可持续发展的影响[J]. 理论前沿，2002(17)：13 - 15.
[160] 王仁宏，高雷.《公民生态环境行为调查报告(2021年)》发布[EB/OL]. (2021 - 12 - 27). http://finance.people.com.cn/BIG5/n1/2021/1227/c1004 - 32318306.html.

[161] 王茹.基于生态产品价值理论的“两山”转化机制研究[J]. 学术交流,2020(7):112-120.
[162] 王瑞,诸大建.对外直接投资与中国二氧化硫排放[J]. 经济经纬,2018(2):48-55.
[163] 王婷婷,宋飏,钱思彤,等.东北地区制造业空间格局演化及其空气污染环境效应——基于企业数据的实证[J]. 地理研究,2022(1):193-209.
[164] 王文治,陆建明.要素禀赋、污染转移与中国制造业的贸易竞争力——对污染天堂与要素禀赋假说的检验[J]. 中国人口·资源与环境,2012(12):73-78.
[165] 王玉明.论城市群区域内环境标准的统一[J]. 哈尔滨工业大学学报(社会科学版),2021(4):121-129.
[166] 魏海生,李祥兴.建设美丽中国的行动指南——深入学习习近平生态文明思想[J]. 经济社会体制比较,2022(1):1-10.
[167] 吴铭.以日本对华直接投资检验边际产业扩张理论[J]. 国际经济合作,2012(2):64-69.
[168] 习近平.高举中国特色社会主义伟大旗帜 为全面建设社会主义现代化国家而团结奋斗——在中国共产党第二十次全国代表大会上的报告[EB/OL]. (2022-10-25). https://www.gov.cn/xinwen/2022-10/25/content_5721685.htm.
[169] 习近平.共谋绿色生活,共建美丽家园——在2019年中国北京世界园艺博览会开幕式上的讲话[EB/OL]. (2019-04-28).https://www.12371.cn/2019/04/29/ARTI1556491432263930.shtml.
[170] 习近平.推动我国生态文明迈上新台阶[EB/OL]. (2019-01-31). https://www.12371.cn/2019/01/31/ARTI1548918623585399.shtml.
[171] 习近平.在第七十五届联合国大会一般性辩论上的讲话[N]. 人民日报,2020-09-23.
[172] 夏有富.外商投资中国污染密集产业现状、后果及其对策研究[J]. 管理世界,1999(3):109-123.
[173] 夏有富.外商转移污染密集产业的对策研究[J]. 管理世界,1995(2):112-120.
[174] 相晨曦,陈占明,郑新业. 环境外部性对出口结构和贸易政策选择的影响——基于中国高耗能产业的证据[J]. 中国人口·资源与环境,2021(6):45-56.
[175] 向昀,任健.西方经济学界外部性理论研究介评[J]. 经济评论,2002(3):58-62.
[176] 小岛清.对外贸易论[M].天津:南开大学出版社,1987.
[177] 肖璐.“污染天堂”假说的宏观理论基础研究[J]. 全国商情(理论研究),2009(22):117-118.
[178] 薛伟贤,刘静.在华FDI环境污染问题研究[J]. 国际贸易问题,2010(5):70-78.
[179] 闫云凤.中国外资企业碳足迹的追踪与溯源[J]. 中国人口·资源与环境,2021(8):32-42.
[180] 杨昌举,蒋腾,苗青.关注西部:产业转移与污染转移[J]. 环境保护,2006(3):34-38.
[181] 杨朝霞.中国环境立法50年:从环境法1.0到3.0的代际进化[J]. 北京理工大学学报,2022(03):88-107.
[182] 杨开忠,杨咏,陈洁.生态足迹分析理论与方法[J]. 地球科学进展,2000(12):630-636.
[183] 杨子晖,田磊.“污染天堂”假说与影响因素的中国省际研究[J]. 世界经济,2017(5):148-172.
[184] 姚钰.中外环境法律法规和标准体系之差异[J]. 大众标准化,2020(16):10-12.

[185] 叶海涛.生态环境问题何以成为一个政治问题？——基于生态环境的公共物品属性分析[J]. 马克思主义与现实，2015(5)：190－195.
[186] 尹慧，李学迁.环境政策调节下 FDI 引进质量与环境污染的相关性分析[J]. 经济研究导刊，2018(33)：148－150.
[187] 尹强.无锡水危机敲响太湖生态警钟，污染该向谁问责？[EB/OL].（2007－06－04）. http://news.cctv.com/society/20070604/100053.shtml.
[188] 应瑞瑶，周力.外商直接投资、工业污染与环境规制——基于中国数据的计量经济学分析[J]. 财贸经济，2006(1)：97－104.
[189] 岳中刚.地区间竞争外商直接投资的福利效应分析[J]. 产业经济研究，2005(1)：17－23.
[190] 张会萍，邓力平.跨国外部性、环境税与国际税收协调[J]. 涉外税务，2001(9)：23－28.
[191] 张慧芳，陶昆刚.代际可持续发展：基于艾奇沃斯方框图的分析[J]. 经济地理，2005(7)：532－537.
[192] 张敏.找准统筹发展和安全的结合点——危险化学品产业转移重点县（园区）专家指导服务观察[J].中国应急管理，2022(11)：32－35.
[193] 张鹏，李苠铭.环境规制视角下 FDI 对生态效率的影响机制[J]. 对外经贸，2020(4)：12－17.
[194] 张少军.全球价值链模式的产业转移与区域协调发展[J]. 财经科学，2009(2)：65－72.
[195] 张卫彬，陈计.跨国公司污染转移的法律问题研究[J]. 黑河学院学报，2021(5)：24－26.
[196] 张文爱，罗润万. FDI 的环境效应："污染光环"抑或"污染天堂"？——基于面板 ARDL－ECM 模型的实证检[J]. 重庆工商大学学报（社会科学版），2023，40(2)：36－49.
[197] 张小筠，刘戒骄.新中国 70 年环境规制政策变迁与取向观察[J]. 改革，2019(10)：16－25.
[198] 张孝锋.产业转移的理论与实证研究[D]. 南昌：南昌大学，2006.
[199] 张永生.引领永续繁荣的人类文明新形态——党的十八大以来中国生态文明建设的伟大成就及其世界性意义[J]. 国外社会科学，2022(6)：4－14.
[200] 张雨微，吴航，刘航.中国对外产能合作不存在"污染避难所"效应——理论与现实依据[J]. 现代经济探讨，2016(4)：78－82.
[201] 张智华.奋力走好陕西生态环境保护新的赶考之路[N]. 中国环境报，2021－10－08.
[202] 赵时亮.代际外部性与不可持续发展的根源[J]. 中国人口（资源与环境），2003(4)：1－4.
[203] 曾贤刚.环境规制、外商直接投资与"污染避难所"假说——基于中国 30 个省份面板数据的实证研究[J]. 经济理论与经济管理，2010(11)：65－71.
[204] 中共中央宣传部，生态环境部.习近平生态文明思想学习纲要[M]. 北京：学习出版社，人民出版社，2022.
[205] 中国光伏行业协会.2021—2022 年中国光伏产业年度报告[R]. 北京：中国光伏行业协会，2022.
[206] 中国外商投资企业协会.2006 年在华外商投资企业白皮书[N]. 南方周末，2006－11－23.
[207] 种项戎.外部性视角的逆经济全球化分析[J]. 经济研究参考，2018(68)：65－69.
[208] 周华蓉，刘友金，贺胜兵."新雁行模式"理论与"一带一路"产业发展[J]. 财经研究，2022(8)：78－93.

[209] 周杰琦,张莹.外商直接投资、经济集聚与绿色经济效率——理论分析与中国经验[J].国际经贸探索,2021(1):66-82.
[210] 周群峰.危化企业加速转移背后[J].中国新闻周刊,2022(10):44-47.
[211] 周志波,胡江峰.环境保护税的制度省察与优化改进[J].税务研究,2023(1):38-42.
[212] 左前明.碳达峰和碳中和:内涵、趋势与投资机会[N].投资快报,2021-03-17.